W0074091

A*t*V

PASCAL BRUCKNER, geboren 1948, gehört mit Alain Finkielkraut, Bernard Lévi oder André Glucksmann zu den bekanntesten »neuen Philosophen« in Frankreich. Für das vorliegende Buch erhielt er den begehrten französischen Literaturpreis »Prix Medicis«.

Veröffentlichungen in deutscher Sprache: *Die neue Liebesunordnung* (zusammen mit Alain Finkielkraut), 1980; *Die demokratische Melancholie*, 1991; *Bitter Moon, die Geschichte von Liebe und Haß*. Verfilmt von Roman Polanski.

Das moderne Individuum trägt die Last einer grenzenlosen Verantwortung auf seinen Schultern, denn mit der Auflösung archaischer Machtverhältnisse, der Tradition, der Kirche, der Familie, hat es seine Sicherheit verloren. Sich von dieser Last zu befreien, gibt es zwei Fluchtwege, die zugleich die krankhaften Symptome der heutigen Gesellschaft sind: den Infantilismus und die Tendenz, sich ständig als Opfer zu begreifen. Pascal Bruckner zeigt in seinem Buch, wie sich diese Haltung auf sämtliche gesellschaftliche Bereiche auswirkt: auf die Politik, die Medien, die Erziehung unserer Kinder und auf die Beziehungen zwischen den Geschlechtern.

Pascal Bruckner

Ich leide, also bin ich
Die Krankheit der Moderne

Eine Streitschrift

Aus dem Französischen
von Christiane Landgrebe

Aufbau Taschenbuch Verlag

Titel der Originalausgabe

Pascal Bruckner, La Tentation de l'innocence
© Bernard Grasset, Paris 1995

ISBN 3-7466-1249-7

2. Auflage 1999
Aufbau Taschenbuch Verlag GmbH, Berlin
© 1996 Quadriga Verlag, Weinheim und Berlin
Umschlaggestaltung Torsten Lemme
unter Verwendung einer Illustration von Franz Zauleck
Druck Elsnerdruck GmbH, Berlin
Printed in Germany

Inhalt

Einleitung

Der schrumpfende Mensch 11

Erster Teil

Ist das Baby die Zukunft des Menschen?

Kapitel 1

Das Individuum als Sieger oder
Das Opfer des Roi-Poussière 21

Man selbst sein heißt schuldig sein ★ Die Anklagebank
★ Ein Pyrrhussieg ★ Alle gleich, alle Feinde ★ Das Klon-Syndrom
★ Der Überdruß, man selbst zu sein

Kapitel 2

Die Wiederverzauberung der Welt 51

Unleugbarer Überfluß ★ Permanente Ostern ★ Erhabene Eseleien
★ Alles, sofort ★ Vom Glück des Erbens ★ Unstillbare Forderung
★ Das Leben ist ein Fest ★ Beruhigungstee für die Augen ★ Trost für alle
★ Routine beim Singen ★ Der Konsument ist kein mündiger Bürger
★ Das kindliche Schlaraffenland

Kapitel 3

Erwachsene, winzig klein 97

Der gute Wilde zu Hause ★ His Majesty the Baby ★ Vom
Kind als Bürger zum Kindbürger ★ Es ist schwer, erwachsen zu sein
★ Zwischenstation im Cuculand ★ Die Verführung des Kitsches
★ Be yourself ★ Ich habe es verdient

Zweiter Teil

Verfolgungsdurst

Kapitel 4

Erwählung nach Leiden 133

★ Der Markt der Bedrängnis ★ Wir sind alle Verfluchte
★ Richtet mich nicht! ★ Auf dem Weg zur heiligen Familie der Opfer?
★ Verfolgungsdurst ★ Bequemlichkeit in der Niederlage

Kapitel 5

Ein neuer Sezessionskrieg 169
(Zwischen Männern und Frauen)

Von Hitler zu Playboy ★ Die weibliche Diktatur ★ Freiheit,
Gleichheit, Verantwortungslosigkeit ★ Meine Wurzeln, mein Ghetto
★ Seine Zugehörigkeit vergessen ★ Die Femmes-fleurs und die Porno-
kraten ★ Der gefesselte Eros ★ Das Herz von sich selbst heilen
★ Verführung oder Aufrichtigkeit? ★ Einverständnis oder Taubheit?

Dritter Teil

Rivalität der Opfer

Kapitel 6

Die Unschuld des Henkers 225
(Der Verfolgtenstatus in der serbischen Propaganda)

Ein grundlegender Irrtum ★ Der Rausch der Niederlage
★ Der Genozid als rhetorische Figur ★ Mißbräuchliche Annäherung
★ Der Jude als Konkurrent und Vorbild ★ Die weltweite Aversion gegen
das serbische Volk ★ Das Recht auf Rache ★ Den anderen ihr Leid
rauben ★ Engelgleiche Mörder

Kapitel 7

Die Willkür des Herzens   270
(Die Wechselfälle des Mitleids)

1. Das Gesetz der unsteten Brüderlichkeit
Routine der Kränkung ★ Ausverkauf des Leids ★ Machtloses Bild
★ Herzstillstand ★ Der Große Löffel ★ Überfliegen oder Auswählen
2. Die Liebe zur Armut
Die Transzendenz des Opfers ★ Gespielter Schmerz
★ Narzißtisches Spektakel ★ Heiligkeit ohne Mühe
3. Die überflüssigen Völker
Der Tränenpakt ★ Mitleid als Herablassung ★ Der Raum
des Geringen ★ Die Verlierer der Geschichte

Schlußfolgerung   325

Die enge Tür der Revole ★ Verantwortungsbewußtsein ★ Das Chaos der
Mißgeschicke ★ Die notwendige Enttäuschung

Einschübe

Die Klagen des Herrn X ★ Der Freizeitasketismus
★ Die Kannibalenlogik ★ Porträt des Idioten ★ Zwei Arten von
Kindsein ★ Von alten Bengeln und jungen Greisen ★ Dämonologien
aller Art ★ Zensur oder Gegenseitigkeit? ★ Wirre Verschwörungstheorien
★ Die Pervertierung der Erinnerung ★ Allgegenwart oder Freundschaft
★ Das Téléthon, ein Fernsehmarathon der Wohltätigkeit
★ Vergleichende Viktimologie: Israel und Palästina

»Alle anderen sind schuldig, nur ich nicht.«
CÉLINE

Einleitung

Der schrumpfende Mensch

An Deck eines Schiffs nimmt ein Herr ein Sonnenbad. Plötzlich ist sein ganzer Körper mit Schaum bedeckt, Tropfen bilden sich überall auf seiner Haut, und er verspürt ein angenehmes Prickeln. Ohne sich allzusehr zu beunruhigen, trocknet er sich ab. Wenig später stellt er jedoch fest, daß er ein paar Zentimeter kleiner geworden ist. Er konsultiert einen Arzt, der ihn gründlich untersucht, nichts Ungewöhnliches feststellt und zugibt, daß er keine Erklärung weiß. Aber der Mann wird von Tag zu Tag kleiner, und die Menschen in seiner Umgebung werden größer. Seine Frau, die ihm vor kurzem noch bis zur Schulter reichte, überragt ihn bald um Haupteslänge. Wenig später verläßt sie ihn, weil er ihr zu klein geworden ist. Er verliebt sich in eine Zwergenfrau aus dem Zirkus, mit der er sein letztes Liebeserlebnis hat, bevor auch sie sich in eine Riesin verwandelt. Unerbittlich schrumpft der Mann, erreicht die Größe einer Puppe, eines Zinnsoldaten, bis er vor seiner eigenen Katze steht, vorher ein niedliches Tierchen, jetzt ein riesenäugiger Tiger, der ihm seine scharfkrallige Pfote entgegenstreckt. Später flieht er in den Keller seines Hauses und muß es mit einer scheußlichen Spinne aufnehmen.

In diesem Roman hat der amerikanische Science-fiction-Autor Richard Matheson ein eindrucksvolles Bild für das unbedeutende, von seiner Kleinheit ergriffene Individuum gefunden. Angesichts der Größe der Welt und der Vielzahl der Lebewesen sind wir alle von der Riesenhaftigkeit der Dinge erdrückte Pygmäen, wir alle sind schrumpfende Menschen.[1]

»Ein kleines Nichts ist diese Erde«, ruft in den zwanziger Jahren Paul Morand mit der Lässigkeit eines Dandys aus, der soeben einmal um die Welt gereist ist, sie bereits jetzt zu klein

findet und sich nach neuen Grenzen, neuen Reizen sehnt. Die
Erde, die überall ist, könnte man heute sagen, denn durch
Technologie, Kommunikation und Waffen, mit denen alles
zerstört werden kann, ist der Planet vereinheitlicht worden,
und die gesamte Menschheit ist ständig mit sich konfrontiert.
Diese unglaubliche Errungenschaft hat eine furchtbare Kehrseite: Wir werden mit allem belastet und über alles informiert,
was in jedem Augenblick irgendwo stattfindet. »Das globale
Dorf« ist nichts als die Summe der Zwänge, die alle Menschen
zu ein und derselben Entäußerung zwingt, vor der sie sich zu
schützen suchen, weil es ihnen nicht gelingt, sie im Zaum zu
halten. Diese Abhängigkeit der Völker voneinander und die
Tatsache, daß Dinge, die in der Ferne geschehen, eine unbere-
chenbare Wirkung auf uns haben, nehmen uns den Atem. Je
mehr Medien, Handel und gegenseitige Beziehungen Kontinente und Kulturen einander näherbringen, desto belastender
wird der Druck aller auf jeden. Wir scheinen alle durch eine
Verkettung von Kräften, auf die wir keinerlei Einfluß haben,
unser Selbst verloren zu haben. Unser Planet ist so klein geworden, daß die Entfernungen, die uns früher von unseresgleichen trennten, kaum noch eine Rolle spielen. Das Netz
wird enger und ruft ein Gefühl von Klaustrophobie, wenn
nicht Eingesperrtsein hervor. Bevölkerungsexplosion, Migrationen großen Ausmaßes, ökologische Katastrophen, man
möchte meinen, daß die Menschen ständig aufeinander her-
umtreten. Und was bedeutet das Ende des Kommunismus
anderes als das plötzliche Auftauchen des Unberechenbaren
auf der internationalen Szene? Die menschlichen Stämme
sind Legion, und alle, die jetzt vom Joch des Totalitarismus
befreit sind, streben nach Anerkennung, aber niemandem gelingt es, sich ihre Namen zu merken. Und so richtet ein jeder
auf unserem überfüllten Erdball die Bitte an den Himmel: Befrei uns von den anderen, was verstanden werden muß als:
Befrei mich von mir selbst!

Unschuld nenne ich jene Krankheit des Individualismus, die darin besteht, den Folgen des eigenen Handelns entgehen zu wollen, den Versuch, die Wohltat der Freiheit zu genießen, ohne ihre Nachteile in Kauf zu nehmen. Sie breitet sich in zwei Formen aus, im *Infantilismus* und in der *Viktimisierung*, zwei Arten, vor den Schwierigkeiten des Lebens zu fliehen, zwei Strategien seliger Verantwortungslosigkeit. Bei der ersteren versteht sich Unschuld als Parodie auf die Sorglosigkeit und Unwissenheit der Kindheit; sie gipfelt in der Gestalt des *immerwährend Unreifen*. Bei der zweiten, die mit Engelhaftigkeit gleichzusetzen ist, handelt es sich um ein Fehlen von Schuld, um eine sich selbst zugeschriebene Unfähigkeit, Böses zu tun. Sie wird verkörpert in der Gestalt des *selbsternannten Märtyrers*.

Was ist Infantilismus? Nicht nur ein an sich legitimes Schutzbedürfnis, sondern die Hinübernahme von Attributen und Privilegien des Kindes ins Erwachsenenalter. Da das Kind im Abendland seit einem Jahrhundert unser neues Idol ist, unser kleiner Hausgott, der alles ohne Einschränkung darf, bildet es – jedenfalls in unserer Wunschvorstellung – ein Modell des Menschseins, das wir in allen Stadien unseres Lebens reproduzieren wollen. Der Infantilismus verbindet ein Verlangen nach Sicherheit mit einer grenzenlosen Gier, bringt den Wunsch zum Ausdruck, versorgt zu werden, ohne selbst die kleinsten Pflichten übernehmen zu müssen. Er ist deshalb so prägend und gibt deswegen all unseren Existenzen seine besondere Färbung, weil er in unserer Gesellschaft über zwei Verbündete verfügt, die ihn nähren und ständig für seine Verbreitung sorgen: Konsum und Zerstreuung. Beide beruhen auf dem Prinzip permanenter Reize und grenzenloser Befriedigung. Das Paßwort dieser Infantophilie (die man nicht mit echter Sorge um Kinder verwechseln darf) könnte man in folgender Formel zusammenfassen: Du verzichtest auf nichts!

Die Viktimisierung ist die Neigung des aus dem kapitalistischen »Paradies« vertriebenen Bürgers, sich selbst nach dem Muster verfolgter Völker zu begreifen, besonders zu einer Zeit, in der die Krise unser Vertrauen in die Wohltaten des politischen Systems unterminiert. In einem Buch, das vom schlechten Gewissen des Abendlands handelt, hatte ich einmal die »Drittweltlerei« als eine Tendenz bezeichnet, die alle Leiden der jungen Nationen des Südens den alten Kolonialhauptstädten zuschreibt. Um der Dritten Welt Unschuld zu verleihen, mußte der Westen durch und durch schuldig sein, mußte zum Feind der Menschheit werden.[2] Und manche Leute aus dem Abendland, vor allem unter der Linken, geißeln sich gern und empfinden besondere Befriedigung dabei, sich selbst als die schlimmsten darzustellen. Seitdem hat diese »Drittweltlerei« als politische Bewegung an Bedeutung verloren: Wer hätte voraussehen können, daß sie bei uns als Mentalität wiederauferstehen und sich mit solcher Schnelligkeit in der Mittelschicht verbreiten würde? Niemand will mehr als verantwortlich gelten, jeder will als unglücklich angesehen werden, selbst wenn er keine besonderen Schwierigkeiten hat.

Was für Einzelpersonen gilt, das gilt auch für die Minderheiten, die Länder überall sonst auf der Welt. Jahrhundertelang haben Menschen für die Ausbreitung des Humanitätsgedankens gekämpft, um die Rassen, die Ethnien, die verfolgten oder zu Sklaven gemachten Gruppen der großen gemeinsamen Familie zuzuführen: Indianer, Schwarze, Juden, Frauen, Kinder etc. Dieser Aufstieg verachteter oder unterjochter Populationen zu einem würdigen Leben ist bei weitem noch nicht abgeschlossen. Vielleicht wird er nie gelingen. Aber parallel zu dieser ungeheuren Zivilisierungsarbeit, bei der die Zivilisierung die zunehmende Konstituierung der Menschheit als ein Ganzes ist, vollzieht sich ein Prozeß, der auf Teilung und Zersplitterung beruht: Ganze Gruppen, ja Nationen erheben im Namen ihres Unglücks den Anspruch, eine Sonderbehandlung zu erfahren. Das Stöhnen des großen kindlichen Erwachsenen der reichen Länder, die jämmerliche Hysterie mancher Gruppierungen (ob feministisch oder machistisch/chauvinistisch), die mörderische Strategie von Staaten oder terroristischen Gruppen (wie den Serben oder den radikalen Muslimen), die die Fahne des Märtyrertums schwingen, um in aller Schamlosigkeit ihren Machtwillen zu befriedigen, sind in nichts vergleichbar, weder in den Ursachen noch in den Wirkungen. Und doch betrachten sie sich alle, jeder auf seine Weise, als Opfer, denen man Wiedergutmachung schuldet, als Ausnahmen, die vom wundertätigen Stigma des Leidens gezeichnet sind.

Infantilismus und Viktimisierung überschneiden sich manchmal, vermischen sich aber nicht. Sie unterscheiden sich voneinander wie Leichtes von Schwerem, Unwichtiges von Ernsthaftem. Zu beiden gehört jedoch jenes Paradox des heutigen Individuums, das bis zum äußersten auf seine Unabhängigkeit bedacht ist, zugleich aber Fürsorge und Hilfe beansprucht, das die Doppelgestalt des Dissidenten und des Kleinkindes miteinander verbinden möchte und die doppelte Sprache des Nonkonformismus und der unstillbaren Forderungen spricht. Und wie das Kind, das aufgrund seiner schwachen Konstitution über Rechte verfügt, die es, wenn es größer wird, verliert, verdient das Opfer wegen seiner Notlage Trost und Belohnung. Kind zu spielen, wenn man erwachsen ist, Notleidender zu spielen, wenn es einem gut geht, in beiden Fällen ist man auf unverdiente Vorteile aus und versetzt die anderen gegenüber sich selbst in den Zustand von Schuldnern. Muß man hinzufügen, daß diese beiden Krankheiten der Moderne in keiner Weise schicksalsbedingt, sondern Modeströmungen sind und daß es legitim ist, von anderen, echteren Lebensweisen zu träumen? Schwäche und Angst gehören zur Freiheit. Das westliche Individuum ist von Natur aus ein verletztes Wesen, das den Hochmut, es selbst sein zu wollen, mit ausgesprochener Zerbrechlichkeit bezahlt. Und unsere Gesellschaft, die den Halt, der sich in Traditionen fand, abgeschafft und Glaubensüberzeugungen relativiert hat, zwingt gewissermaßen ihre Mitglieder, in schwierigen Fällen zu fliehen – in magische Verhaltensweisen, leicht zugänglichen Ersatz, ständiges Jammern.

Warum ist es ein Skandal, so zu tun, als gehe es einem schlecht, wenn man unter nichts zu leiden hat? Weil man dadurch den wirklich Armen ihren Platz wegnimmt. Dabei verlangen diese weder Bevorzugung noch besondere Vorrechte, sondern nur das Recht, Männer und Frauen zu sein wie die anderen. Da liegt der ganze Unterschied. Die Pseudo-Verzweifelten möchten sich von anderen unterscheiden, behaupten, benachteiligt zu sein, um nicht mit der gewöhnlichen Menschheit verwechselt zu werden; die anderen fordern Gerechtigkeit, um überhaupt Menschen zu sein. Deswegen legen sich auch so viele Kriminelle den Mantel der Gepeinigten um, damit sie guten Gewissens mit ihren Missetaten fortfahren und unschuldige Schurken sein können.

Die Erhöhung der Verworfenen, die, wie wir seit Nietzsche wissen, ein Erbe des Christentums ist, da es in seinen Augen daran schuld ist, das Opfer vergöttlicht zu haben, diese Achtung vor den Schwachen, die er Sklavenmoral nennt und wir Humanismus, kann pervertiert werden, wenn sie entsprechend einer Ideologie der Nächstenliebe in eine Liebe zur Armut um der Armut willen umschlägt, in universale Viktimisierung, wenn nur Bedrängte unserem wohltätigen Herzen dargeboten werden und niemals Schuldige.

Am Ende dieses Jahrhunderts, an dem die Regierungen der Unterdrückten meistens zu Willkür- und Terrorregimen geworden sind, schwebt ein anhaltendes Mißtrauen über den Armen, denn sie stehen im Verdacht, zu Henkern zu werden, auf Rache zu sinnen. Der historischen Linken (zu unterscheiden von den Parteien, die sie zu sein beanspruchen), einer

Erbin der Botschaft des Evangeliums, ist es gelungen, der gesamten politischen Welt den Standpunkt der Unterprivilegierten aufzudrücken; aber sie ist zu oft über die Tage nach der Revolution gestolpert, über die unvermeidliche Wandlung des früheren Ausgebeuteten in einen neuen Ausbeuter. Befreiungsbewegungen, Revolten, Bauernaufstände, nationale Kriege, sie alle scheinen sich dem Despotismus, der Reproduktion von Ungerechtigkeit, verschrieben zu haben. Wozu ist es gut, sich aufzulehnen, wenn hinterher alles schlimmer wird? Es ist das große Verbrechen des Kommunismus, auf lange Zeit die Forderungen der Unterdrückten desavouiert zu haben. Darin besteht die Schwierigkeit: Wie soll man den Beherrschten zu Hilfe kommen, ohne die Worte der Opfer allen möglichen Betrügern zu überlassen?

Anmerkungen:
1   Richard Matheson, *Die seltsame Geschichte des Mr. C.*, München 1983.
2   Pascal Bruckner, *Le Sanglot de l'homme blanc*, Paris 1983.

Erster Teil

Ist das Baby die Zukunft des Menschen?

Kapitel 1

Das Individuum als Sieger

oder

Das Opfer des Roi Poussière

*»Hätte ich bestimmen können, ob ich geboren werde, gewiß hätte
ich kein Leben unter solch lächerlichen Bedingungen
hingenommen.«*
F. M. Dostojewski, Der Idiot

Das europäische Individuum wird wie die Moderne, deren
Rückgrat es darstellt, in eine Art Hilflosigkeit hineingeboren.
Es ist aus dem Mittelalter hervorgegangen, in dem die Sozialordnung Vorrang vor dem einzelnen hatte, und taucht zu Beginn der Neuzeit auf, in der die Einzelperson nach und nach
jegliche Form kollektiver Organisation verdrängt. Getragen
von der christlichen Vorstellung individuellen Heils, geadelt
durch die cartesianische Wende, die die Ausübung der Erkenntnis allein auf das *cogito* und die Reflexion stützt, ist das
Individuum ein neues Produkt der westlichen Gesellschaft
und tritt zwischen Renaissance und Revolution auf.

Unter Berufung auf Tocqueville preist man allgemein in
ihm das Ergebnis einer doppelten Befreiung: von der Tradition und der Obrigkeit. Angeblich bekämpft es erstere im Namen der Freiheit und lehnt letztere im Namen der zur Demokratie gehörenden Gleichheit ab. Es will sich weigern, sein
Verhalten von einem äußeren Gesetz bestimmen zu lassen,
und strebt die Befreiung von einer geistigen Sklaverei an, die
früher die Menschen der Vergangenheit, der Gemeinschaft
oder einer transzendenten Figur unterwarf (Gott, Kirche,
Königtum). Nichts ist in diesem Zusammenhang grandioser
als Kants Definition der Aufklärung als Befreiung des Menschen »aus seiner selbst verschuldeten Unmündigkeit« und

die Eroberung der eigenen Autonomie durch jeden einzelnen, der hinfort den Mut besitzt, selbständig zu denken, ohne von jemand anderem gelenkt zu werden. Durch die Propagierung der Aufklärung und den allgemeinen Gebrauch der Vernunft ist die Menschheit angeblich in der Lage, aus der Barbarei vergangener Epochen herauszutreten und die eigene Mündigkeit zu erlangen (die inzwischen beinahe synonym mit Moderne ist).

So verführerisch sie sein mag, hat sich diese Hoffnung nie bestätigt (ist allerdings auch nie dementiert worden). Seit Benjamin Constant ist das Individuum problematisch und setzt sich nicht durch, es ist größten Erwartungen und zugleich größten Befürchtungen unterworfen. Keiner der späteren Theoretiker des Individualismus verzichtet auf einen gewissen Pessimismus. Das Individuum als historische Schöpfung springt zwischen Begeisterung und Bestürzung hin und her. Der Willkür der Mächte ist es durch eine Reihe von Gesetzen entzogen, die seine Unverletzlichkeit garantieren (jedenfalls in einer konstitutionellen Regierungsform), und es büßt für die Erlaubnis, sein eigener Herr zu sein, mit nicht enden wollender Zerbrechlichkeit. Bis dahin gehörten die Menschen einander, waren durch ein ganzes Netz von Beziehungen miteinander verbunden, das sie behinderte, ihnen jedoch eine bestimmte Lebensform und eine Stellung gewährte. Niemand war wirklich unabhängig, da ihn eine ganze Reihe von Pflichten und Diensten an seine Nächsten band, aber die Menschen waren in vielfacher Weise gemeinschaftsfähig. »Die Aristokratie hatte«, wie Tocqueville sagt, »alle Bürger in eine lange Kette eingereiht, die vom Bauern bis zum König reichte: Die Demokratie zerbricht die Kette und ordnet jeden Ring einzeln an.« Das Auseinanderbrechen der archaischen Zusammengehörigkeit (der Sippe, des Dorfes, der Familie, der Region) setzt diesem Zustand ein Ende. Jetzt, wo das Individuum jeglicher Verpflichtung entbunden ist und sich als Herr seiner selbst nur unter der Flagge seiner Vernunft wiederfindet, verliert es mit einem Mal die Sicherheit, die ihm vormals ein Ort, eine Ordnung, eine Bestimmung gewährten. Durch Erlangung der Freiheit hat es seine Sicherheit verloren und tritt in die Ära fortwährender Sorgen ein. Es hat gewissermaßen darunter zu leiden, daß es zu erfolgreich war.

Man selbst sein heißt schuldig sein

Dieses Schwanken zwischen Angst und überschwenglichem Jubel ist schon in den *Bekenntnissen* von Rousseau zu finden, die die literarische Geburtsurkunde des heutigen Individualismus sind. Die Genialität des Autors des *Gesellschaftsvertrags* besteht darin, daß er nicht nur ein Schöpfer war, sondern allein durch seinen Lebensbericht die Gesamtheit der Hoffnungen und Sackgassen, die den modernen Menschen erwartet, vorwegnahm. Wie all jene, die ihre Zeit damit verbringen, ihre in Verruf gekommene Ehre wiederherzustellen, verfaßte Rousseau die *Bekenntnisse*, um das negative Bild, das andere von ihm gezeichnet hatten, zu korrigieren und neu zu entwerfen. »Ich wußte, daß man mich in der Öffentlichkeit mit Zügen malte, die so wenig den meinigen glichen und manchmal so häßlich waren, daß ich trotz des Schlechten, von dem ich nichts verschweigen wollte, nur gewinnen konnte, wenn ich mich so zeigte, wie ich war.« Er weigert sich, vor der Meinung anderer zu kuschen und preist sein Vorhaben: »Ich beginne ein Unternehmen, das bis heute beispiellos dasteht und dessen Ausführung keinen Nachahmer finden wird. Ich will meinen Mitgeschöpfen einen Menschen in seiner ganzen Naturwahrheit zeigen, und dieser Mensch werde ich selbst sein.«[1] Denn jener Unedle, jener Vagabund erhebt Anspruch auf Wahrheit und auf Einzigartigkeit und weiß, daß letztere von universeller Reichweite ist. Aus seinem Anderssein schöpft er unbegrenzten Hochmut. »Ich kenne mein Inneres, und ich kenne die Menschen. Ich glaube keinem von allen, die ich gesehen habe; ich bin so kühn zu glauben, nicht wie ein einziger von denen geschaffen zu sein, die mit mir leben. Wenn ich auch nicht besser bin, so bin ich doch anders.« Während Chateaubriand seine *Erinnerungen/Von Jenseits des Grabes* beginnt, indem er sich einer Linie zuordnet und seine Abstammung verrät: »Ich bin als Adeliger geboren«, behauptet Rousseau, am Anfang einer Geschichte zu stehen, die keiner anderen gleicht: Er möchte lieber auf seinem bescheidenen Niveau einzigartig sein als in der Tradition Größe erlangen. Da dieser Unterschied ihn von seinesgleichen isoliert – der Jean-Jacques, den die Menschen geformt haben, um darauf herumzutrampeln, ist er gar nicht –, muß er an seiner Rehabilitierung arbeiten, Feindseligkeit abwehren und sich den anderen so zeigen, wie er sich im Inneren fühlt.

Sich als ein zugleich nahes und unterschiedliches Bewußtsein zu erweisen, bedeutet unwillkürlich, sich als schuldig hinzustellen. Durch Rousseau erhält die Autobiographie die Form eines Plädoyers, einer endlosen Verteidigung, die wir unser Leben lang den anderen entgegenhalten, als wären wir schon dadurch schuldig, daß wir existieren. »Wir betreten die Rennbahn bei unserer Geburt und verlassen sie mit unserem Tod.«[2] Rousseau hingegen – und darin liegt seine Originalität – vermischt zwei Schuldigkeiten miteinander: die eine betrifft den, der sich gegen die Sozialordnung und ihre Gesetze auflehnt; die zweite, verfänglichere, zeugt von der Abneigung eines jeden, von den anderen betrachtet und verurteilt zu werden. Der ersteren, die dazu neigt, das Individuum mit der Figur des Rebellen gleichzusetzen, der außerhalb der sozialen Ordnung steht, wird eine unbegrenzte Zukunft zuteil. Aus der Reihe zu tanzen, vorzugeben, »über Schicksal und Menschenmeinung erhaben, frei und tugendhaft zu sein und sich selbst zu genügen«[3], bedeutet für Rousseau, einen Skandal und den Tadel vor allem seiner Freunde hervorzurufen, die ihm seinen Willen, abseits zu stehen, nicht verzeihen. Seine Existenz beginnt im übrigen mit einem Abweichen von der Norm: An einem Sonntag, er ist sechzehn Jahre alt, kehrt er zu spät von einem Spaziergang heim, findet die Tore Genfs verschlossen und beschließt zu fliehen, aus Furcht vor Schlägen. Er hätte in seiner Geburtsstadt bei seinen Verwandten bleiben können, hätte ein »guter Christ, ein guter Bürger, ein guter Familienvater, ein guter Freund, ein guter Arbeiter und ein in jeder Beziehung guter Mann« werden können, geht aber fort und verweigert sich dem Schicksal, für das ihn seine Geburt ausersehen hatte: Um »die kurze mir noch bleibende Lebenszeit in Unabhängigkeit und Armut zu verbringen, verwandte ich alle meine Seelenkräfte darauf, die Fesseln der öffentlichen Meinung zu brechen und mutig alles zu tun, was mir gut schien, ohne mich irgendwie um das Urteil der Menschen zu kümmern.«[4] So bestimmt er sein Schicksal selbst, auf die Gefahr hin, der Schande, wenn nicht dem Bann zu verfallen. Wer sich entschlossen hat, »allein einen neuen Weg zu gehen«, muß damit rechnen, die Eifersucht und Rachsucht des Vulgären auf sich zu ziehen. Daher stammt bei Rousseau jene Gewißheit, überall verfolgt zu werden: Er hat die Welt herausgefordert und stellt sich vor, daß die ganze Welt ihn strafen wird, indem sie alle Kräfte gegen ihn vereint. Da die Gefahr überall und nirgendwo lauert, sogar in den Zärtlichkeiten und Schmeicheleien seiner Verwandten, findet sein Wille, dem Zugriff des anderen zu entkommen, bis zum Schluß keine Ruhe. Beim Schreiben der *Bekenntnisse* arbeitet Rousseau eigentlich an seinem Freispruch. Indem er den Leser zum Richter und Zeugen aufruft, legt er Akten an, sammelt Beweisstücke und Dokumente, um seine Beharrlichkeit zu verteidigen und auf seinem eigenen Weg weiterzugehen. Er selbst sein bedeutet für ihn, sich selbst in der doppelten Gestalt des Aufständischen und Angeklagten zu präsentieren.

Es bedeutet, zugleich zu meutern und das Meutern zu rechtfertigen.

Jean-Jacques entdeckt, nachdem er einmal den Schritt getan hat, mit Schrecken, was zum Leitmotiv aller späteren Er-
forscher des eigenen Ich wird, die Spaltung des Subjekts:
»Nichts ist mir selbst so unähnlich wie ich selbst.« Er schreibt
über Launen, Zerstreutheiten und Inkonsequenzen, die ihn
in Erstaunen versetzen, er beschreibt sich als labil, als unvor-
hersehbaren, plötzlichen Wendungen unterworfen. Wenn der
andere mein Ebenbild ist, bin ich dann ein anderer als ich
selbst, da ich mir nicht ähnlich bin? Wie soll man ganz und
gar man selbst sein, wenn man nicht weiß, was man ist? Immerhin hat Rousseau auf diesem Gebiet einen berühmten
Vorgänger: Er entdeckt den hl. Augustin, der im 4.–5. Jahrhundert n.Chr., mehr als ein Jahrtausend vor dem Vater des
Emile, ebenfalls in sich selbst Unordnung und Inkohärenz
aufspürt, sie allerdings auf das Elend der von der Allmacht
seines Schöpfers zermalmten Kreatur zurückführt. »Ich aber,
so gering ich angesichts Deiner mich sehe und für Staub und
Asche halte, weiß etwas von Dir, was ich von mir nicht weiß
[…], denn was ich weiß von mir, ich weiß es nur, weil Du mir
leuchtest, und was ich nicht weiß von mir, nur so lang weiß
ich's nicht, bis mein ›Dunkel‹ im Licht Deines Angesichts
›wie heller Mittag wird‹.« Das Innere des Menschen ist ein
Abgrund von Geheimnisvollem, Unbekanntem, das nur Gott
gehört: »Was bin ich also, mein Gott, was für ein Wesen? Ein
Leben, so mannigfach und vielgestalt und völlig unermeß-
lich!« Zu versuchen, sich ganz zu durchdringen bedeutet, sich
an einer Mauer des Dunkels zu stoßen, deren Schlüssel nur
die Macht Gottes besitzt: »Es ward mein eigen Ich mir zum
Boden der Mühsal, und ich bestelle ihn mit vielem Schweiß.«
Das Ich gehört nicht mir, weil in meinem tiefsten Innern das
absolute Anderssein liegt, die göttliche Transzendenz. In
mich zurückzukehren bedeutet also, Gott zu treffen, »der

mir näher ist als ich selbst«, und nur eine Tat grenzenloser Liebe für den Allerhöchsten ermöglicht es, den Graben zu überschreiten, die Falschheit und Unwissenheit zu überwinden. (Augustin führt hier auf wunderbare Weise das Thema des *amour fou* ein, des Liebenden, der sich vor der Geliebten zu Boden wirft, sich ihr gegenüber zu Staub erklärt und sich ihrer Aufmerksamkeit für unwürdig hält. Die größte Intimität bedeutet die größte Distanz, das Du und das Ich sind nie auf gleicher Höhe.) Diese *Bekenntnisse* laden nicht dazu ein, sich dem Zauber der Selbsterkenntnis hinzugeben, sondern zu konvertieren, die pestilenzartige Süße der Welt, die falsche Süße des Vergnügens zugunsten der einzigen Wirklichkeit aufzugeben, die es wert ist, der des Göttlichen, des geheiligten Bewohners meines Inneren: »Ich weiß nur eines, daß für mich, nicht nur außerhalb meiner selbst, sondern in mir, ohne Dich alles zum Schlechten steht und daß jeder Reichtum, der nicht mein Gott ist, mir zur Armut wird«.[5] Im Dunkel des menschlichen Herzens ist nur der Glaube Quelle der Wahrheit und des Heils. Um der Größe Gottes zu entsprechen, hat der Gläubige nur eine Stütze: die absolute Anbetung.

Zwischen Augustin, dem Entdecker der Innerlichkeit, und Rousseau, dem Entdecker der Intimität, sind mehr als 13 Jahrhunderte vergangen, während derer große Teile Europas säkularisiert wurden. Selbst wenn der Autor der *Briefe zweier Liebender* noch einem höheren Wesen gehorcht, dann ist seine Qual um so stärker, als sie menschliche Dimensionen hat. Seine Schwierigkeit, seine Schwankungen und Wendungen zu rechtfertigen, ist für ihn eine Quelle ständiger Betrübnis. Er kann noch so oft sagen, daß er bei seinen verschiedenen Zuständen derselbe Mensch bleibt, er enthüllt sich als ein Fremder sich selbst gegenüber, als ein in sich zerrissenes Wesen. Er ist im Exil seiner selbst. Er begreift sich nicht und kann nicht erwarten, daß die anderen ihn besser verstehen oder ihm gegenüber irgendwelche Nachsicht üben. Das Ich ist jener andere, den ich zu kennen glaube, jener Nahe, der für mich der Fernste ist. »Ich weiß nicht, was ich bin, ich bin nicht, was ich weiß«, hatte der deutsche Franziskaner Angelus Silesius im 17. Jahrhundert geschrieben. Jeder von uns ist mehrere, und diese mehreren kommunizieren nicht miteinander. Wir sind nicht Herr unserer Gefühle, das Glück wird uns zuteil oder flieht uns, ohne daß wir es wünschen, es ist uns lästig, wenn es da ist, macht uns verzweifelt, wenn es uns verläßt, dies stellt Rousseau erschrocken fest, in dem Augenblick, in dem er mit den *Bekenntnissen* das Manifest des aufsässigen Menschen verfaßt. Hätte Rousseau nur dies gesagt, hätte er nur die Arbeit von Montaigne fortgesetzt, der sich bereits als gespalten, widersprüchlich, von seinen Pirouetten und Kehrtwendungen verhext beschrieb. Aber Jean-Jacques geht noch weiter: Was ihn zur Erschöpfung treibt, ist, sich legitimieren zu müssen, so vielfältig zu sein in der Einheit, »die bizarre und einzigartige Ansammlung in [seiner] Seele« erklären zu müssen. Darin besteht für ihn das Urdrama: Wir werden in der Unschuld unserer Erscheinung nie als solche anerkannt, weil inzwischen eine neue Person, die unendlich weniger barmherzig ist als Gott, in den Dialog zwischen dem Selbst mit dem Selbst eingetreten ist: der andere. Der hl. Augustin trat die erbärmliche Rasse der Menschen mit Füßen, um den Ruhm des Allmächtigen zu mehren. Rousseau beschreibt die Menschheit ohne Gott in den Fängen der schlimmsten Qual, die es gibt, der der Bewertungen, der gegenseitigen Urteile, die die Menschen fällen. Gott kann ein furchtbarer Richter sein; aber er ist wenigstens einzigartig und gerecht. Bei der Menschheit habe ich es mit einem vielgestaltigen, unfaßbaren Richter zu tun, dessen Urteile mich jeden Augenblick treffen, ohne daß ich darauf reagieren kann. *Geboren werden bedeutet, vor Gericht erscheinen.*

Die Anklagebank

So nagt eine zweite Schuld am Individuum: Nicht die des Stö-
renfrieds, der es wagt, sich gegen die etablierte Ordnung aufzulehnen (nichts ist heutzutage konformistischer, als ein Rebell, ein Nonkonformist sein zu wollen), sondern die des
Beschuldigten, der unter dem Blick der anderen lebt und niemals ihrem Inquisitionsgeist entkommt. Der andere hindert
mich daran, mich in aller Ruhe zu genießen, darin besteht sein
Verbrechen. Sein kalter Blick, sein herbes Wort entfernt mich
von meiner eigenen Existenz. Augustin wollte die absolute
Schuld des Menschen gegenüber Gott hervorheben. »Wer soll
ihm sein schuldlos hingegebenes Blut erstatten, wer ihm den
Preis vergelten, mit dem er uns erkauft hat?«[6] Rousseau entdeckt auf furchtbarste Weise die Hölle des modernen Menschen: Ich bin den anderen gegenüber schuldig, allen anderen,
denen ich Rechenschaft schulde. Selbst wenn unser »wahres
Ich nicht ganz in uns ist«, selbst wenn man es in diesem Leben nie schafft, »sich wirklich zu genießen ohne die Konkurrenz des anderen«, dann ist dieser zuerst derjenige, der über
mich redet, ohne daß ich es weiß, der mich objektiviert und
dadurch in ein Bild einsperrt.[7] Es ist eine unerträgliche Willkür, auf diese Weise von sich selbst verdrängt, diffamiert und
mit Füßen getreten zu werden, daß sich ein so weiter Graben
auftut zwischen der Meinung, die man von sich selbst hat und
der, die die anderen von einem haben. Ich unterliege dem Gewicht einer vagen Anklage, die ich nicht formulieren kann, da
sie sich direkt gegen die Tatsache richtet, daß es mich gibt:
Existieren bedeutet büßen, unendlich für die Kühnheit bezahlen, in der ersten Person zu reden. Das Tribunal der anderen bringt nie einen klaren Richtspruch hervor: Ich werde nie
verurteilt, ich werde aber auch nie freigesprochen – und das
bis zu meinem letzten Atemzug. Was Rousseau erfindet und
was erstaunlichen Erfolg genießt, ist folgendes: Man selbst

sein zu wollen bedeutet nicht, zu versuchen, sich zu erkennen, sondern nach der Anerkennung der anderen zu streben (um mit Hegel zu sprechen), das heißt, sich unter die unerbittliche Fuchtel seiner Ankläger zu begeben.

Wenn im demokratischen Zeitalter der Prozeß zur pädagogischen Figur par excellence geworden ist, zu einer in Erstaunen versetzenden Verkürzung der Suche des Menschen, dann verdanken wir es Rousseau: Wie er sehen wir in den Gerichtssälen den Ort, an dem die wichtigste Sache verteidigt wird, die es gibt, wir selbst. Wir sind gezwungen, unsere Beweise vorzulegen, wir müssen die Zustimmung unserer Zeitgenossen finden, sie überzeugen, sie anrühren und so unser Schicksal in ihre Hände legen. Dies ist unsere säkulare Hölle, unser erstes Urteil, das in gewisser Hinsicht viel schlimmer ist als das Jüngste Gericht des Christentums. Aus Angst, mißverstanden zu werden, geht Rousseau so weit, sich selbst dem Gericht zu unterwerfen (indem er seine *Dialoge* schreibt), und nimmt dabei die gesamte Kritik wieder auf, die sich gegen ihn richtet, nur um sich besser freisprechen und als würdiges und tugendhaftes Wesen beschreiben zu können. Der wahnsinnige Traum besteht hier darin, den anderen überflüssig zu machen, dem Drängen des Andersseins aus dem Weg zu gehen. Und die Verschmelzung mit der Natur bei Rousseau ist das Pendant zu seiner Trennung von den Menschen. Da ich mir nicht gehöre, da ich unter den anderen verstreut bin und aus allem bestehe, was sie über mich sagen und denken, muß ich mich dauernd wieder sammeln, vereinigen. Nicht nur erneut jene Fremdheit, die ich für mich selbst bin, erfassen und ihr das Siegel meiner Persönlichkeit aufdrücken, sondern auch die zerstreuten Elemente meines Ichs bei den anderen zusammensuchen. Eine in den Wahnsinn treibende Arbeit: denn sich das »Urteil der Menschen zu eigen zu machen«[8] bedeutet, seine Existenz zu einer ewigen Apologie zu machen, das Bild von einem selbst, das in der Welt umhertreibt und aus uns Gefangene unter freiem Himmel macht, zu kontrollieren zu versuchen.

Rousseau ist so von sich selbst erfüllt, daß er den anderen nur als Besatzer sieht und seine Gegenwart, und sei sie auch nur vage, als Verurteilung auffaßt. Und welches Gesicht soll man dieser Inquisitorenversammlung entgegenhalten? Läuft man nicht Gefahr, sich mit der Erscheinung, die man ihr bietet, zu verwechseln, um sich gegen sie zu wehren? Bedeutet es nicht, sich Mißverständnissen, Gespött auszuliefern, ein groteskes Bild von sich darzubieten? (Im Gegensatz zu Chateaubriand, der in seinen *Erinnerungen/Von Jenseits des Grabes* eine Marmorstatue von sich schafft, ein wunderbares Mausoleum aus Papier, errichtet Rousseau die höchst moderne Figur des lächerlichen, entwaffneten, schwachen Menschen, der ganz von dummer Sentimentalität erfüllt ist, sich über das Geringste freuen kann, den Sonderlichkeiten seiner Launen aufgeliefert ist, den Kinderreien, die durch sein Herz ziehen.) Niemand ist Herr seiner selbst, niemand überlebt, ohne zerrissen zu werden: Wenn Jean-Jacques im Vergleich zu Pascal und Montaigne ein neues Feld beackert, dann insofern, als mit ihm *der einzelne als Verfolgter, als Beute seiner Mitmenschen geboren wird*. Selten wird es Befreiung aus so vielen Tränen und Seufzern geben. Aber die Gesichtszüge sind starr geworden und ändern sich nicht mehr: Der Autobiograph Rousseau bleibt mit seinen Gefühlen und Schmerzen unser Bruder. Wie er werden wir unaufhörlich in unseren Erwartungen und Hoffnungen enttäuscht: Sich als freie und selbständige Persönlichkeit zu behaupten ist ein so kostbares Ideal, daß es zunächst einem Leiden nahekommt und den ungeheuren Druck des Urteils der anderen über uns mit sich bringt. Und das Problem des Komplotts bei Rousseau ist immer nur die verwirrende Objektivierung des Nicht-zu-sich-selbst-Gehörens. In seinem irren Menschenhaß erahnt Rousseau die Krankheiten des modernen Individuums, zeichnet die Konturen eines Raums, in dem wir uns heute erkennen können. Die Suche nach der wiedergefundenen Heiterkeit, einem verzauberten Gebiet, in dem die Welt kein Wohnrecht mehr hat, vollzieht sich bei ihm in der Vertreibung seiner Zeitgenossen, die bei ihm alle zusammen wie ein einziger, furchtbarer Verbrecher beschrieben werden: Es gibt auf Erden nicht einen Gerechten, sagt er in den *Träumereien*, »alle sind miteinander verbündet«, das Menschengeschlecht ist nur »eine Gemeinschaft von Bösen«, und das Heil kommt, wenn es kommt, erst durch die Nachwelt, das heißt durch einen anderen, den es noch nicht gibt. Sie allein wird ihn für den Undank der Menschen rächen und ihn trösten, und er sieht seine letzten Schriften als ein »dem Schicksal hinterlassenes Depot«. Was bei ihm überrascht, ist die Anhäufung von Argumenten, die von Buch zu Buch wiederholt werden, um sich seines Gutseins zu versichern und sich von der Gaunerei der Welt zu überzeugen. Als sei er, erlöst von den anderen, immer noch von der Erinnerung an sie verärgert, und als gelinge es ihm immer noch nicht, mit sich selbst übereinzustimmen, jene Wunde in seinem Herzen zu schließen.[9]

Ein Pyrrhussieg

Seit Jean-Jacques Rousseau sind die Zwänge, die auf jedem von uns lasten, unaufhörlich stärker geworden, und das proportional zu unserer Befreiung. In dem Maß, in dem sich der einzelne im 19. und zu Beginn des 20. Jahrhunderts immer mehr von seinen Fesseln befreite und neue Rechte eroberte, sind seine Sorgen paradoxerweise immer mehr gewachsen. Vergessen wir einen Augenblick die Determiniertheit durch Klassenzugehörigkeit und Zivilisation und konzentrieren uns auf eine abstrakte Person. Rousseau konnte, wenn er unglücklich war, auch die Düsternis seiner Zeit anklagen, die

Willkür des Königs und der Kirche, die Intrigen seiner Philosophenfreunde (er wurde ebenso wie Voltaire und Diderot wegen seiner Schriften gequält, verfolgt, ins Exil gejagt, wenn er auch sein Unglück durch krankhaften Argwohn verschlimmerte). Wenigstens konnte er die Mächtigen seiner Zeit als Folterer hinstellen, die ihn zu verderben trachteten. Aber heute? Welche Institution soll ich für meine Probleme verantwortlich machen? In dem langen Streit, in dem seit dem Ende des Ancien régime das Individuum der Gesellschaft gegenübersteht, hat letztere sich zurückgezogen, greift nicht mehr in unser Leben ein und schreibt uns unser Verhalten nicht mehr vor.

Natürlich ist es immer noch möglich, sich in einen Verfolgungswahn hineinzusteigern und ein finsteres System für alle Schmerzen, die uns plagen, verantwortlich zu machen, eine Weltverschwörung zu erfinden, die um so gefährlicher ist, als sie sich nicht offen zeigt. Wie wir später sehen werden, ist die Ideologie der Opfer nur die Umkehrung der Theorie der unsichtbaren Hand: Hinter dem Chaos der Tatsachen und Ereignisse arbeitet ein böswilliges Schicksal an unserem Unglück, bemüht sich, uns zu verletzen und jeden von uns besonders zu demütigen. Je freier das moderne Subjekt sein will, je mehr es nur aus sich selbst seinen Lebenssinn und seine Werte schöpft, desto mehr neigt es dazu, ein grausames Schicksal zu beschwören, um sich von Zweifel und Angst zu befreien, eine beabsichtigte Unordnung, die es unter seiner Fuchtel hält und auf unerklärliche Weise zerstört. Diese List der bösartigen Vernunft, diese Verhexung der Mechanisierung kann mit Fortschreiten einer nach wie vor beanspruchten Unabhängigkeit nur wachsen, ist aber so belastend, so schmerzlich, daß sie Ventile braucht, seien diese magisch oder wahnhaft.

Es ist unübersehbar, daß der Sieg des Individuums über die Gesellschaft ein zweischneidiger Sieg ist und daß die Freiheiten, die ersterem zugestanden werden – Meinungsfreiheit, Gewissensfreiheit, Freiheit der Wahl, Freiheit zu Handeln – ein Danaergeschenk und die Kehrseite einer schrecklichen Forderung sind: *Jeder hat jetzt die Aufgabe, sich selbst zu schaffen und Sinn in seinem Leben zu finden.* Die Glaubensüberzeugungen, Vorurteile und Gebräuche von früher waren nicht nur unliebsame Bevormunder; sie schützten vor Zufällen und Unsicherheit und boten zum Ausgleich für den Gehorsam gegenüber den Gesetzen einer Gruppe oder Gemeinschaft eine gewisse Ruhe. Der Mensch von früher mußte sich zwar allen Arten von Zwängen unterwerfen, Opfer erbringen, die uns heute unerträglich scheinen, aber diese sicherten ihm einen Platz, gliederten ihn einer Ordnung ein, die es schon immer gab, in der er mit den anderen durch alle möglichen Arten von Pflichten verbunden war. So war er anerkannt und mit einer begrenzten Verantwortung versehen. Der moderne Mensch hingegen, der eigentlich von jeder Verpflichtung frei ist, die er sich nicht selbst auferlegt hat, krümmt sich unter der Last einer Verantwortung, die im Grunde grenzenlos ist. Das bedeutet Individualismus: die Verlagerung der Schwerkraft der Gesellschaft auf den einzelnen, auf dem nun alle Knechtschaft der Freiheit ruht. Der Einzelmensch hat dadurch, daß er offenbare Wahrheiten und Dogmen weggefegt hat, vielleicht an Bedeutung zugenommen; er hat sich aber in erster Linie geschwächt, sich jeden Halts beraubt. Er wurde aus der schützenden Muschelschale der Tradition, der Gebräuche, der Regeln geworfen und ist verwundbarer denn je.

Da wir nicht mehr wie Aristoteles sagen können, daß »alle Menschen vom Augenblick ihrer Geburt an durch die Natur bestimmt sind, zu herrschen oder zu gehorchen«, müssen wir zugeben, daß das Individuum zugleich unbestimmt und unvollendet ist. Nichts ist ihm vorherbestimmt, und es ist noch nicht das, was es sein soll. Seine Zukunft ist nicht vorhersehbar, das heißt offen, und muß noch gestaltet werden. Da es zur »Vervollkommnung« fähig ist (Rousseau), kann es auch fallen, vegetieren, in Mittelmäßigkeit vor sich hindämmern. Seine Existenz ist nicht determiniert, sie hält lauter Überraschungen bereit, das Individuum muß sie selbst schaffen, auf unvollkommene Weise und durch langsames Herantasten. Sie erhält keine andere Bedeutung als die, die es ihm selbst geben will. Jede Gesellschaft ist individualistisch, in der nicht nur das Subjekt die Einheit grundlegender Werte ist, sondern in der die Möglichkeit, sein Leben nach eigenem Wunsch zu führen, allen offensteht, unabhängig von sozialer Stellung, Geschlecht, Rasse oder Herkunft. Das Herz des politischen und demokratischen Systems wird aus der Summe des jeweiligen Willens einzelner gebildet, die innerhalb eines öffentlichen Raums frei miteinander verbunden sind.

Seitdem hängt mein Schicksal nur noch von mir ab: unmöglich, meine Mängel oder Fehler auf eine äußere Instanz abzuladen. Das ist die Kehrseite meiner Souveränität: Ich bin mein eigener Herr, aber auch mein eigenes Hindernis, als einziger verantwortlich für die Widrigkeiten oder das Glück, das mir begegnet. Und das unglückliche Bewußtsein des Menschen von heute sieht so aus: Angesichts jeder Niederlage setzt er sich der Selbstkritik aus, prüft sein Gewissen, stellt eine Liste der Fehler und Irrtümer auf, die in der Feststellung endet: Ich bin schuld. Das Christentum hatte bereits aus dem irdischen Dasein den Ort unerbittlicher Konfrontation zwischen Erlösung und Verdammnis gemacht, die Vorstufe zum Paradies oder zur Hölle (inklusive der Klasse für Nachsitzer, dem Fegefeuer, das im Lauf der Kirchengeschichte erfunden wurde). Unser Leben als säkulare Menschen, das sich zwischen der Möglichkeit von Erfolg und Niederlage bewegt, ist nicht weniger angespannt. Allerdings mit einem Unterschied, der die Dinge erschwert: für uns spielt sich alles hier ab, in einer kleinen Zeitspanne; und während die Religion im vorhinein die Werte, die es zu beachten gilt, vorgibt, stellen wir selbst die Kriterien für Mißerfolg oder Erfolg auf, auf die Gefahr hin, daß die anderen sie nicht anerkennen (die einen legen Wert auf materielle Bereicherung, andere auf das Ideal des gebildeten, tugendhaften Menschen, wieder andere auf innere Zufriedenheit). Die Lehre Freuds hat das Individuum zweifellos von dem Sockel geholt, auf den das 19. Jahrhundert es gestellt hatte, sie hat den Menschen erniedrigt, dem Ich den Vorrang des absoluten Monarchen genommen und Breschen und schwindelerregende Abgründe in seine Herrschaft geschlagen. Sie hat allen vielleicht auch ein unerschöpfliches Instrumentarium von Entschuldigungen und falschen Ausflüchten in die Hand gegeben (meine unglückliche Kindheit, meine unwürdige Mutter), um Licht in ihre Taten zu bringen. Sie hat aber in keiner Weise dazu beigetragen, das Individuum zu entlasten. Es hat seine Macht verloren, aber nicht seine Pflichten. Wenn der Mensch nach Freud nicht mehr Herr seiner selbst ist, ist er doch immer noch für sich verantwortlich und kann seine Fehler nicht an ein widerborstiges Unbewußtes oder ein tyrannisches Über-Ich delegieren. Bevor er sich mit der Welt auseinandersetzt, stößt er sich in erster Linie an sich selbst, an jenem Kern von Komplexen und Neurosen, die er, um weiterzukommen, entwirren muß. Seltsames Paradox: Je mehr wir uns unserer Schwäche bewußt werden, desto mehr Verantwortung lastet auf unseren Schultern. Sie kann durch nichts vermieden werden und macht aus uns allen Urheber von Taten mit unberechenbaren Folgen. Das Aufeinanderbezogensein dieser beiden Phänomene ist einzigartig, und das Bewußtsein unserer ständig zunehmenden Schwäche geht Hand in Hand mit einer stets größer werdenden Last. (Denken wir nur an Berufe wie den des Flugzeugpiloten, des Zugführers, Lastwagenfahrers, Laboranten, Arztes, bei denen der kleinste Fehler unverhältnismäßig großen Schaden zur Folge haben kann.)

Alle gleich, alle Feinde

Zu dieser Bürde kommen andere hinzu: die Konkurrenz aller gegen alle, Konsequenz der Angleichung der Lebensbedingungen. Früher brandmarkte man die absurde Verpflichtung, an einen Gott zu glauben oder sich vor einer hochrangigen Person zu verneigen, man geißelte die Privilegien, die von Geburt und Vermögen herrührten, die Unterdrückung einer Kaste oder Klasse. Es gibt jedoch keine schlimmere Dressur als die, welcher sich Menschen unterwerfen, wenn sie alle miteinander im Wettbewerb liegen, weil sie dasselbe Ziel erreichen wollen. Neid, Ressentiments, Eifersucht und ohnmächtiger Haß sind eher die direkte Folge der demokratischen Revolution als schlimme Makel der menschlichen Natur. Demokratie verspricht allen Reichtum, Glück und Erfüllung, nährt aber in uns die Frustration und bringt uns dazu, mit unserem Los nie zufrieden zu sein. Dies treibt, zusammen mit dem Gift des Vergleichens, dem Groll, der durch den spektakulären Erfolg der einen und das Steckenbleiben der anderen entsteht, jeden von uns in einen Kreis von Wünschen und Enttäuschungen. Wir möchten alle die obersten Ränge erreichen, aber in diesen Höhen gibt es nur Platz für wenige, und die Besiegten müssen die jeweiligen Sieger ertragen und darauf warten, neu setzen zu können und die auf dem Spiel stehenden Titel in Frage zu stellen. In einer egalitären Gesellschaft ist der Erfolg einer Minderheit und die Verbitterung der anderen unerträglich: Da wir alle gleich sind, ist jene Überlegenheit skandalös. In den modernen Zeiten sind die Menschen gerne aufgeregt, unruhig, sagt Tocqueville: »Sie haben die Privilegien weniger zerstört und begegnen der Konkurrenz aller. Die Grenze hat eher die Form als den Ort gewechselt.«[10]

Und zweifellos ist der Diskurs der Rivalität, der Herausforderung in der Stadt härter. Die ökologische Welle mag mit der Müdigkeit, der immensen Gleichgültigkeit zu tun haben, die uns regelmäßig in der Großstadt überkommt. Sich an öffentlichen Orten aufhalten, durch die Menge gehen, Hunderten von Gesichtern begegnen, bedeutet, sich jeden Augenblick seiner Schwäche bewußt zu werden und in Abgrenzung dazu die berühmten Persönlichkeiten zu beneiden, die überall, ganz gleich, wo sie hingehen, sogleich Anerkennung erfahren. Der einzelne wird auf die Straße geworfen und fühlt sich seiner selbst beraubt. Ihn packt die Angst, unbemerkt zu bleiben, und so wünscht er sich das Gegenteil: alles zu werden. Hier kann man sich nur der Aussage des Films *Taxi Driver* anschließen: »In jeder Straße gibt es einen Unbekannten, der davon träumt, jemand zu werden. Ein Mensch, der alleinsteht, von allen verlassen ist und verzweifelt zu beweisen versucht, daß es ihn gibt.« Auf dem Land, in der Nähe von Wäldern und Feldern bin ich nicht gezwungen, mich zu rechtfertigen. Wenn die Natur, wie Goethe festgestellt hat, die moderne Seele des Stadtmenschen beruhigt, dann deshalb, weil sie eine Ausgeglichenheit und Harmonie verkörpert, die sich klar vom Chaos und der Willkür der Metropolen abhebt. Die unfaßbare, erschreckende Energie einer Stadt konfrontiert mich mit einer überlegenen Macht, die mich ebenso reizt wie unterdrückt. In unserer wiedererschaffenen Natur, der Natur nach der Wildheit, sucht der Städter einen friedlichen Hafen, eine kurze Unterbrechung von Plackerei und Qual: Dort provoziert ihn niemand, niemand beunruhigt ihn, niemand hat es auf seine Unversehrbarkeit abgesehen. Dort ist jedes Ding an seinem Ort, vollzieht sich nach einem vorhersehbaren Rhythmus. In solchen, von der Hand des Menschen geformten, Landschaften entspanne ich mich, erhole mich, bleibe »von mir selbst eingebunden« (Rousseau). Wenn ich mich nicht für ein Einsiedlerleben entscheide, so ist die Souveränität, die ich in dieser Einsamkeit spüre, eine geschenkte

Souveränität, da sie durch die anderen nicht genährt und bestritten wird. Denn eines Tages muß ich aus dem Unterschlupf, in dem ich mich verschanzt habe, in mein Jahrhundert zurückkehren und es wieder mit meinen Zeitgenossen aufnehmen.

Ein jeder muß sich, bevor er seine Arbeitskraft auf dem Markt verkauft, noch bevor er mit sozialen oder politischen Schwierigkeiten konfrontiert wird, als Person verkaufen, um akzeptiert zu werden, muß seinen Platz erobern, den ihm in einer Welt, die ihm nicht gehört, niemand zuerkennt. Als Menschen des Abendlandes besteht unser Leiden darin, daß wir alles auf diese unterste Einheit zurückführen, dieses winzige soziale Atom, das Individuum, das nur mit einem Licht ausgestattet ist, seiner Freiheit, und nur einen einzigen Ehrgeiz kennt, sich selbst. Der Mangel an Selbstvertrauen ist nicht nur Charakterzug einer schwachen oder neurotischen Persönlichkeit, er ist Symptom eines Zustands, in dem die Menschen nicht aufhören zu schwanken, genau wie die Notierungen der Rohstoffe an der Börse je nach dem höheren oder geringeren Wert, den ihnen die Meinung zugesteht, das heißt der wandelbarste Gerichtshof, den es überhaupt gibt. Einen Tag herrscht Hausse, am nächsten Baisse, wir können nur der Instabilität unserer Situation sicher sein. Und das Unglück des *has been*, dessen, der seine Chance hatte und sie verloren hat, besteht darin, zu sehen, daß sein Schicksal ein für allemal besiegelt ist. (Daher dieser besondere Kult, den wir den Stars angedeihen lassen, jenen widerrufbaren Gottheiten egalitärer Gesellschaften, die wir anbeten und schamlos verbrennen und die uns die Illusion geben, sich selbst zu genügen, ein Versprechen weltweiter Erlösung zu verkörpern.)

Die Klagen des Herrn X.

Was bedeutet Klagen? Es ist die degradierte Version der Revolte, das demokratische Reden par excellence in einer Gesellschaft, die uns einen Einblick in das Unmögliche nehmen läßt (Reichtum, Aufblühen, Glück) und uns auffordert, nie mit unserem Status zufrieden zu sein. Sich Beklagen ist eine zurückhaltende (hinterhältige) Art zu leben, unsere Unzufriedenheit, unsere Niedergeschlagenheit zu verkaufen, niemals mit all dem zu paktieren, was im Leben mit Mechanischem, mit Abgedroschenem zu tun hat. »Ich kenne einen Engländer«, sagte Goethe, »der sich erhängt hat, weil er nicht jeden Tag etwas anzuziehen hatte.« In den Jeremiaden ist die Kreatur nichts mehr als ein fleischgewordener Vorwurf, ein lebendes Nein: Sie strömt ihr Unglück aus, ruft den Himmel zum Zeugen an, verabscheut den Aufenthalt auf Erden. Dieser Dolorismus aus Prinzip wird fast zu einer Konvention, um zu unterstreichen, daß man sich nicht täuschen läßt von dem, was einen kaputtmacht (der verrinnenden Zeit, der instabilen Gesundheit, den Zufällen des Schicksals). Aber die Klage ist auch ein diskreter Hilfsappell: Um ein Unwohlsein daran zu hindern, zum Leiden zu werden, genügt manchmal ein Ohr, das einem zuhört.

Im ganzen ist dieses aufsässige Reden von oben bis unten auf der sozialen Leiter so verbreitet, daß es sich selbst außer Kraft setzt, sich in oberflächliche Turbulenz auflöst. »So kann es nicht weitergehen!« Wie oft sagt man das, damit alles genau so bleibt wie vorher? Für manche Leute ist das Jammern eine Lebensform, und das wirkliche Altsein, das des Geistes, fängt mit zwanzig oder sechzig dann an, wenn man mit anderen nichts anderes mehr austauschen kann als Klagen und Stöhnen, wenn sein Leben zu beklagen und zu bejammern das beste Mittel bleibt, nichts zu seiner Veränderung zu tun. »Ich könnte keinen Beruf auf dieser Welt haben, es sei denn, man bezahlte mich für die Unzufriedenheit, die ich bei ihm empfinde« (Joseph Roth). Wenn man versucht, dem Klagen aus dem Weg zu gehen, so deshalb, weil es sich bald in Nachsicht gegenüber den kleinen Wehwehchen wandelt. Diese Art, sich nicht vor der Ordnung der Dinge zu beugen, wird dann zu einer geschwätzigen Form des Verzichts.

Das Klon-Syndrom

Eine weitere Täuschung erwartet den modernen Menschen: daß er sich für einzigartig hält und erkennen muß, daß er nur irgend jemand ist. In einer Welt von Befehlen und Hierarchien war der Individualismus eine Pioniererfahrung außergewöhnlicher Persönlichkeiten, die es wagten, sich von Dogmen und Gewohnheiten zu befreien, um allein in unbekannte Dimensionen vorzustoßen. Da Vinci, Erasmus, Galilei, Descartes und Newton steckten im Dunkeln Pfade ab, brachen überkommenes Denken auf, traten den Vorurteilen ihrer Zeit entschlossen entgegen. Auf diese Weise entstand der Individualismus als Tradition einer Traditionsverweigerung. Diese großen Reformer zeichneten einen anderen Menschentyp, plädierten für einen anderen Bezug zum Gesetz, zur Vergangenheit und Transzendenz. Dadurch, daß er zur Norm wurde, ist der Individualismus aber banal geworden, hat sich mit dem Gewöhnlichen seiner Umgebung vermischt. Der Mensch als einzelner hat sich zweifellos durchgesetzt, jedoch verloren in der Menge wird er immer kleiner und sieht, wie

Benjamin Constant schon festgestellt hat, daß sein Einfluß in dem Maß, in dem er friedlich seine Unabhängigkeit genießt, abnimmt. Sie ist nur ein Fragment, hält sich für ein Ganzes, neben anderen »Ganzen«, die ihrerseits aber auch nur Teile sind. Jeder hält sich für unersetzlich und sieht in den anderen nur eine unbedeutende Menge. Dieser Glaube aber wird sogleich dadurch außer Kraft gesetzt, daß alle denselben Anspruch haben. Ich, ich und ich: Wir sind alle Egos, deren Eigenliebe blüht.

Das Abenteuer endet damit, daß die Menschen einander in ihrer Art ähnlich werden, sich unterscheiden zu wollen. Dieses Bestreben, sich auszuzeichnen, ist, was sie einander annähert, und in dieser Form der Distanzierung bekräftigen sie ihre Uniformität. Die romantische Faszination für außergewöhnliche Persönlichkeiten – den Verrückten, den Kriminellen, das Genie, den Künstler, den Lebemann – entsteht aus dieser Angst, im Herdentum zu versinken, zum Prototyp des Kleinbürgers zu werden. Ich bin nicht wie die anderen, lautet die Formel des Herdenmenschen. Denn die Strafe, die das heutige Individuum erwartet, ist weniger Gefangennahme oder Unterdrückung als Gleichgültigkeit: für nichts Bedeutung haben, nur für sich existieren, für immer und ewig ein *pré-quelqu'un* (Evelyne Kestenberg) zu bleiben, den die anderen als anwesend ansehen, aber nicht als Gesprächspartner. (Als Ralph Ellison 1952 *Unsichtbar* schrieb, betonte er die Transparenz seiner schwarzen Landsleute in den Vereinigten Staaten, behauptete, ihre Hautfarbe mache sie austauschbar und nähme ihnen die Identität. Dieser Zustand sozialen Todes ist bei Beibehaltung aller Proportionen der Alptraum, der im Grunde alle von uns verhext.) Daher jener »Narzißmus der kleinen Unterschiede« (Freud), die mit Sorgfalt gepflegt werden und um so manischer sind, als wir ungefähr alle dasselbe Leben führen, daher jener Kampf, um die Aufmerksamkeit von unseresgleichen auf uns zu ziehen, das wilde Bestreben, von sich reden zu machen, und sei es durch die abwegigsten Mittel. Dies ist die Erfahrung der Vermassung in einer Gesellschaft, in der die Besonderen nichts sind, weil der Individualismus alles bedeutet.

Nichts ist in dieser Hinsicht symptomatischer als die von der Soziologie erzeugte Depression. Diese Disziplin ist ein Meister der Erniedrigung sofern sie auf jeden das Licht der großen Menge wirft und unsere intimsten Handlungen statistisch betrachtet. Mit Hilfe der Soziologie werde ich vorhersehbar, meine Taten sind festgeschrieben, jede Spontaneität ist die Lüge einer Ordnung, die durch mich zum Ausdruck kommt. Sie dementiert den Traum von einer Freiheit, die sich angeblich allein im Rhythmus meiner Bewegungen entfaltet: Wozu ist es gut, mich selbst zu erfinden, wenn eine »Wissenschaft« mir sagt, was ich bin und sein werde, ganz gleich, was ich tue (und hierin ist die Soziologie ebenso beschreibend wie Vorschriften erteilend)? Durch sie wird mir mein Anspruch auf Nichtbestehendes, Neues genommen. So halten Sie sich zum Beispiel für einen besonders feinen Liebhaber, dessen Herz nur für außergewöhnliche Frauen schlägt; und Sie erfahren aus einer Umfrage, daß Sie den Geschmack von 75 Prozent der Franzosen Ihrer Berufssparte teilen. Sie glaubten, jeder Definition, jedem Determinismus zu entgehen, aber Ihre erotische Wahl bestätigt nur Ihre Klassenzugehörigkeit. Mit der Soziologie besteht Ihre einzige Freiheit darin, zu handeln wie die anderen, zugleich konform und äquivalent zu sein.

Die Macht, sich nach seinem eigenen Kopf zu richten der Wille, sich selbst zu verwirklichen, stoßen sich an einem Widerspruch: Ich treibe meine Entwicklung neben den anderen voran, aber auch mit ihnen. Ich kann dies nicht tun, ohne mich auf Beispiele zu stützen, näherliegende oder fernere Modelle, die mir helfen, mich aber auch in eine gefährliche Entäußerung treiben. Alle Menschen glauben, sie schaffen sich selbst ohne irgend jemandes Hilfe, aber alle beuten einander auf dreiste Weise aus und berauben sich gegenseitig: Lebensstil, die Art, sich zu kleiden, zu reden, Verhalten in der Liebe, kulturelle Präferenzen, man erfindet sich nie, ohne sich an Standards zu orientieren, von denen man sich nach und nach zu befreien sucht wie das Metall von der Schlacke. Sich erschaffen heißt in erster Linie nachahmen: Bei all meinen Gedanken und Handlungen probiere ich die Prägung eines anderen auf mich aus. Ich bin aus all den anderen gemacht wie diese aus mir. Jeder glaubt, ein Erfinder zu sein, und stellt fest, daß er nur Epigone, Nachahmender ist. Von den Randzonen gar nicht zu reden, in denen das Ich in anonymem Lärm untergeht, der Gleichmacherei des »Herrn Omnes«, wie Luther ihn nannte. Unsere Gesellschaft ist besessen vom Konformismus, weil sie aus Individuen besteht, die sich für einzigartig halten, ihr Verhalten aber nach dem aller anderen richten.

Der gegenwärtige Individualismus schwankt zwischen zwei Bewegungen: dem Anspruch auf Selbstgenügsamkeit, den der Amerikaner Jerry Rubin in der packenden Formel »Ich muß mich selbst lieben, dann brauche ich keinen anderen, um glücklich zu sein«[11] zusammengefaßt hat, und dem Plagiat nach allen Richtungen, das jeden in eine Wetterfahne verwandelt, wie den Zelig von Woody Allen in einen sich verstellenden Vielfraß, der dem Chaos von draußen ausgeliefert ist, geschnappt wird von den Bildern, die er nachäfft, immer hoffnungslos anders, weil er nicht er selbst ist, was immer das sein mag (man weiß, daß zum Beispiel für Maurice Barrès der Individualismus für den einzelnen eine ähnliche Katastrophe war wie der Kosmopolitismus für die Nation: die Gefahr, zerpflückt zu werden, drohende Unordnung und Entwurzelung). Daher kommen auch irrige Verhaltensweisen, jene Mischung aus Pathos und Lächerlichkeit, die unser Leben gewöhnlich bestimmt: Die offensichtliche Mißachtung der anderen und die panische Suche nach ihrer Anerkennung, die Verwerfung der Normen und die Angst, anders zu sein, der

Wunsch, sich zu unterscheiden, verbunden mit dem Glücksgefühl, einer Menge anzugehören, die Behauptung, man brauche niemanden, und die bittere Feststellung, daß uns niemand braucht, Misanthropie, die von einem verschämten Betteln um den Beifall der anderen begleitet wird etc. Ohne jene *Strategien der großtuerischen Verstellung* zu vergessen, die darin bestehen, sich zu verbergen, um sichtbar zu sein, durch Schweigen ohrenbetäubenden Lärm zu machen und sich durch Abwesenheit aufzudrängen. Schließlich fühlt sich jeder in seinem eigenen Haus fremd, erfüllt von Eindringlingen, die an seiner Stelle reden, seines Selbst beraubt in dem Augenblick, in dem er sich in seinem Namen auszudrücken glaubte. »Ich weiß nicht, welcher Seite ich mich zuwenden soll, ich bin all das, was keinen Ausweg findet, seufzt der moderne Mensch« (Nietzsche, *Der Antichrist*).

Der Überdruß, man selbst zu sein

Eine doppelte Aufgabe erwartete früher die, welche den schönen Titel freier Mann oder freie Frau beanspruchten: Sie mußten sich von der Menge der Schafe isolieren und an dem, was sie werden wollten, arbeiten. Sie verließen die vielbetretenen Pfade, schlugen mit aller Kraft auf die bestehende Macht ein und lieferten sich deren Repressionen aus, sie formten sich, indem sie gegen den Vorrang einer Lebensweise, eines Glaubens, eines Wertes kämpften. Heute gibt es so etwas nicht mehr: Der Status des Individuums im Abendland ist nicht nur ein kollektives Phänomen, sondern er wird jedem schon aufgedrückt, bevor er überhaupt begonnen hat zu leben. Ich bin bereits ein solches, bevor ich aus diesem Privileg irgend etwas habe machen können. Ich teile es mit Millionen anderen. Diese zugestandene, aber nicht erkämpfte Freiheit trifft uns wie der Strahl einer eiskalten Dusche. Wir sind im sartreschen Sinn dazu verurteilt, Individuen zu sein, wir sind zur Freiheit verurteilt. Und da dieser Status sowohl Rechte als auch Pflichten mit sich bringt, neigt das Individuum dazu, seine Pflichten zu vergessen und seine Rechte hochzuhalten, es hört nicht auf, die Freiheit, die es ebenso erfreut, wie sie es zuschüttet, breitzutreten. Leer, vage und verletzlich, als solcher entdeckt sich der Mensch in dem Augenblick, in dem alle ihm versichern, er sei der neue Monarch unseres ausgehenden Jahrhunderts. Und sein Unbehagen bleibt für sein Ideal konstitutiv.

Letzte Umkehrung: Das siegreiche Subjekt, das alle Widerstände, die ihm auf seinem Weg begegneten, beseitigt hat, sieht sich nun als Opfer seines eigenen Erfolgs. Der tapfere Condottiere, der sich gegen die herrschenden Mächte aufgelehnt und den Anspruch erhoben hat, nur noch nach eigenem Gutdünken zu handeln, ist über seinen Sieg verzweifelt. Gestern noch geißelte er die unerträglichen Übergriffe der Sozialordnung; heute beschuldigt er die Gesellschaft, daß sie ihn seinem Schicksal überläßt. Was er ist, beruht auf falschen Grundlagen: Sein Sieg sieht wie eine Niederlage aus. Die Rebellion des Einzigartigen gegen die Menge, gegen die Bourgeois und Biedermänner war nicht ohne Zweideutigkeit: diese verfluchten Gruppierungen gaben ihm durch ihre Unterdrückung auch eine gewisse Stärke. Die Behinderung war ein Hilfsmittel, das Hemmnis eine Quelle der Kraft, ein Ansporn zum Widerstand. Heute nimmt der Einzigartige es der Welt übel, daß sie ihm gestattet, er selbst zu sein, daß sie sich nicht mehr in seine Entscheidungen einmischt, und er sehnt sich nach ein wenig Verbotenem, nach Tabus.

Auch diese Tendenz hat Rousseau auf geniale Weise vorweggenommen. Als er ein fortgeschrittenes Alter erreicht hat, diktiert ihm sein Bedauern, daß er nicht alle Vergnügen, nach denen sein Herz sich sehnte, genossen hat, folgende Sätze: »Mir schien es, als schulde mir das Schicksal noch etwas, das es mir noch nicht gegeben hatte. Warum hatte es mich mit ausgezeichneten Fähigkeiten geboren werden lassen, wenn es sie bis zum Ende ungenutzt ließ? Indem das Gefühl meines inneren Wertes mir das dieser Ungerechtigkeit gab, entschädigte es mich gewissermaßen und entlockte mir Tränen, die ich gern vergoß.«[12] In dem Wunsch, man selbst zu sein, steckt ein solches Verlangen nach Glück und Vollendung, daß das Leben unausweichlich Enttäuschung hervorrufen muß. *Das Leben hat immer die Form eines Versprechens:* Dieses »Versprechen im Morgengrauen«, um den Ausdruck Romain Garys aufzunehmen, ist unhaltbar, die tausend Wunder, die es uns vorspiegelt, treffen nur tropfenweise ein. Letzten Endes sind wir immer »betrogen«, und unser Leben stellt sich uns als Folge von Mißgeschicken, von verpaßten Gelegenheiten dar. »Zum Leben ward ich geboren, und ich sterbe, ohne gelebt zu haben.«[13] Diese Klage kann jeder von uns leise äußern: Ich hätte Besseres verdient, man ist mir Trost schuldig. Was die Menschen heute zusammenhält, ist dasselbe Unbehagen angesichts ihrer Identität, dasselbe Leiden an der Ungerechtigkeit des Schicksals, da sie sich ja nur selbst den Vorwurf für ihr Mißgeschick machen können. Selbst wenn es siegt, denkt das Individuum gerne, es sei besiegt: Es vermutet sogleich, daß bei seinem Sieg etwas Wesentliches verlorengegangen ist, die mütterliche Wärme der Tradition, die beschützende Vormundschaft des Kollektiven. Seine Not ist Ergebnis des Fortschritts und nicht das einer Niederlage, und es möchte auch als Sieger weiterhin als Verfolgter gelten.

Es wird deutlich geworden sein: Der Individualismus ist eine ebenso unüberwindliche wie unmögliche Fiktion. Selbst wenn die Klarheit über sich selbst ein Köder ist, das Ich eine fromme Lüge, erscheint es schwierig, auf die Idee eines organischen Sozialstaates zurückzukommen, auf eine Vision der Gesellschaft als großer kollektiver Seele, die uns von dem Problem, uns selbst schaffen zu müssen, befreit. Man kann

das Subjekt des einzelnen erniedrigen, es in jeder Form her-
abwürdigen, es bleibt, bei all seiner Lächerlichkeit und Kläg-
lichkeit unser einziger Maßstab, unser zentraler Wert, aber –
um mit Habermas zu sprechen: Wir werden die Unvollkommenheit der Moderne nicht mit ihrer Niederlage verwechseln. Der Wunsch, Herr und seiner selbst verantwortlich zu
sein, »jemand und nicht niemand« zu sein (Isaiah Berlin),
bleibt grundlegend. Diesem Ideal muß man unablässig die
verschiedenen Fälschungen entgegenhalten, die heutzutage
im Namen des Individualismus im Umlauf sind und Erschöpfung und nicht Entfaltung des Subjekts bedeuten.[14]
Dennoch ist das Leben freier Männer und Frauen nichts als
eine ganze Reihe von Rückfällen, Fällen von Feigheit, Routine und Unterwerfung. Auf die berühmte Frage Stendhals:
»Warum sind die Menschen in der modernen Welt nicht
glücklich?« können wir antworten: Weil sie sich von allem
befreit haben und feststellen, daß Freiheit zu leben unerträglich ist. Während Befreiung eine Art epischer und poetischer
Größe hat, wenn sie uns von Unterdrückung erlöst, tyrannisiert die Freiheit uns mit ihren Forderungen, weil sie uns ein-
spannt und verpflichtet. Dieser Schritt nach vorn ist auch ein
Fluch: Der Grund, weshalb so viele Männer und Frauen sich
mit Stammespolitik, Drogen, politischem Extremismus und
mystischem Schund trösten. Der Grund, weshalb das moderne Individuum, das zwischen dem Bedürfnis zu glauben und
eine Überzeugungen zu rechtfertigen, zerrissen ist, auch ein
professioneller Abtrünniger ist, der Nomade ständigen Leug-
nens, der im Lauf eines einzigen Lebens eine Menge von
Überzeugungen und Ideen annimmt und wieder verwirft,
durch ebenso kurzlebige wie unnachgiebige Gefolgschaften.
*Die Geschichte des Individuums ist nichts als die Geschichte
seines ständigen Abschwörens*, die der tausend Listen, durch
die es versucht, der Anweisung, es selbst zu sein, zu entkommen, »andauernd und unwiederbringlich im Bann seines Ge-

genteils«[15], ist es die Summe der Kündigungen und Zukkungen, die seine Laufbahn begleiten.

Glücklicherweise gibt es ein magisches Universum, um unsere Verletzungen zu mildern, einen köstlichen Kokon, in dem wir Trost und Erleichterung finden. Wir wissen seit Max Weber (und Marcel Gauchet), daß wir in einer Welt der Entzauberung leben. Das Judentum hat als erstes mit den heidnischen Gottheiten gebrochen und einen einzigen Gott postuliert, das Christentum bestärkte es darin, durch die galileische Revolution, die die Natur mathematisiert hat, nahm die Entwicklung ihren Fortgang, die Entzauberung hat die Geburt der instrumentellen Vernunft, der modernen Technik und Wissenschaft ermöglicht. Dank der Entzauberung sehen wir nicht mehr hinter jedem Phänomen eine böse oder gute Kraft, sondern eine Gegebenheit, die berechenbar und damit beherrschbar ist. Seit der Romantik hat die Entzauberung eine ganze kritische Richtung gespeist, die der Industriegesellschaft vorwirft, das Heilige entweiht zu haben, Gefühle, Werte, Landschaften und natürliche Ressourcen dem erbarmungslosen Beil des Profits und der Ausbeutung zum Opfer dargebracht zu haben. Der Preis für den fortschreitenden Kapitalismus wäre demnach eine schreckliche Entpoetisierung, und alle Revolten, die in den letzten zweihundert Jahren stattfanden, haben die Fahne des Enthusiasmus und des Gefühls gegen die verarmende Rationalisierung erhoben. Die Feststellung ist richtig. Sie muß nur an einem Punkt nuanciert werden: Das liberale System hat mit einer ganz und gar originellen Erfindung auf die Härte solcher Bedingungen und auf diese freigesetzte Kälte reagiert – mit dem Konsum. Die Freizeitvergnügen, die Unterhaltung, der materielle Reichtum sind auf ihre Weise ein pathetischer Versuch, die Welt wieder zu verzaubern, eine der Antworten der Moderne auf das Leiden, frei zu sein, auf den endlosen Verdruß, man selbst zu sein.

Anmerkungen:

1 Jean-Jacques Rousseau, *Bekenntnisse*, Ü: Alfred Semerau, München 1978, Zehntes Buch, S. 418 sowie Erstes Buch, S. 7.
2 Jean-Jacques Rousseau, *Träumereien eines einsamen Spaziergängers*, München 1978, S. 666.
3 Jean-Jacques Rousseau, *Bekenntnisse*, Achtes Buch.
4 Jean-Jacques Rousseau, *Bekenntnisse*, S. 288, S. 293.
5 Augustin, *Bekenntnisse*, zweisprachig, Ü: Joseph Bernhart, Frankfurt 1987, S. 495, 497, 525, 527.
6 Augustin, a.a.O., S. 481.
7 Jean-Jacques Rousseau, *Rousseau Jean-Jacques' Richter*, Zweiter Dialog.
8 Jean-Jacques Rousseau, *Träumereien*, a.a.O., S. 712.
9 Jean Starobinski hat diese Themen meisterhaft analysiert in: Jean-Jacques Rousseau, *La Transparence et l'obstacle*, Paris 1971, siehe auch Tzvetan Todorov, *Le Frêle Bonheur*, Paris 1985.
10 Zur Frage der Rivalität der Nachahmung, die die Doppelgänger und die Ähnlichen betrifft, verweise ich auf den hervorragenden Kommentar Gené Girards in *Mensonge romantique et vérité romanesque*, Paris 1961. Zu dem Leiden, das durch das Verdienstethos hervorgerufen wird, vgl. ein Werk eines Schülers von Girard, Jean-Pierre Dupuy, *Le Sacrifice et l'envie*, Paris 1992.
11 In den *Träumereien* schreibt Rousseau schon den furchtbaren Satz: »Ich liebe mich selbst zu sehr, um irgendwen zu hassen« (a.a.O.), eine Art zuzugeben, daß er vielleicht niemals geliebt hat. Der Traum von dem Ich, das auf einer Insel ist und für das jeder andere als Parasit das köstliche Tête-à-tête des Ich mit dem Selbst stört.
12 Jean-Jacques Rousseau, *Bekenntnisse*, Neuntes Buch, S. 421.
13 Jean-Jacques Rousseau, *Träumereien*, Zweiter Spaziergang, a.a.O., S. 659.
14 Alain Renaut stellt sich in *L'Ere de l'individu*, Paris 1989, S. 18-19 die Frage: »Wie kann die Vorstellung vom einzelnen zugleich als mögliche Quelle von vielleicht gefährlichen Illusionen und als durch nichts zu erreichender Wert erscheinen?«
15 Louis Dumont, *Essais sur l'individualisme*, Paris 1983, S. 28.

Kapitel 2

Die Wiederverzauberung der Welt

»... die amerikanische Methode verzückt einfache Wesen und erfreut die Kinder. Alle Kinder, die ich kenne, denken wie Amerikaner, sobald es um Geld, Vergnügen, Ruhm, Macht und Arbeit geht.«
Georges Duhamel, Szenen aus dem zukünftigen Leben

»Das schöne mechanische Spielzeug, das die ewige Kindlichkeit der Erwachsenen in Versuchung führt.«
Emmanuel Levinas, Schwierige Freiheit

Als Emile Zola zu Ende des vorigen Jahrhunderts in seinem Roman *Das Paradies der Damen* beschrieb, wie Denise, das Mädchen aus der Provinz, zum ersten Mal das große Pariser Geschäft »Das Paradies der Damen« sieht, verwendet er spontan das Vokabular der Liebesekstase. »Dies Geschäft, auf das sie hier so unvermutet stieß, beklemmte ihr Herz und hielt sie im Banne ihrer Erregung fest, so daß sie alles Übrige vergaß.« – »Aber so etwas hatte sie noch nie gesehen, wie angewurzelt hielt sie die Bewunderung auf dem Bürgersteige fest.«[1] Die junge Frau ist hingerissen von der Raffiniertheit der Auslagen, der Darbietung der Seiden- und Satinstoffe, des Samtes mit den zarten Farben, »diese Feuersbrunst von Stoffen«, ist buchstäblich mit Leib und Seele besessen. »In dieser Abendstunde hielt das ›Paradies der Damen‹ sie vollständig gefangen. Es strahlte in der großen, unter dem Regen so schwarz und stumm daliegenden Stadt, in diesem ihr noch so unbekannten Paris wie ein Leuchtfeuer, es erschien ihr als das einzige Licht und Leben in der ganzen Stadt.«

Zolas Intuition in diesem Roman, der ein »Gedicht über das moderne Leben« sein soll und zunächst von dem Krieg zwischen Klein- und Großhandel erzählt, zeichnet sich durch sein Verständnis dafür aus, daß die industrielle Entwicklung nicht nur Ausbeutung und Zerstörung der Natur bedeutet, sondern auch und vor allem Wunderbares hervorbringt. Er zeigte, daß die Fülle der Waren in Europa dem Begehren einen Weg ohne Ende ebnete. Denn es ist die Versuchung und nichts anderes, die die Frauen zu jenen »Stätten brennenden Lichts« trieb, um sich »die Augen zu ergötzen«, sich an Flitter zu berauschen, den Kopf zu verlieren, sich zu ruinieren.

Unleugbarer Überfluß

Betreten Sie einen Supermarkt, eine Verkaufsfläche, gehen Sie durch die wichtigsten Verkaufsstraßen einer Stadt: Sie haben plötzlich das Schlaraffenland, das irdische Paradies betreten. Hier sind alle Träume versammelt, die die Menschen einst vom Goldenen Zeitalter hatten. Das Ausmaß der Örtlichkeiten, die außergewöhnliche Vielfalt der ausgestellten Produkte, das fließende Licht, die Kilometer von Regalen, der Einfallsreichtum der Vitrinen enstammen einer lebenden Utopie. Wenn sich Prophetie je erfüllt hat, dann hier (im Süden der Sahel-Zone zirkulierte lange die Legende, die Bürgersteige in Europa seien aus Gold). Diese Tempel des Marktes besingen den Sieg der kapitalistischen Gesellschaft über die Knappheit. Das eben ist das Resultat der mythischen glorreichen dreißig Jahre (Jean Fourastié)[2], die die Massen der westlichen Länder von Elend und Not befreit haben und jedem den eines Sardanapal würdigen Reichtum bereitet haben.

In einer berühmten Radierung, *Luikkerland*, dem flämischen Namen für das Schlaraffenland, hat Breughel d.Ä. drei übersatte Personen dargestellt, die weich am Fuß eines Baumes gebettet sind, mit dem Ausdruck absoluter Seligkeit. Unweit läuft ein Schwein vorbei, dem ein Messer in der Schwarte steckt, bereit, in Scheiben geschnitten und gegessen zu werden, eine Gans liegt auf einem Silbertablett und wartet, daß man sie verschlingt, die Stäbe des Gartenzauns bestehen aus Würsten, und ein aufgeschnittenes Ei mit zwei Füßen, dem Messer und Gabel im Kragen stecken, geht zwischen den Schlafenden spazieren. Das *Luikkerland* wird vom Rest der Welt durch einen Puddingberg getrennt. Diese ländliche Szenerie strahlt Sattheit und Zufriedenheit aus, die großzügige Natur sorgt für die Bedürfnisse der Menschen und befreit sie von aller Mühe. Stellen wir uns vor, unsere drei Schläfer würden aus dem Schlaf gerissen und plötzlich in die Lebensmittelabteilung eines Supermarktes verfrachtet: Die Vielfalt würde sie vermutlich ersticken, sie würden mit Schrecken begreifen, daß die Menschen der Mangelgesellschaften nur Armenträume haben, lächerliche Träume. Welcher Sozialreformer hätte sich in seinen abwegigsten Phantasien eine solche Verschwendung ausgemalt?

Die Anhäufung von Reichtümern in den großen Warenhäusern enthält von allem zuviel, und dieses Zuviel ist erdrückend. Der Blick, von einer Beleuchtung verwirrt und gelenkt, die von überall her im Überschwang zusammenströmt, kann die Menge der der Habgier dargebotenen Pracht nicht erfassen. Bevor man diesen oder jenen Gegenstand auswählt, sich von der Symphonie der Farben und Marken berauschen läßt – denn alles in dieser Darbietung ist eingeteilt, geordnet, angeordnet nach einer Strategie absoluter Sichtbarkeit –, wird man von den Dingen berauscht, die man nicht kauft und nur mit den Augen streift. Konsument sein bedeutet zu wissen, daß in den Schaufenstern und Läden immer mehr liegt als das, was man mitnehmen kann. Niemand beherrscht diesen Dschungel von Schätzen, der maßlose Ausgaben, eine riesige Organisations- und Produktionsmaschine, unendliche Möglichkeiten suggeriert (in den USA sollen jedem einzelnen im Durchschnitt eine Million Produkte zur Verfügung stehen). In diesen Kathedralen des Überflusses ist es kein Fehler, sich zuviel zu wünschen, sondern, wie Fourier sagte, zuwenig. Wenn nach dem hl. Thomas Armut Mangel an Überfluß ist und Elend Mangel am Notwendigen, sind wir in der Konsumgesellschaft alle Arme: Uns fehlt zwangsläufig von allem etwas, da alles im Übermaß vorhanden ist.

Der Zauber der Warenhäuser besteht darin, uns von der Knechtschaft der direkten Bedürfnisse zu befreien und uns eine Vielzahl anderer einzureden: Das einzige Vergnügen besteht darin, das zu wollen, was man nicht braucht. Die hier angehäuften schönen Dinge entsprechen keinerlei Logik des Nützlichen, sondern sind dem Wunderbaren einer endlosen Fruchtbarkeit unterworfen. (Dies ist auch die Funktion des Buffets in den großen Hotels oder den Ferienclubs, das auf dem Prinzip der Vergeudung basiert, es soll jeglichen Mangel durch die Zeichen von Verschwendung fernhalten.) Man begibt sich in diese Höllen nicht nur, um Einkäufe zu machen, sondern auch, um festzustellen, daß alles zu haben ist. Man geht dorthin, um sicher zu sein, daß es den Gott des Reichtums gibt, daß man diesen mit den Fingern berühren, über ihn streichen, ihn beschnuppern kann. Diese direkte Vertrautheit mit dem Luxus überrascht, überwältigt schon bei den ersten Schritten. Hier atmet man den Hauch des Gelobten Landes, in dem Milch und Honig reichlich fließen, in dem die ganze Menschheit endlich von ihren Schwächen befreit ist.

Glaubt man, daß dieses Wunder banal geworden sei und der Anblick der Einkaufszentren oder eleganten Geschäftsmeilen unserer Städte nichts mehr in uns wachrufe? Sicherlich, aber es braucht nur das Gespenst der Rezession zu drohen (oder man muß nur eine Reise in arme Länder unternehmen), und schon erleben wir bei Routineeinkäufen und großen Ausgaben ein Gefühl des Genusses, können wieder ermessen, was für unerhörte Privilegien wir genießen. *Nichts geht über den Überfluß. Er ist unwiderlegbar.* Mit ihm teilt sich die Welt in Staaten, in denen die Schaufenster voll und

andere, in denen sie leer sind. Die ersten sind per se warmherzig, freundlich, die anderen kalt und feindlich. Es gehörte
schon eine unglaubliche Heuchelei dazu, als einige westdeut-
sche Intellektuelle am Tag nach dem Fall der Mauer 1989 darüber klagten, daß ihre ostdeutschen Landsleute wie eine wilde Horde [...] dichtgedrängt auf die flitternde Warenwelt der
westlichen Supermärkte zuströmten (Stefan Heym), oder mit
Bedauern zu äußern, der Bürgeraufstand sei durch die Wahl
von Bananen und Schokolade erstickt worden (Otto Schily).[3]
Mussolini bezeichnete den Faschismus als Horror vor dem
bequemen Leben. Aber wer unter den Propheten der neuen
Bescheidenheit würde unseren jetzigen Wohlstand gegen die
relative Armut tauschen, die früher das Normale war? Denn
ohne jene wunderbaren Gebilde, unsere Badewannen, Kühl-
schränke und Polstermöbel, die uns Mühe ersparen und unser Leben angenehm machen, würden wir dahinsiechen. Der
beste Beweis ist, daß die Völker des Südens und des Ostens
uns nur um eines beneiden: nicht um unsere Menschenrechte,
unsere Demokratie oder noch weniger die Feinheiten unserer
Kultur, sondern einzig und allein um den materiellen Wohlstand und die Leistungen unserer Technologie. Die lauwarme
Hölle unserer »vom Wohlstand angesteckten« Länder ist für
Millionen von Menschen ein Traum vom Paradies. Weil unsere Lebensweise, so wie sie ist, sich wahrscheinlich nicht ohne
größere Schäden für die Umwelt auf die gesamte Menschheit
ausdehnen kann, weil sie eines Tages infolge eines Börsen-
krachs verschwinden könnte, bleibt sie eine wundersame
(und äußerst kostspielige) Ausnahme. Während des Golf-
kriegs schützten die Amerikaner in Saudi-Arabien den Zugang zu den Ölquellen, aber die arabischen Länder (Ägypter,
Saudis und Marokkaner) den Zugang nach Mekka. Jedem seine Heiligtümer.

Permanente Ostern

Man hat von der Konsumgesellschaft behauptet, sie heilige den bis ins Extrem getriebenen Besitzinstinkt, die Unterwerfung der Menschen unter die Dinge. Wir leben aber weniger in einer Gesellschaft, in der das Haben eine Rolle spielt, als in einer des Zirkulierens. Die Güter müssen wandern, ihre Zerstörung ist vorgeplant, ihre Überholtheit programmiert (Vance Packard). Während Besitz Dauer verlangt, haben unsere Dinge nur die Verführung des Vergänglichen, der bald auslaufenden Serien, sie kommen schnell aus der Mode und werden sogleich von neuen überdeckt, die einen Augenblick leuchten und dann ebenfalls fortgetragen werden. Wir kaufen sie nur, um sie zu gebrauchen und dann neue zu kaufen. Der Werteverfall muß sich schnell vollziehen und überall stattfinden, denn unser Reichtum ist mit Verschleuderung verknüpft, nicht mit Bewahren. Muß man nicht in den dreisten Diebstählen der Einbrecher bei Aufständen in den Städten, in ihrem Vergnügen, Geschäfte leerzuräumen und Autos in Brand zu stecken, eine tiefe Übereinstimmung mit der Logik des Systems sehen? Plünderung ist eine unfreiwillige Ehrerweisung an unsere Gesellschaft, denn die Waren sind schließlich dazu bestimmt, zerstört und ersetzt zu werden. Vandalen sind eilige Konsumenten, die Eilmärsche zurücklegen und sich auf direktem Weg ins Zentrum des Kreises bewegen: die Verwüstung. Unsere Welt ist vielleicht materialistisch, aber auf dem seltsamen Weg der Leugnung. Sie zwingt uns zuerst, uns von dem, was uns gehört, zu trennen, uns an der Zerstörung der Dinge ebenso zu berauschen wie an ihrem Erwerb. Allein die Abfälle, denen eine groteske Ewigkeit zugesagt wird, dauern: Die Lebenserwartung einer Babywindel soll 72 Jahre betragen, und in San José in Kalifornien wurde ein Müllmuseum eröffnet!

Das Verschwinden hat etwas Euphorisches, denn es kündigt ja einen Neubeginn an. Das scheinbar Wunderbare liegt ja darin, daß die Dinge sterben, um wiedergeboren zu werden: Ihre Auflösung ist technisch kalkuliert, wären sie von Dauer, würden sie uns erschlagen, uns des wilden Vergnügens berauben, einer Welt, die sich ändert, damit wir uns selbst nicht ändern. Der Konsum ist eine heruntergekommene Religion, *der Glaube an die endlose Auferstehung der Dinge, dessen Kirche der Supermarkt und dessen Evangelium die Werbung* ist. Alles geht vorbei, nur das Vorübergehen nicht, das kein Ende nimmt. Es ist Aufgabe der Mode, die Modernität zu parodieren: Bruch und Erneuerung. Aber der Bruch ist sanft, und die Erneuerung winzig: Es ist fast dasselbe, das nur in verschiedenen Masken erscheint. Wir brauchen Neues, das dem Alten ähnlich ist und uns erstaunt, ohne uns zu überraschen. Die Neuheit liegt im wesentlichen in den Accessoires, den kleinen Veränderungen (deren Vielfalt manchmal den Kauf erschwert). Diese Betriebsamkeit kommt schließlich einer Unbeweglichkeit gleich, und je mehr die Moden und kleinen Gegenstände mit erdrückender Schnelligkeit an uns vorbeisausen, desto statischer wirkt alles. Eine scheinbare Dauer wird auf Vergänglichem begründet, und die Funktion dieses oberflächlichen Tumults besteht darin, eine Kontinuität ohne Mängel zu weben, die Löcher unserer Geschichte abzudichten, die zerteilten Stücke der Zeit zusammenzunähen, uns zu zerstreuen, um uns nicht die Orientierung zu nehmen.

In diesem Kreis gibt es einen wichtigen Augenblick: den, in dem der jede Woche, jeden Tag im Fernsehen oder in den anderen Medien gepriesene Gegenstand auftaucht. Eine neue wasserdichte Quartzuhr am Wasserhahn einer Badewanne, neue Babypantoffeln mit Melodie, eine neue Stereoanlage mit digitalem Empfang, immer noch und immer wieder geht es darum, die Begegnung der Überraschung mit dem *déjà-vu* zu feiern. Wenn das Objekt zum ersten Mal auftaucht, findet sein Heldentag statt, sein Gnadenstand, eine Weihe, die reich ist an Versprechungen, es glänzt prächtig, bevor es verblaßt. Hier findet der technisch-wissenschaftliche Einfallsreichtum unserer Gesellschaft seine Legitimierung. Der Innovations-Gott fügt dem grenzenlosen Basar der Dinge, die es schon gibt, Stunde um Stunde Nippes hinzu, dessen Originalität sich im allgemeinen auf die Hinzufügung von Details beschränkt, die den ganzen Unterschied ausmachen sollen. Es ist ein endloser Prozeß, der darin besteht, nicht Bekanntes mit Bekanntem zu verschneiden, eine unversiegbare Versorgungsquelle, die Kataloge, Auslagen im Überfluß mit den Glasperlen versieht, die uns Freude machen und Sicherheit geben. Das Fest des Fortschritts nimmt nie ein Ende, es erspart uns die doppelte Sackgasse der Angst – es gibt keine Leere – und der Saturiertheit: die Wünsche werden immer neu geweckt.

In die Läden, die bis zum Rand mit Paketen und Geschenken vollgestopft sind, kommt die Menge nicht nur, um sich mit Kleidern, Essen, Möbeln und Wärme zu versorgen, sie kommt auch, um Glück zu empfinden, ihre Unruhe zu bannen. Diese Welt, die in ihrer Exzentrik manchmal eine Art paradoxer Schönheit erreicht, stellt uns keine Fragen, sondern gibt Antworten, sie hält uns immer volle Hände entgegen. Die Orte der Verführung, die die Einkaufszentren bilden, jene »Megamarkets« der amerikanischen Vorstädte, haben eine Dauer, die der des normalen Lebens nicht entspricht. Sie suggerieren, daß die Ressourcen unendlich sind, daß es eine unerschöpfliche Quelle von Vorräten und Wohltaten gibt (das größte Shopping-Center der USA steht in Minneapolis und ist so groß wie achtzig Fußballplätze[4]). Wenn es eine allgemeine Sonntagsdepression gibt, dann deshalb, weil an diesem Tag alles geschlossen hat, jedenfalls in den meisten Ländern Europas, weil alle Tätigkeit ruht, die Vorhänge der Läden zugezogen sind: Wir sind uns selbst ausgeliefert, unserem »Gefühl, nicht zu genügen«[5], wir irren durch die Straßen, alleingelassen, ohne Ablenkung. Und wenn die Achtung des Sonntags, wie Tocqueville dachte, uns vielleicht von den materiellen Dingen ablenkt, dann regt sie auch den Appetit an, macht uns die Woche angenehm, weil wir dann nach Belieben Geld ausgeben und einkaufen können.

Erhabene Eseleien

In einem kleinen Fürstentum mit mildem Klima, so erzählt E.T.A. Hoffmann, lebten zahlreiche Feen, die in den Dörfern und Wäldern die angenehmsten Wunder vollbrachten. Eines Tages beschloß der Herrscher, die Aufklärung einzuführen, er gab Anweisung »die Wälder abzuholzen, den Fluß schiffbar zu machen, Kartoffeln anzubauen, Straßen bauen zu lassen und gegen Pocken zu impfen«. Um diese Maßnahmen zu begleiten, rät ihm sein Premierminister, all jene Leute aus dem Staat zu entfernen, die nicht auf die Stimme der Vernunft hören wollen, besonders die Feen, die Feindinnen der Aufklärung, die im Namen der Poesie ein verborgenes Gift verbreiten, das die Leute für den Dienst an der Aufklärung ungeeignet macht. Die Polizei bricht in das Schloß der Feen ein, bringt sie ins Gefängnis, konfisziert die geflügelten Pferde und verwandelt sie in Nutztiere, indem sie ihnen die Flügel abschneidet. Die Feen fahren natürlich fort, das Fürstentum zu verhexen und halten ihren Zauber und ihre Einbildungskraft der schwerfälligen Staatsregierung entgegen.[6] Wenn Hoffmann zu unserer Zeit gelebt hätte, hätte er etwas erfahren, das ihm zu seiner Zeit unvorstellbar erschienen wäre: Die Versöhnung des Meßbaren mit dem Wunderbaren, der Aufklärung mit der Romantik. Wir sind hier weit von dem rationalen Kalkül entfernt, das nach Max Weber das Ethos des Frühkapitalismus bildete: Die Handelsproduktion wird in den Dienst einer allgemeinen Märchenwelt gestellt, der Konsum gipfelt im *Animismus der Dinge.* Mit dem Reichtum und seinen Nebenerscheinungen (den Hobbys und der Zerstreuung) wird allen eine Art Verzauberung zur Verfügung gestellt. Die in unseren Verkaufstempeln ausgestellten Produkte sind bei der beinahe millimetrischen Genauigkeit und der weisen Kunst der Darbietung keine leblosen Wesen: Sie leben, atmen, und wie die Geister haben sie Seelen und Namen. Es ist die Aufgabe der Werbung, ihnen über eine Marke eine Persönlichkeit zu verleihen, ihnen *die Kunst der Sprache* zu geben, sie in kleine geschwätzige, langweilige oder fröhliche Personen zu verwandeln, die allgemein große Seligkeit verbreiten. Es gibt keine trivialen Dinge – wie Besen, Handtuch oder elektrisches Haushaltsgerät – das die Werbung nicht zum Lachen, Weinen, Seufzen bringt, sie verwandelt alles, was sie berührt. Es überrascht nicht, daß im Fernsehen wie im Radio der Einbruch eines Werbespots wie ein Trompetenstoß erschallt, daß der Klang laut wird, der Ton vom Ernsthaften zum Euphorischen übergeht; es überrascht nicht, daß von morgens an über alle Medienkanäle Ströme von künstlicher Freundlichkeit fließen. All die prachtvollen Dinge, die man uns verkaufen will, bieten sich uns als kleine Dienstboten dar, bereit, uns zu helfen, uns die Mühen abzunehmen, unsere Sorgen zu erleichtern. Meister Proper erscheint wie der Geist aus dem Märchen mit einer Flasche und reinigt das Haus von oben bis unten, verwandelt das WC in einen Luftkurort. Vernell singt den Lobpreis einer Welt die nach Lavendel, Oleander und Jasmin duftet.

Ein Historiker schreibt, daß im 16. und 17. Jahrhundert alle fest davon überzeugt waren, daß jedes Unglück, der Tod und vor allem die Krankheiten das Werk finsterer Mächte seien, die die Macht besitzen, auf die Elemente einzuwirken, Gesundheit und Krankheit hervorzubringen, kurz, daß die Welt weniger verzaubert als besessen sei. Die Menschen waren in dem festen Glauben, daß »die Natur nicht Gesetzen gehorcht, sondern alles in ihr belebt ist, fähig zu unerwarteten Willensakten und vor allem beunruhigenden Manipulationen von seiten derer, die Verbindung zu den geheimnisvollen Wesen haben, die den Raum zwischen Erde und Mond beherrschen und in der Lage sind, Wahnsinn, Krankheiten und Unwetter zu erregen«.[7] Wir sind in keiner Weise frei von derartigem »prälogischen« Denken, das unsere Beziehung zu den alltäglichen Dingen regelt. Wenn man nach Asien reist, ist man manchmal erstaunt zu beobachten, wie Lastwagenfahrer ihre Fahrzeuge mit Blumen schmücken und ihnen Ehrerbietungen und einen Respekt erweisen, die normalerweise Gottheiten zukommen. Diese Art, eine Maschine wie eine mögliche Ausdehnung seiner selbst zu behandeln oder ihr einen »positiven oder negativen Einfluß« zuzuerkennen, ist nach den Worten des indischen Psychoanalytikers Sudhir Kakar nicht nur typisch für die Völker des Orients, da auch wir einem kohlensäurehaltigen Getränk oder einem Bonbon eine Stimme oder Leben zuschreiben.[8]

Alle Werkzeuge, die uns umgeben, sind Fetische, Substanzen, denen Kräfte zugesprochen werden, die man beherrschen können muß. Anstelle des Benutzers, der passiv bleibt und sich alles gefallen lassen muß, ist das Produkt aktiv, gesellig, warmherzig: ein Haus ist »intelligent«, ein Telefon »intuitiv«, eine Uhr »spricht«, ein Auto »sagt Anschnallen«, wenn man dies vergessen hat, Geräte springen an, wenn man in die Hände klatscht, Wecker reagieren auf die Stimme, das Objekt ist nicht mehr und nicht weniger als ein Freund. »Iß mich«, »trink mich«, »miete mich«, es erteilt uns den Befehl, es zu verwenden, mit der ganzen Ungeduld eines Partners, der sein Herz ausschüttet. Es steht uns zur Verfügung, es begehrt uns brennend. Es zu kaufen bedeutet, sich eine Lebensverbesserung zu ermöglichen, auf die Welt Einfluß zu nehmen. Die vielfältigen Waren, die Gutes tun und uns zugleich guttun, sind in Wirklichkeit lebendiger als wir. Wenn für Galilei die Sprache der Natur in mathematischer Form geschrieben war, ist die Sprache des Konsums in magischer Form geschrieben: Sie betreibt wilden Synkretismus, empfängt in ihrem Pantheon Rückstände von Mythen, Legenden, Religionen und Ideologien, die sie nach ihrem Gutdünken zusammenbastelt. Unsere gesamte technologische Welt ist verhext durch Okkultes, durch verrückte oder fabelartige Kausalitäten. Die Werbung ist auch eine freundliche Form der Hexerei. Sie hört nicht auf, dafür zu sorgen, daß die Dinge sich untereinander verschwören, um uns zufriedenzustellen und jeden von uns zu einem Monarchen zu machen, dem perfekte Bedienung gebührt. »Niemand kümmert sich so gut um mich«, sagt der Haarentferner der Firma Calor. Daher kommt es auch, daß Mutter und Kind zwei der häufigsten Motive in Werbebildern sind: Die Kauflust wird auf einen unstillbaren Eros getrimmt, die Aufforderung zum Glück inkarniert sich in verzückten Säuglingen. Ein unauflösbares Paar, das in einem Video von BMW auf bewundernswerte Weise vereint ist: Ein Säugling sucht nach einem schönen schwellenden Busen mit folgendem Untertitel: »Denken Sie an Ihren ersten Airbag.«

Der Freizeitasketismus

Früher legte der Müßiggänger Wert darauf, sich die schnöde Welt von Arbeit und Bereicherung auf Abstand zu halten. In seiner großtuerischen Tatenlosigkeit kam eine aristokratische Revolte gegen einen geordneten Tagesablauf und die Reduzierung des Menschen zum Lohnabhängigen zum Ausdruck. Er entlarvte weniger die bürgerliche Moral, als daß er Abstand von ihr hielt und sich von der Menge der Tätigen unterschied, indem er nichts tat. Unsere Zeit, in der sich die Merkmale von Arbeit und Freizeit vermischen, erlebt das Aufkommen eines neuen Menschentyps: den hyperaktiven Nichtstuer, der immer in Alarmbereitschaft ist, bereit zum Erstürmen des Amüsierbabel. Intelligente Ferien, ein dynamisches Nichtstun, angewendeter Hedonismus, ein ständiges In-Bewegung-Sein durchbricht die klassische Unterscheidung zwischen Jubel und Monotonie, zwischen Feiern und Alltagswerk. Und ebenso wie die Arbeit zum letzten Refugium der Elite zu werden droht – die Herablassung, mit der der Patrizier auf die Arbeit blickte, hat sich in einen Lobpreis gewandelt –, ist es möglich, daß die Freizeit bald zum Fluch der Armen wird, zum Schicksal eines zu Brot und Spielen verdammten Plebs.

In unserer verzehrenden Suche nach jeder Möglichkeit, sich zu vergnügen, steckt so etwas wie Strenge und beinahe Asketismus, eine falsche Nachsicht, die zwei einander widersprechende Moralvorstellungen miteinander versöhnt: die der absoluten Nutzlosigkeit und die des Stresses. Sich zu zerstreuen ist zur Pflicht geworden. Es ist nicht nur eine Pause, die die Mühe der Arbeit unterbricht, sondern im Grunde die einzige Zeit, die grundlegend den Rhythmus unserer Existenz bestimmt (Ablenkung hat ihre Stämme, ihre Rituale, ihre Zeitungen und selbst ihre Metropolen)[9]. Pascal verspottete in seinen *Gedanken* liebevoll jene Adligen, die unbedingt sich selbst entkommen wollten und sich in die Jagd, in den Krieg und das Vergnügen stürzten, denn »ein König ohne Zerstreuung ist ein unglücklicher Mensch«. Wir haben heute alle Zugang zu jener königlichen Würde der Langeweile; wie für die Fürsten von früher ist absolute Ruhe eine Strafe für uns. Nichts ist in dieser Hinsicht beweiskräftiger als jene Rentner, die weiterhin morgens um sechs oder sieben Uhr aufstehen und einen Stundenplan aufrechterhalten, der durch ein Leben im Büro oder der Fabrik geprägt ist. Freizeit ist nicht Untätigkeit und noch weniger »jener wesenhafte Friede in den Tiefen des Seins«, den Paul Valéry pries. Sie zeichnet sich durch die Unmöglichkeit aus, nichts zu tun. Überall Eile, Presse, Alarm im Dienst der größten Lächerlichkeiten: im Fernsehen die Tyrannei der Uhr, gelenkt von Werbenotwendigkeiten. Sie verleiht der Abfolge der Programme einen Zug absoluter Dringlichkeit. Spielerei und Dummheit verbinden sich hier mit der Ethik des Zwangs.

Augustin sagte, das Leben sei ein Kampf zwischen dem Wesentlichen und »einem Sturm von frivolen Gedanken«. Wir haben diesen Satz zweimal umgekehrt: Wir schlagen das Wesentliche im Namen des Bedeutungslosen nieder und nehmen das Bedeutungslose sehr wichtig. Selbst in den Augenblick der Entspannung bleibt der moderne Mensch »ein Arbeiter ohne Arbeit« (Hannah Ahrendt) und formt jene paradoxen Mischgebilde: unruhige Müßiggänger, stachanowistische Genießer, im Überfluß lebende Epikuräer. Die moderne Freizeit? Die Kunst, den Wind zu umarmen, verkleidet als Überanstrengung.

Alles, sofort

Der Leser wird es begriffen haben: Die Logik des Konsums ist auch und vor allem eine infantile Logik, die außer dem Leben, das den Dingen verliehen wird, sich in vier Formen äußert: der Dringlichkeit des Vergnügens, der Gewöhnung an das Beschenktwerden, dem Traum von Allmacht, dem Durst nach Zerstreuung.[10] Die erste gipfelt in der Erfindung des

Kredits, der, wie man weiß, unser Verhältnis zur Zeit umgestürzt und unser Gefühl für Dauer gestört hat. Mit ihm beleihen wir die Zukunft, die unsere neue Partnerin wird, sie bedeutet kostenlose, vorweggenommene Freude über das gewünschte Objekt. Wie Daniel Bell lehrt, war das Sparen der wichtigste Zug des Frühkapitalismus: Mit dem Kredit hat sich die puritanische Moral des Anfangs in einen kämpferischen Hedonismus gewandelt, in dem der Anreiz zu besitzen, ungehindert und ohne Zeit zu verlieren, legitim wurde und sogar gefördert wird. Wie in dem berühmten Märchen wird die Zeit zwischen dem Aussprechen eines Wunsches und seiner Erfüllung beseitigt. Es zählt nicht mehr, was ich kann, sondern, was ich will. »Wo ihr wollt, wann ihr wollt« steht auf den Geldautomaten einer französischen Bank. Der Kredit hat alles im Leben, das Warten, Reifung, Zurückhaltung erfordert, abgeschafft und damit die Generationen der zweiten Jahrhunderthälfte ungeduldig gemacht. Das Gefühl außergewöhnlicher Sorglosigkeit, das wir rückblickend in den 60er und 70er Jahren wiederfinden, rührt daher, daß diese den Traum von Freiheit und Werbung miteinander vermählt haben: die Befreiung aller Triebe und den Vertrieb von Waren. Eine ganze Generation hat sich daran gewöhnt, ihre kleinsten Wünsche ohne Aufschub erfüllt zu sehen, das Lustprinzip hat über eine Welt gesiegt, die sich nicht nur unseren Launen unterwirft, sondern sich auch mit allen Mitteln bemüht, sie zu vermehren. Wir werden nicht mehr wie unsere Väter angehalten zu sparen, zu rechnen, zu verzichten, sondern zu nehmen und Ansprüche zu haben. Was ist ein Kunde? Für eine Firma ist er die Entsprechung zum verwöhnten Kind in der Familie, ein kleiner König, der verkündet: Ich wünsche und fordere. Alles muß sofort zu bekommen sein. Wie in der Geschichte von Lewis Carroll, in der jemand schreit, bevor er sich mit einer Nadel gestochen hat, und sich Narben bilden, obwohl er gar nicht geblutet hat, ernten wir alles, bevor wir gesät haben. Der Kredit kaschiert die unerfreuliche Tatsache, daß man zahlen muß, um etwas zu erhalten; die Kreditkarten heben die Materialität des Geldes auf und bereiten die Illusion, daß alles gratis ist. Schluß mit der mühsamen Buchführung, unsere Gier wird durch keinerlei ungelegene Zahlungen beeinträchtigt. Die Hypothek der Zukunft ist nichts im Vergleich zu dem umwerfenden Glück, sogleich alles, was man begehrt, zur Verfügung zu haben. Die wirkliche Zahlung – sie verfolgt uns manchmal grausam in Form von Zahlungsaufforderungen, Strafbescheiden, Gerichtsvollziehern und Räumungen – wird in eine weite Ferne geschoben, die weder Form noch Gesicht hat, »morgen« heißt und die Begeisterung für den Augenblick gnadenlos zuschüttet. Wir schließen mit unseren Banken kleine faustische Verträge ab, in denen man uns schwört wie Mephisto: Unterzeichne und alles gehört dir!

Vom Glück des Erbens

Jeden Tag versetzt uns die Revolution des Wohlbehagens in die freundliche Atmosphäre von Weihnachten. Hier empfinden wir die Freude der Kleinen am Fuß des Weihnachtsbaums zu Heiligabend: In großen Mengen liegen Geschenke und Güter da, verteilt von einer ebenso fürsorglichen wie unsichtbaren Hand. (Weihnachten wird mit einem Kaufrausch begangen, einer kommerziellen Maßlosigkeit, die im Jahresverlauf einzigartig ist und alle Leute zur Strecke bringt.) Aber die Gaben, die unsere Gesellschaft uns aufdrängt, und jenes anonyme Schenken erspart uns die erniedrigenden Dankeserweisungen. Die herrschende Ordnung ist durchdrungen von Hingabe und Großzügigkeit und treibt ihre Wohltätigkeit so weit, daß sie uns das Gefühl nimmt, ihr etwas schuldig zu sein.

In dieser Hinsicht ist die Unverhältnismäßigkeit zwischen der Arbeit, die wir leisten, und dem, was wir dafür erhalten, vollkommen. Es gibt in der Tat eine chronologische Ungerechtigkeit des Fortschritts, was Herzen schon begriffen hatte, »da die Späteren von den Anstrengungen ihrer Vorgänger profitieren können, ohne denselben Preis zu zahlen«[11]. Unser Wohlstand im Westen heute beruht auf dem Opfer früherer Generationen, die nicht den gleichen Lebensstandard und auch nicht die Früchte einer solchen technischen Entwicklung genießen konnten. Bedenkt man, was wir alle vorfinden, wenn wir auf die Welt kommen – verschiedene Infrastrukturen, urbane Netze, Spitzenkrankenhäuser, von den diversen Wohltaten des Versorgungsstaats ganz zu schweigen –, sind wir die verwöhnten Kinder einer Geschichte, für die wir keinen anderen Preis zu zahlen haben als den, geboren zu werden. Wir sind weniger Gründer als Nutznießer, die ein riesiges Erbe antreten. Selbst bei den Ärmsten gibt es, wenn wir unsere Situation mit der vergangener Jahrhunderte (oder den Ländern des Südens) vergleichen, keinen Bezug zwischen dem, was wir durch unsere Arbeit herstellen und dem, was wir in Form von Gratifikationen, Vorsorge, Bildung, Verkehrsmitteln, Hobbys erhalten. (Geographisch und historisch stimmt der Vergleich, im Bereich des Sozialen jedoch nicht: Die Armen der Industrieländer trösten sich keineswegs mit dem Wissen, daß der Bauer der Sahel-Zone ärmer ist als sie oder daß ihr Los weltweit gesehen dem der Menschen des 17. Jahrhunderts vorzuziehen ist. Sie messen sich zu Recht nur an den Glücklichen und Erwählten unserer Gesellschaft.) Die großen Errungenschaften der Moderne, die Arbeitszeitverkürzung, der Sieg über die Kindersterblichkeit, die höhere Lebenserwartung, die geringere körperliche Arbeit gelten heute nicht mehr als außerordentlicher Fortschritt, sondern als normale Errungenschaften. »Ein amerikanischer Schulbub«, sagte Henry Ford, »ist im allgemeinen von mehr Sachen umgeben als eine Eskimogemeinde. Das Inventar von Küche, Speisezimmer, Schlafzimmer und Kohlenkeller stellt eine Liste dar, die selbst den luxuriösesten Potentaten vor 500 Jahren in Erstaunen versetzt hätte.«[12]

Blindmachende Selbstverständlichkeit: Was unsere Gesellschaft mittels ihrer Großzügigkeit und Freigebigkeit honoriert, ist die einfache Tatsache, daß es uns gibt. Wie bei den Wettspielen im Fernsehen, bei denen man immer etwas gewinnt, selbst wenn man verliert, leben wir in einer Welt ständiger Belohnung ohne Gegenleistung. Nicht nur, daß der Tausch in der Galaxie des Handels Anlaß zu Geschenken, Rabatten und Freiheiten bietet, wir werden außerdem ständig beglückwünscht, uns wird gedankt für unsere Freundlichkeit, geboren zu sein. Unser Erscheinen auf der Erde ist ein Wunder, das die Mobilisierung einer ganzen Armee von Werbemanagern und Ingenieuren rechtfertigt, die sich von unserer ersten Regung an über uns beugen und in uns den späteren Kunden streicheln. »Rhône-Poulenc heißt sie in einer besseren Welt willkommen.« Logische Konsequenz: Man müßte uns dafür bezahlen, daß wir leben, das Leben sollte Grund für ein regelmäßiges Einkommen sein. In den 60er Jahren forderte Herbert Marcuse kostenlosen Zugang zu allem Materiellen, für ihn die Vorstufe zu einer allgemeinen Selbstbestimmung des Menschen. Über diese Frage wird nachgedacht, und in Frankreich hat man schon vorgeschlagen, der Staat solle jedem eine kleine Summe zahlen, wodurch wir zu dauerhaften Sozialhilfeempfängern würden.

Unstillbare Forderung

Was ist die Technik in ihrer Rolle als Beherrscherin der Natur anderes als die Realisierung unserer Kinderträume, in denen wir als abhängige und zerbrechliche Wesen die Wunschvorstellung hegten, allmächtige Babys zu sein? (Als der amerikanische Film *Liebling, wir haben ein Riesenbaby* herauskam, die Geschichte eines zerstreuten Wissenschaftlers, der nach einer Panne in seinem Labor erlebt, wie sein zweijähriger Sohn um einige Meter größer wird und die Nachbarschaft terrorisiert, befragte ein Fernsehreporter viele kleine Jungen und Mädchen, und sie alle sagten, auch sie würden gern so groß sein, um ihre Lehrer und Lehrerinnen zu bestrafen, ihre Kameraden zu verprügeln oder sogar alle Respektspersonen wie Lehrer und Eltern umzubringen. Der Kontrast zwischen ihren unschuldigen Gesichtern und ihren furchterregenden Aussagen war frappierend.[13] Schon Augustin sagte, die Unschuld des Kindes beruhe auf seiner körperlichen Schwäche, nicht auf dem, was es wolle.) Die Technik, darin besteht ihre Genialität, ermöglicht es uns, die Zwänge von Zeit und Raum zu überwinden, die Illusion zu erleben, daß man überall sein kann. Vom Flugzeug, das uns im Handumdrehen zu anderen Himmeln bringt und aus dem Reisenden ein schwereloses Teil oberhalb des Erdballs macht, bis zum Lenken eines Autos, das uns zu Herren schneller Fahrzeuge von mehreren Tonnen macht, verstärkt die Technik unsere begrenzten Fähigkeiten, betont die Disproportion, die die realen Fähigkeiten eines Menschen von den schwindelerregenden Möglichkeiten trennt, die ihm seine Werkzeuge geben.

Sie stattet uns mit absoluter Souveränität aus, deren Symbol durch jene Staatsmänner verkörpert wird, die mit einem Fingerdruck den atomaren Untergang auslösen können. Ein Schnipsen mit den Fingern hat einen Riesenbrand zur Folge, setzt phantastische Energien frei. Auch das Vademecum des neuen globalen Nomaden, das Handy, das Note-book und das Fax machen es möglich, die Erde auf die Größe eines Schrumpfkopfs zu verkleinern und jeden überall zu jeder Zeit anzurufen. Mit diesen Geräten, die immer kleiner werden und vielleicht bald als winzige Rezeptoren in unseren Körper eingepflanzt werden können, wird der Globus winzig, man verleiht ihm die Größe eines nach Belieben handhabbaren Spielzeugs. Die Wirklichkeit erscheint als ein Teig, den man nach Wunsch umformen kann. Sieg des Mikroskops: Es verkleinert alles und verleiht uns die Größe eines Titanen.

Angesichts der Erfindung der Brille, des Teleskops, des Photoapparats und des Grammophons rief Freud aus, es sei wie im Märchen.[14] Diese Erfindungen stellen ja in der Tat jedermann Kräfte zur Verfügung, die vorher nur Magier oder Schamanen besaßen. Alle Großmannsträume, die aus der Ferne auf die Welt einwirken, die Schwerkraft überwinden, die Allmacht eines Gedankens erproben, können heute verwirklicht werden, indem man auf eine Taste drückt, eine photoelektrische Zelle aktiviert. Selbst Türen öffnen sich automatisch vor uns, als ob unser Bewußtsein den Dingen Befehle erteilte. Was ist in den Augen des Konsumenten Fortschritt? Eine höhere Form der Magie. Die märchenhaften Prothesen, über die wir verfügen, sind nicht nur von großer Schönheit und Erfindungsreichtum: Sie sind so kompliziert, daß wir nicht verstehen, wie sie funktionieren, und keine andere Möglichkeit haben, als ihnen zu vertrauen. In ein Flugzeug oder Auto zu steigen, ein Medikament zu nehmen bedeutet, an ihre Solidität, Wirkung, ihre Vertrauenswürdigkeit zu glauben. Würden wir nicht von all diesen Hilfsmitteln überzeugt sein und hätte uns ihr Gebrauch darin nicht bestärkt, wir würden es nie wagen, sie uns zunutze zu machen. Technik ist auch Glaubenssache. Für einen Profanen hat ein Fernseher oder ein Transistorradio nicht weniger Geheimnis als die Formeln eines Zauberers, der einem das Schicksal vorhersagt (Informatik und Elektronik sind im übrigen kabbalistische Begriffe, die das Unerklärliche bezeichnen). Die mentalen Vorgänge zur Erzeugung eines einfachen Computervirus sind so komplex, daß diese Instrumente für ihre Benutzer undurchschaubar sind. Dies erklärt die Beziehungen von Wut,

Anbetung und Spiel, wenn wir uns mit ihnen unterhalten, die Gebete, die wir an sie richten, die Beschimpfungen und die Schläge, die wir ihnen austeilen, wenn sie uns eine Panne zumuten. Die kleinen mechanischen Sklaven erregen unseren Zorn, wenn sie gestört sind. Wir fordern von ihnen reibungslose Hingabe und sehen, wenn sie nicht funktionieren, darin eine gegen uns gerichtete böse Tat.

Wir sind also nicht Herr unserer Herrschaftsinstrumente. Aber um uns für ihre Fehler zu rächen, ihr dummes, stures Geheimnis, verfügen wir über eine unausweichliche Ressource: das Auswechseln. Industriell hergestellte Gegenstände sind vielleicht Sitz unbekannter Zusammenhänge, aber heilig sind sie nicht (nur ihr Preis ist eine Kaufhürde). Es ist ihr Schicksal, abgenutzt und ausgetauscht zu werden. Die Technik fasziniert uns in dem Maß, in dem sie banal geworden ist. Für die atemberaubenden Fortschritte der Geschwindigkeit oder der Medizin haben wir keinen Dank. Wenn ein Zug nur ein paar Minuten Verspätung hat, empfinden wir es als Skandal, wenn ein Aufzug zu spät kommt, ein Geldautomat langsam arbeitet, schimpfen wir. Die Unfähigkeit der Wissenschaft, alle Krankheiten zu bekämpfen, schockiert uns mehr als alles andere. Unheilbar ist das einzige obszöne Wort des heutigen Wortschatzes. Wir haben kein Auge mehr für die unglaublichen Verbesserungen, die seit einem Jahrhundert erreicht wurden, sondern sehen nur die Lücken. Das Wunder ständig neuer Erfindungen ist zur Routine geworden. Daß sich die Dinge immer weiter entwickeln, läßt uns fiebern: Wir fordern jeden Tag in allen Bereichen schnelle Weiterentwicklung. Die Technik nährt in uns die Religion der Gier: Mit ihr wird das Mögliche wünschenswert, das Wünschenswerte notwendig. Uns wird das Beste geschuldet. Industrie und Wissenschaft haben uns an eine solche Produktivität gewöhnt, daß wir in Wut geraten, wenn die Erfindungen seltener werden, wenn die Befriedigung auf ihre Erfüllung warten muß. »Das ist unerträglich«, rufen wir aus – riesiger Zorn eines launischen Kindes, das vor einem Spielzeug mit dem Fuß aufstampft und schreit: Das will ich.[15]

Das Leben ist ein Fest

»Was kann ich tun? Ich weiß nicht, was ich machen soll.« Dieser berühmte Satz von Anna Karina in dem Film *Pierrot le fou* von Jean-Luc Godard gab das Bild Frankreichs unter de Gaulle wieder, das sich langweilte und erst vom Mai 68 geweckt werden sollte. Das 20. Jahrhundert hat zwei Hauptfiguren der Mobilisierung erfunden: den Berufsrevolutionär und den Berufsanimateur. Ersterer mobilisiert die Menge nicht mehr, seit seine Versprechungen baldiger Gerechtigkeit zum Alptraum geworden sind; letzterem scheint grenzenloser Erfolg zu winken. Von den Verschwörern, die den Aufstand vorbereiten, zu den Unterhaltungs-Organisatoren. Die ganze Geschichte dieses Jahrhunderts bewegt sich zwischen diesen beiden Polen. So geht es zu in der Demokratie: Wenn die Armen reich werden und eine Mittelschicht bilden, widmen sie ihre Freizeit weder der Politik noch der Kultur, sondern vor allem der Unterhaltung. Die Republik setzte sich hehre Ziele: das Volk aus den Klauen der Notwendigkeit zu befreien und ihm durch Bürgersinn und Bildung die Würde eines politisch Handelnden zu geben. Das Ende des Elends und der Unwissenheit sollte mit der Aneignung umfassender Humanität durch jeden einzelnen einhergehen. Eine Hoffnung, die sich nicht erfüllt hat: Bei der Mehrheit der Leute siegt die angenehme Verdummung der Unterhaltung über die vielen Möglichkeiten zum Engagement und zur Weiterentwicklung der Persönlichkeit. Auf letzterem Gebiet hat sich seither nicht viel getan. Früher wollten sich die Menschen von anstrengender Arbeit erholen; heute wollen sie vor der

Öde freier Zeit fliehen, mit der sie nichts anfangen können. Wie geht man mit den Problemen in den Trabantenstädten um? Man bemüht sich, die Jugendlichen zu beschäftigen, mit allen Mitteln, die sie von Gewalttätigkeit und Selbstzerstörung abhalten können. Die gereizten, unruhigen Massen müssen auf etwas festgelegt, ihre Leere muß ausgefüllt, die Monotonie verjagt werden. Und da es in wenigen Jahrzehnten vielleicht ebenso viele Beschäftigte wie heute Arbeitslose gibt, da die Wirtschaft mit immer weniger Leuten immer mehr produziert, ist anzunehmen, daß eine unbegrenzte Ausweitung der Freizeitbeschäftigungen das einzige Mittel sein wird, einen gewissen sozialen Zusammenhalt zu wahren.

Für den modernen Menschen gibt es mindestens zwei Arten, der Last des Alltäglichen zu entkommen: den Krieg und die Zerstreuung. Krieg ist ein furchtbares Gemetzel, kann aber zugleich zu einer Pause werden und die Menschen aus der Routine reißen, er klammert gewissermaßen den grauen Ehe- und Familienalltag ein, kann Freiheit von Ordnung und Legalität bedeuten. Er kann die Menschen ebenso in Hochstimmung wie in Schrecken versetzen, verspricht permanente Aufregung und eine bestimmte Form der Schamlosigkeit, da er das Töten erlaubt. Bei uns im Abendland, wo man nicht mehr an Opfer glaubt und es kein höheres Gut gibt als das Leben, ist der Waffendienst nur noch für eine kleine Zahl von Hitzköpfen attraktiv. Der Preis eines Kampfes ist zu hoch für eine Überraschung, die letzten Endes mager ausfällt (selbst unsere Soldaten wollen nicht mehr im Gefecht sterben, und das Pentagon strebt eine Mindestzahl von Toten im Kampf an). Unser staatsbürgerliches Ideal entspricht nicht mehr dem, das der junge Hegel im Arbeitssoldaten, dem Arbeiter, der in den Krieg zieht, pries. Unsere Kriegsleidenschaft hat sich gewandelt, wir ziehen Bequemlichkeit vor und würdigen den Krieg allenfalls als technisches Spektakel. Sieht man den weiten Fächer von Freizeitaktivitäten, den unsere Gesellschaft für ihre Mitglieder bereithält, kann einem nur schwindelig werden.

Nehmen Sie als Beispiel das Fernsehen. Gibt es ein besseres Mittel der Wiederverzauberung? Es ist möglich, daß wir alle noch sehr unerfahren im Umgang mit dem Fernsehen sind, daß das relativ geringe Alter dieser Technik die Ungeschicklichkeit und den Mißbrauch erklärt, den wir damit treiben. Und es ist nicht verboten, von einem Fernsehen zu träumen, das auch ein Werkzeug geistiger Schöpfung wäre und seine riesige Anziehungskraft mit einer echten pädagogischen Zielsetzung verbände. Dennoch bietet heute – von seltenen und bemerkenswerten Ausnahmen abgesehen – das Fernsehen weitgehend Unterhaltung. Auf diesem Gebiet ist es unschlagbar. Es funktioniert rund um die Uhr, Unmengen von Serien, Filmen, Informationssendungen, Varietés, Spielen, Videoclips und Verbraucherberatung machen es zum Erholungsmedium Nummer eins. Bald wird man dank Digitaltechnik und Datenautobahnen zu Hause 500 Programme empfangen können und den Umgang mit der kleinen Kiste wie einen Beruf erlernen, der den ganzen Tag in Anspruch nimmt. Spätere Generationen werden die Hilfe eines Computers brauchen, um sich in diesem Labyrinth zurechtzufinden, das über den gesamten Planeten reicht. *Das Fernsehen verlangt vom Zuschauer nur eine mutige, wenn auch übermenschliche Tat, nämlich auszuschalten.* Wer nie der schrecklichen, unwiderstehlichen Versuchung erlegen ist, nächtelang durch die Programme zu zappen, ohne sich dem endlosen Band von Bildern entziehen zu können, weiß nichts von dem Zauber des »kleinen Fensters«. In dem Gerät geschieht immer irgend etwas, viel mehr als in unserem Leben. Die Hypnotisierung durch das Fernsehen ist so stark, daß es uns in seinem Licht gefangen hält wie Schmetterlinge im Umkreis einer Lampe. Ununterbrochen bringt es Farbströme und Bilder hervor, an denen wir unablässig saugen. Der Fernseher ist ein belebtes

Möbelstück, das sprechen kann und die Aufgabe vollbringt, Langeweile erträglich zu machen. Es befreit uns nicht von unserer Niedergeschlagenheit und unseren Gewohnheiten, verwandelt sie jedoch in eine angenehme Indifferenz, die Fortsetzung der Leidenschaftslosigkeit mit anderen Mitteln ist und sich als wesentliches Element in das riesige Arsenal der Banalität einfügt.

Beruhigungstee für die Augen

Am Fernsehen ist über die Schrecken und Utopien hinaus, die es bewirkt, in hohem Maß verführerisch, daß es die einfachste Form der Erfüllung darstellt und stellvertretend unseren Hunger nach leicht zu habender Sensation und Ablenkung stillt. Es verbindet ein Maximum an Flucht mit einem Minimum an Aufwand, ist *ein Medium, das die ungeheure Macht besitzt, fast so etwas wie eine Lebensart* zu sein. Es hält uns zu Hause fest, wendet immensen Einfallsreichtum auf, um unsere Aufmerksamkeit zu fesseln, lädt die ganze Welt in unser Wohnzimmer ein. Warum sollten wir, wenn das Universum zu uns kommt, zu ihm gehen? Während zu einem Kinobesuch noch ein Weg, Warten, Einhalten eines Zeitplans und Schweigen, die Nähe von Unbekannten in einem Saal, also ein ganzes Ritual gehört, kann man das Fernsehen benutzen, wann man will, ohne sich von zu Hause wegzurühren, im Liegen, hingeflezt, im Stehen, beim Essen, beim Arbeiten, beim Plaudern und im Halbschlaf. Die Amerikaner haben den Begriff der *couch-potato* erfunden, um diese Trägheit zu bezeichnen, den neuen Mutanten, der auf dem Sofa liegt und Chips verzehrt, ein dicker Säugling, übersättigt durch Augen und Mund, der sich genüßlich die Flasche geben läßt (Telephagie als Mittel, sich vollzustopfen, die einen neuen Menschentypus, neue Störungen hervorbringt). Die Junior-Version der *couch-potato* ist das Kind, das am Bildschirm festklebt, abhängig von Videospielen, die eine Art elektronischer Babysitter geworden sind, wobei das Kind gar nicht mehr wirklich da ist und seine größte Heldentat darin besteht, selbst in den Bildern zu verschwinden und eine Figur der Spiele zu werden. Der Bildschirm ist ein »dauerhaftes Versprechen von Vergnügen«[16], das alles andere überdeckt. Er verbietet nichts und befiehlt nichts, macht aber alles, was nicht mit ihm zu tun hat, unnütz und langweilig. Er kontrolliert weder das Denken noch das Lesen, er macht sie einfach überflüssig.

Der Zauber dieses Mediums besteht darin, daß man nicht immer aufmerksam zuhören muß. Man kann es eingeschaltet lassen und andere Dinge tun. Es gibt Wohnungen, in denen das Gerät den ganzen Tag läuft, ohne daß jemand darauf achtet. Es kann zum Hausgott, zum alltäglichen Begleiter werden. Kant sagte, die Schule lehre uns zuerst, sitzen zu bleiben. Das Fernsehen stellt uns unter Hausarrest, ohne jedoch irgend etwas von uns zu fordern, indem es das Ich sich ständig auf die Bilder hin orientieren und dabei sich selbst aufgeben läßt. Für alle, deren Leben um diesen kleinen Planeten kreist, die sich in ihrem Tagesablauf nach ihm richten, ist es vielleicht ein tyrannischer, zugleich aber nachgiebiger Herrscher, der von seinen Verehrern einen recht lockeren, entspannten Kult fordert. Der Geist schwingt von einem Ding zum anderen, verführt von tausend zufälligen Erscheinungen, die ihn fangen, aber nicht festhalten. Das Geringste reizt ihn, ein anderes Nichts lenkt ihn ab, ein genüßliches Flattern, das uns in Herumtreiber verwandelt, in Flöhe, die von einem Programm ins andere hüpfen. Die Krankhaftigkeit des Fernsehens besteht darin, daß wir es ansehen, weil es da ist und funktioniert, daß es eine Nivellierungskraft besitzt, die uns, wenn wir einmal an die Angel geraten sind, in die Lage versetzt, mehr oder weniger alles mit grenzenloser Nachsicht anzuschauen.

Das Fernsehen lenkt uns von allem ab, auch von ihm selbst.

Es errichtet keine Diktatur der Bilder, es läßt unsere Wahrnehmung verarmen, wir verlernen, die Welt zu betrachten. Weil es für alle direkt zugänglich sein will, schwächt dieses visuelle Medium unsere Sehfähigkeit (während ein Bild, wie J.-F. Lyotard hervorhebt, zu seinem Betrachter sagt: »Sie werden mich nicht so bald kennenlernen.«)[17] Seine Form verschlingt den Inhalt, weicht die Kontraste auf, macht keinen Unterschied zwischen Film, Varieté und Werbung: Oft ist es schwer, einen Werbespot von einer Komödie oder einer Serie zu unterscheiden (die Firma Nestlé hat in Amerika und Großbritannien eine Werbe-Seifenoper vertrieben, die einen Riesenerfolg hatte). Daher rührt jener Ekel, den man nach mehreren Stunden ununterbrochenen Zuhörens empfindet, wenn man sich, den Kopf vollgestopft mit Dummheiten, sinnlosen Geschichten und verschiedensten Eindrücken, wie nach einem K.-o.-Schlag von jener langsamen Ausblutung des eigenen Selbst über die Augen langsam erholt. Man glaubt, sich der Weite des Daseins zu öffnen, und findet sich als jemand wieder, der von Leere abgestumpft ist. Dauerfernsehen den ganzen Tag über ist das Schicksal von kleinen Kindern, Leuten im Ruhestand oder Kranken. Der Fernsehkonsum wächst mit steigendem Alter, das heißt mit der Unbeweglichkeit und dem zunehmenden Verlust der Selbständigkeit. Das Fernsehen ist zu Anfang Lärm und Geschrei, aber schließlich wird es zum Kräutertee für die Augen, zum Beruhigungsmittel für Leute, die in Heimen leben, zum Fetisch langsam verlöschenden Menschseins (und da es nicht rund um die Uhr gutes Fernsehen geben kann, da Qualität sich immer von einem Hintergrund der Unvollkommenheit abhebt, ist der beste Umgang mit dem Gerät, das wissen alle Eltern von Schülern, es selten anzuschalten).

In der westlichen Welt gibt es noch etwas, das in ganz ähnlicher Weise die Rolle der Gesellschafterin spielt, nämlich das dauernde Berieseln mit Musik, das in den Städten jede Art von Stille bekämpft. Musik beim Warten am Telefon, Musik im Parkhaus, im Aufzug, der Metro und selbst in der Bergbahn, Beschallung ganzer Viertel oder Straßen mit Musik bei Stadtfesten, in Supermärkten, geschwätzige Videos, die den Lärm eines Geschäfts oder Restaurants zu übertönen suchen, Spieluhren, welche die feinsten Melodien in Sägegeräusche verwandeln, immer und überall soll eine Musikbeschallung die Härte der Welt abfedern, soll unsanfte Übergänge vermeiden, Berührungen angenehmer machen. Wenn der Raum mit Geräuschen, Bildern und Farben ausgefüllt wird (von dem baldigen Erscheinen von Telearmbändern und Teleuhren, die dazu führen, daß man niemals allein ist, abgesehen), dann deswegen, um uns zu versichern, daß wir nicht alleingelassen werden, daß man an uns denkt; dieser Klangsirup ist ein Zeichen von Interesse und fast eine Art von Zuneigung. Hier haben wir es nicht mehr mit Big Brother, sondern mit *Big Mother* zu tun. Zweifellos ein unerträglicher Lärm; aber wie bei den Kulthandlungen, in denen geschrien wird, um Dämonen zu vertreiben, soll dieses ständige Rauschen Melancholie fernhalten, Dunkelheit zerstreuen, Isolierung durchbrechen.

Trost für alle

Was immer man davon hält, man muß in Konsum und Unterhaltungsindustrie eine kollektive Schöpfung sehen, die in der Geschichte ihresgleichen sucht. Zum erstenmal verwischen die Menschen die Schranken zwischen Klassen, Rassen und Geschlechtern und vermischen sich zu einer einzigen Menge, die bereit ist, sich zu betäuben, sich endlos zu amüsieren. Man begreift, warum die mit ebenso wunderbaren wie sinnlosen Schätzen gefüllten Geschäfte, die tausend Mediennetze und intelligenten Maschinen, die unsere Helfer sind, eine solche Anziehungskraft auf die anderen Völker der Erde ausüben.

In diesen Kathedralen fröhlichen Lebens wendet sich der Mensch vom Alptraum der Geschichte ab (auch von seiner eigenen Geschichte), er vergißt die Stürme draußen, findet zu einer unverzichtbaren Einfachheit zurück. Die Welt der Konkurrenz und Ungewißheit, in die wir eingetaucht sind, wäre unerträglich, würde sie nicht durch einen Sicherheitsgürtel gemildert, durch Inseln der Seligkeit, die uns vor Angst und Feindseligkeit schützen. Kaufen, Zerstreuung, geistiges Flanieren in künstlichen Räumen stellen ein abstumpfendes Halbdunkel dar, das jedoch so sanft und liebenswert ist, daß wir es mit dem strahlendsten Licht verwechseln.

»I shop therefore I am«, ich kaufe ein, also bin ich, das ist das *cogito* des Konsumenten, der immer bereit ist, auf »diese hedonistische Falle« zurückzugreifen, um Melancholie und »Lebensunmut«[18] zu vertreiben. Durch ein Einkaufszentrum zu gehen und sich dem sanften Strahlen dieser paradiesartigen Höhlen auszusetzen, sich von sanften Stimmen, wohltuenden Dingen wiegen zu lassen bedeutet, sich aus der Wirklichkeit zu entfernen, sich von sich selbst zu entlasten, das Glück zu genießen, gleichgültig gemacht zu werden. So bin ich nur ein Wesen ohne Eigenschaften, für alle Reize offen, »eine industriell hergestellte Persönlichkeit« (David Riesman), ein Patchwork verschiedenster Einflüsse.

Man begreift den doppelten Irrtum, der unsere Deutung der Marktgesellschaft verdunkelt: Der eine sieht in ihr eine neue Form der Inquisition, der totalitären Hölle verwandt, der andere preist sie als unfehlbares Mittel der Erziehung zu Freiheit und Bürgersinn – doppeltes symmetrisches Mißverständnis, das diesem System die schlimmsten Fehler oder die edelsten Tugenden zuerkennt.

Wenn die erste Kritik, die heute von einer Minderheit vorgebracht wird, im routinehaften Antiamerikanismus[19] überlebt, so hat die zweite Schule, die das vergangene Jahrzehnt beherrschte, noch zahlreiche Anhänger. Sie ist der Meinung, daß die Konsumgesellschaft in bewundernswerter Weise das Ungehobeltste und Einfachste im Menschen nutzt und in den Dienst höherer Ziele stellt. Die phantastische Freiheit der Wahl des Käufers veranlaßt angeblich jeden von uns, die Verantwortung für sich zu übernehmen, sein Verhalten und seinen Geschmack zu verfeinern, und vor allem schützt sie uns für immer vor Fanatismus und Mißbrauchtwerden. Anders gesagt, vier Jahrhunderte der Befreiung von Dogmen, Göttern und Tyrannen soll zu nichts mehr und nichts weniger führen als zu der großartigen Möglichkeit, zwischen verschiedenen Tonnen Waschpulver, Fernsehapparaten oder Jeansmodellen zu wählen. Seinen Einkaufswagen durch die Regale eines Supermarkts zu schieben und häufig mit der Fernbedienung zu zappen soll einen Weg darstellen, ohne es zu wissen, für Eintracht und Demokratie zu wirken. Einen größeren Widersinn kann man sich nicht vorstellen: Man konsumiert ja gerade, um nicht mehr zu den Individuen und mündigen Bürgern zu gehören, sondern um einen Augenblick dem unerbittlichen Zwang zu entkommen, grundlegende Entscheidungen zu treffen. Im Gegensatz zu dem, der sich sein Leben formt, Entscheidungen fällt, die ihn zu etwas verpflichten und deren Folgen er nicht gänzlich voraussehen kann, wählt der Konsument lediglich zwischen Produkten, die es bereits gibt, zwischen schon von anderen formulierten Möglichkeiten, die er bestenfalls kombinieren oder miteinander kreuzen will.

David Riesman fragte: Wozu ist der Überfluß gut? Um Unruhe zu vertreiben, ohne großen Aufwand zu einer Persönlichkeit zu werden, indem man sich an in Serien produzierte Standards anlehnt, die bereits Millionen andere bekleiden, unterhalten und ernähren. »Wenn ich *Duvernois* trage, bin ich ich selbst«, heißt es in einem Werbeslogan. Köstliche Erleichterung: Man selbst zu sein bedeutet nicht mehr und nicht weniger, als eine Weste, ein Hemd oder ein Kostüm zu tragen, das jeder andere ebenfalls kaufen kann. Ich werde zu dem großen Fest des Geldausgebens nur eingeladen, wenn ich allen anderen ähnlich sehe, die Suche nach Authentizität fällt mit den Handelsinteressen dieses oder jenes Unternehmens zusammen. Aber dieses Herdenverhalten ist fröhlich und freiwillig: Es gibt einen echten Willen zur Konformität, einen Willen, viele zu sein, mit den anderen eine Masse zu bilden. Der Mensch in den westlichen Ländern ist in seine Versorgungsgesellschaft eingebettet und mit einem Panzer bestückt, der ihn vor seinen eigenen Erfindungen schützt. Aus diesem Grund hat der Konsum keinerlei zivilisatorische Aufgabe; seine einzige Leistung, die allerdings enorm ist, besteht darin, uns Entspannung zu gewähren, uns gegen Verkrampfung und Einsamkeit beizustehen. Wie angenehm ist es doch, sich aufs Geratewohl führen zu lassen, zum Spielball diverser Verkaufsstrategien zu werden, welche Erholung liegt in diesem Sichgehenlassen, welches Glück in dieser Passivität! Ohne diese Nischen des Wohlgefühls gäbe es nichts, um sich von der Gewalttätigkeit, den Verletzungen, den erschöpfenden Anstrengungen zu erholen. Konsum bedeutet Trost, eine Rast im Strudel der Rivalität, ein Wundpflaster gegen die Verletzungen, die die Welt einem zufügt. Wenigstens in diesen strahlenden Momenten muß ich nicht verantwortlich für mich sein, beweisen, daß es mich gibt. Ich habe die »ontologische Ungewißheit« (Eugen Drewermann) aufgegeben, die den Status des Individuums im Abendland ausmacht.

Routine beim Singen

Natürlich kann uns Überfluß ebensowenig wahre Erfüllung geben wie Ablenkung. Sie verschönern das Banale, ohne uns von ihm zu befreien. Man kann sich endlos mit den kleinen geschwätzigen Idolen der Werbung berauschen, die in unser

tägliches Leben eingestreut wird, man kann an der atemberaubenden Fiktion der Medien haften bleiben, durch alle
weltweiten Fernseh- und Informatiknetze surfen, aber man
kann nichts daran ändern, daß diese Überfülle letztlich
Schund und primitive Ausschußware ist. Die Wiederverzauberung ist eine Parodie, ihre Romantik hat den Geruch von
Kitsch und Talmi. Der Konsum muß enttäuschen, weil er
uns auffordert, von einem Einkauf oder einer Darbietung
alles zu erwarten. Dabei wird jedoch jede innere Erfahrung,
jedes eigene Größerwerden, jede dauerhafte Beziehung zu
anderen vermieden, die allein wirkliche Freude hervorbringen können. Ein gesättigter Mensch will immer anderes als
das, was man ihm gibt, denn was er will, kann ihm keiner
geben. Stellen wir uns jemanden vor, dessen Leben ausschließlich von Fernsehen, Werbung und Videogeräten bestimmt wird, dessen Gehirn und Existenz von tausend ak-
tuellen Bildern und Geschichten angefüllt sind (wie jene
Otakus aus Japan, die Jean-Jacques Beineix fotografiert und
gefilmt hat, junge Leute, die nur noch per Computer, Bild-
schirme, Gegenstände und Comics kommunizieren und jede
andere Form des Kontaktes mit anderen beiseite lassen).
Dieser Jemand würde sich aus dem geistigen Leben und dem
Gefühlsleben zurückziehen, er würde sich um den Elan eines intensiveren Lebens bringen. Er wäre ein Schwamm, der
in einer permanenten Gegenwart lebt und nur Slogans,
Sprachfetzen und Hinweise von sich gibt, die er von morgens bis abends aufgeschnappt hat. Er wäre ein »an Welt
armes« Wesen, um einen Begriff von Heidegger zu verwenden, lebte von einem Tag auf den anderen, begierig, sich
nicht zu entwickeln, wodurch er ständig dümmer würde.
Dennoch würde ein solches Wesen in seinem Stumpfsinn,
seinem vegetativen Zustand noch weiter in der Lage sein,
die Dinge zu hinterfragen, zu verbessern.
  Das eigentliche Verbrechen des Fernsehens und der Wer-

bung besteht darin, daß es ihm nie gelingt, uns ganz uns gar zu Zombies zu machen. Selbst der gebannteste Zuschauer, der größte Schwachkopf ist noch in der Lage, zwischen einem Empfänger und der Außenwelt zu unterscheiden. Es gibt immer noch ein Leben nach dem Supermarkt und dem Fernsehen, darin besteht das Drama. Wir werfen der Konsumgesellschaft weniger vor, stumpfsinnig oder oberflächlich zu sein, als ihre Versprechen nicht zu halten, nie ganz die Verantwortung für uns zu übernehmen. Und das allgegenwärtige Lächeln dieser Gesellschaft ist weder Ausdruck von Freundschaft noch von Sympathie. Es ist ein Aufputschmittel, ein Vitamin, das den Leuten ins Gesicht geschrieben wird, um ihre Niedergeschlagenheit zu bannen. Dauernd muß man sich trösten, dauernd rückversichern. Es mag eine gewisse Übereinstimmung zwischen den Strukturen manisch-depressiver Erkrankungen und den seelischen Strukturen des abendländischen Menschen geben, der sich in tausend Unternehmungen engagiert und dabei immer fürchtet, allzu schnell deren Nichtigkeit zu erkennen. Auf Phasen der Begeisterung folgen solche der Melancholie. Die Medienwirtschaft kann nur eine Fata Morgana von Geheiligtem bieten: Sie zeigt sich nicht in der Lage, das bereitzustellen, was der Erbteil der Religionen ist: einen Raum für Transzendenz. Trotz ihrer Bemühungen, uns alle zusammen und als einzelne loszukaufen, reicht sie nie aus, und es bedarf anderer Krücken, anderer Betäubungsstoffe, die wirksamer sind: Beruhigungsmittel, Psychopharmaka, Angsthemmer, die Unbehagen und Leiden vertreiben und die Rolle sozialer Kontrolle übernehmen. Hat man einmal erreicht, was man sich wünscht, sehnt man sich nach etwas, das einem kein Gegenstand geben kann: nach dem irdischen Heil, einer Verwandlung, und man schwankt zwischen dem Betroffensein, zuviel zu haben und der Angst, daß einem das Wesentliche fehlt.

Wenn auch die Vorstellung, daß man Glück nicht kaufen

kann und es in der Linderung von Spannungen besteht, noch so irrig sein und noch soviel Enttäuschung hervorrufen mag, kommen wir auf sie als bequemsten Weg immer wieder zurück. Müdigkeit angesichts der Dummheit audiovisueller Darbietungen, Überdruß angesichts der verlorenen Jahre, die man mit sinnlosem Plunder vertan hat? Vielleicht. Aber man gönnt sich nur eine kurze Ruhepause, bevor man neuen Anschaffungen, neuen Gelegenheiten, sich zu zerstreuen, hinterherrennt. Die, welche den Überfluß überlebt haben, leiden darunter, daß sie nie ganz von ihrer Kauferei erlöst werden, aber sie kommen immer wieder darauf zurück, unfähig, sich davon frei zu machen. In Europa muß nur die Gefahr von Armut oder Mangel am Horizont auftauchen, schon finden wir wieder wildes Vergnügen an unserer geschwätzigen Mattscheibe und an den Straßen mit Luxusgeschäften. Deshalb sind die »Desillusionierungen des Fortschritts« (Raymond Aron) eine romantische Erfindung. Sie haben noch nie jemanden dazu gebracht, den Fernseher abzustellen oder nicht mehr im Supermarkt einzukaufen. Deshalb lehnt man sich weniger gegen die Gesellschaft als gegen das Unglück auf, nicht genügend von ihr zu profitieren und dagegen, daß ihre Wohltaten noch zu wenig Leuten zugänglich sind. Die Konsumgesellschaft ist zweifellos ein »Wunder des Elends« (Henri Michaux), das uns abstumpft, uns unseres Selbst beraubt; wir baden im Konsum wie in einem Jungbrunnen, wir bleiben die bereitwillige und faszinierte Beute des Kaufzaubers. Daher jenes paradoxe Verhältnis, das wir zur Konsumgesellschaft haben: Wir sind weder ihre Anhänger, noch verweigern wir uns ihr, sondern fühlen uns unwohl, das heißt, wir sind unfähig, auf irgend etwas zu verzichten, weder auf die Kritik an dieser Welt noch auf die Vorteile, die sie bietet. Daher unser Schwanken zwischen Lob und Tadel der Moderne, daher die Unmöglichkeit, den richtigen Platz zwischen ihren Verächtern und Bewunderern zu finden.

Der Konsument ist kein mündiger Bürger

Kann man trotzdem sagen, daß die durch Videoclips und Werbespots gefütterten Medienfanatiker zu anspruchsvollen und kritischen Käufern geworden sind, daß die Verbrauchervereinigungen, die bei all dem Reichtum auch Qualität und Ehrlichkeit fordern, das rauschhafte Konsumverhalten in ein reifes Stadium gebracht haben? So ist es, und man kann sich nie genug zu all dem gratulieren, was ein objektiver Fortschritt bei der Verteidigung unserer Rechte bedeutet. Dennoch ist ein umsichtiger Käufer noch kein mündiger Bürger. Ersparnisse anzulegen, günstige Geschäfte abzuschließen und die Finten in Verträgen zu durchschauen ist sicher sehr von Vorteil, aber es lehrt uns nicht im geringsten, gegenüber unserer Gesellschaft auf Distanz zu gehen. Ebenso wie die Unterhaltung erzieht uns auch der Konsum nur dazu, seinen eigenen Belangen zu nützen, sein moralischer und pädagogischer Wert ist eher gering. In gleicher Weise dient die Massenkultur unserer Zerstreuung, sie fördert nicht unsere Emanzipation, selbst wenn es darin hier und da ein Aufscheinen oder eine Erinnerung an große Kunstwerke gibt. Und darin stimmt der Verkaufssegen mit allen Formen politischer Herrschaft überein, die Diktaturen eingeschlossen (von Saudi-Arabien bis Singapur). Verbraucher zu sein bedeutet, sich ausschließlich der Verteidigung eigener Interessen zu widmen, seiner Besonderheit verhaftet zu bleiben, zum Beispiel der einer Lobby. Ein mündiger Bürger zu sein aber bedeutet, daß man versucht, seine eigene Existenz zu überwinden, vom eigenen Leben zu abstrahieren und sich mit andern zusammenzutun, um Einfluß auf die Politik zu nehmen, mit ihnen Macht zu teilen und gemeinsam auszuüben. Von Bürgersinn kann man dann reden, wenn ein einzelner bereit ist, seine private Sichtweise aufzugeben, um sich um das allgemeine Wohl zu kümmern, in die Öffentlichkeit zu treten, in der Leute gleichrangig miteinander reden und aufeinander einwirken. Die Befreiung von materieller Not ist nur eine Voraussetzung der Freiheit, sie ist nicht mit ihr gleichbedeutend. Die Verbraucherzeitschriften und -vereinigungen haben mit gewöhnlichen Zeitungen und Zeitschriften gemeinsam, daß sie unsere Aufmerksamkeit für die Dinge und deren Qualitäten und Nachteile erregen, anstatt uns von ihnen zu befreien. Es hat eine Revolution gegeben, aber sie fand innerhalb der Warenwelt statt: Verbraucherschutz bedeutet nur, daß man die Spielregeln besser beherrscht, nicht, daß man aufgehört hat mitzuspielen.

Wir sind ebenso Bewohner des Supermarkts wie der Stadt, und unsere Bindung an die Demokratie ist in erster Linie eine Bindung an die maßlosen Vorteile, die uns der Wohlstand bietet. Der Konsum ist nicht für die Politikmüdigkeit verantwortlich, die gab es schon vor ihm und hat andere Gründe. Aber er ist ein Faktor, der sie verstärkt. In den hochindustrialisierten Ländern ist demokratisches Denken ganz den Gesetzen des Marktes unterworfen und dient dem Kult des Wachstums und der ökonomischen Rationalität. Für unsere Politiker, ganz gleich, ob auf der Rechten oder der Linken, beschränkt sich eine gute Politik darauf, den Überfluß zu bewahren, und Freiheit des Bürgers bedeutet in erster Linie Freiheit, sich zu bereichern (in Krisenzeiten ist Konsumieren geradezu eine nationale Pflicht, ein fundamentaler patriotischer Akt). Wir kennen nur noch eine Definition von Glück, die vom privaten Glück, und wir haben die Begeisterung und das Streben der französischen und amerikanischen Revolutionäre vergessen, die nach Hannah Arendt auf »öffentliche Angelegenheiten« zielten, auf die Freude und den Eifer im Wettkampf darum, wer am brillantesten für die Entwicklung politischer Freiheiten eintrat.[20] Man weiß, daß viele Emigranten die Zugehörigkeit zu einer armen Nation als Form der Diskriminierung und Verfolgung empfinden: Ihre Entscheidung, in das eine oder andere Land Europas oder Amerikas

zu emigrieren, beruht weniger auf den dortigen Regierungsformen als auf der Breite sozialer Leistungen und auf Vortei-
len, die sie dort erwarten.

Unser demokratisches Ideal beruht auf unversöhnlichen
Forderungen: der freien Selbstverwirklichung des einzelnen
und dem Zusammenwirken im Leben eines Staates, dem Erfolg und der Solidarität. Unsere Regierungen richten sich nicht
mehr, wie es Montesquieu für die Republik forderte, nach dem
Prinzip der Tugend, wobei Tugend in erster Linie im Sinn von
Sich-selbst-Vergessen zu verstehen ist. Das Florieren politischer und sozialer Freiheiten geht bei uns mit Reichtum und
dem Vorrang des Privatlebens einher. Und es ist schwer zu erkennen, wie ein System, das Überfluß und Selbstverwirklichung auf seine Banner geschrieben hat, zu gleicher Zeit, ohne
zerrissen zu werden, zu Brüderlichkeit und Mitwirkung bei
öffentlichen Belangen aufrufen soll. (Was unternimmt der Westen, um Rußland auf den Weg der Demokratie und des Plura-
lismus zu führen? Er *kauft* es mit Dollars und Anleihen. Geld-
anreiz wird zur Lebensbedingung für den Rechtsstaat mit
parlamentarischem System.) Wir haben uns beim Gastmahl
der Geschichte sattgegessen und wollen immer mehr zusam-
menraffen, wollen die Quadratur des Kreises: wohlhabende
Bürger, vom Wohlstand gesättigt, und aktive, engagierte Bürger. Während im antiken Griechenland nach Aristoteles
Reichtum Voraussetzung für den Status des Bürgers war – nur
ein Mann ohne materielle Sorgen konnte sich der Polis widmen –, wird bei uns Wohlstand offenbar auf Kosten des Bür-
gersinns erworben. Bequemlichkeit bleibt die nobelste Erfindung des abendländischen Menschen, und der Kampf um die
Kaufkraft ist das letzte Tabu, an das niemand zu rühren wagt.
Dennoch führt der Komfort, so großartig er sein mag, dazu,
alle anderen Ideale zu verdrängen und den Kreis unserer Akti-
vitäten beträchtlich zu verringern. Von jedem von uns wird
verlangt, wie Claude Lefort dargelegt hat, zugleich Bürger, Pa-

triot, Privatmensch und Konsument zu sein, kurz gesagt mehreren Herren zu dienen, die sich untereinander nicht schätzen, und der relative Niedergang des Patrioten und Citoyen in der heutigen Zeit, jedenfalls in Westeuropa, stellt den Menschen dem Konsumenten gegenüber, eine Konfrontation, bei der letzterer oft gewinnt. Unsere Leidenschaften sind nicht mehr republikanisch oder national, sie sind kulturell, kommerziell oder privat. Nachlassender Bürgersinn kommt nicht allein durch die Unterhaltung oder den Niedergang der öffentlichen Debatte zustande, er besteht ebenso zu Recht wie das allgemeine Wahlrecht oder die Sozialversicherung. Eine Regierung, die es ihren Bürgern erlaubt, sich nicht für das Schicksal der Demokratie zu interessieren, ist demokratisch. Dies bedeutet, daß unsere Gesellschaft jeden Augenblick dazu angetan ist, das Wohlergehen der Freiheit vorzuziehen. Es ist, als hätten wir zuviel zu verlieren, wenn wir bei Gefahr unsere Unabhängigkeit verteidigen. Da es uns materiell noch nie besser gegangen ist, waren wir nie so wenig bereit, für eine Sache zu sterben, so gerecht sie auch sei. Es ist Zeit, dies zu erkennen. Das demokratische Individuum mag noch so sehr die Sprache des Herzens und der Gefühle sprechen, es zieht sich selbst allem anderen vor. Kein Ideal lohnt es mehr, sich dafür zu opfern, nichts geht über das Leben (selbst das Humanitäre ist Hingabe für das Überleben der anderen, nicht für ihre Freiheit).

Die Kannibalenlogik

Das Hauptrisiko der Konsumgesellschaft ist weniger Verschwendung als Gier, es liegt darin, daß der Konsum sich alles aneignet, was er erreichen kann, um es zu zerstören, in seine Gewalt zu bringen. Er kommt nicht mehr nur in Begriffen aus der Welt des Vergnügens zum

Ausdruck, sondern bedient sich, um weiter vorwärts-
zukommen, der Sprache der Werte, der Gesundheit,
des Humanitären, der Ökologie. Die Werbung bemächtigt sich der Politik und drückt ihr ihre Videoclips
und Slogans auf. Das Fernsehen behauptet, unsere verletzte Liebe zu heilen, Gerechtigkeit zu üben, die Polizei zu unterstützen, die Schule ersetzen zu können. Es
ist lange her, seit der eigentliche Konsum den Supermarkt verlassen und eine medien- und marktbezogene
Logik entwickelt hat, die sich als universale Lösung für
alle Probleme anbietet. Diese ist deshalb so erfolgreich,
weil sie uns einredet, alles, was gestern schwierig gewesen sei, werde im Handumdrehen erreichbar, man könne Lernen durch *fun* ersetzen, kurz gesagt, sie entwik-
kelt in uns den Sinn für sofortiges und leicht zu
habendes Vergnügen.

Sie beweist ein unvergleichliches Talent, sich in Bereiche zu drängen, die sich in der Krise befinden (Kultur, Erziehung, politische Symbolik), um sie einzufangen und schließlich zu verwandeln, ihr die Substanz zu
nehmen – Sieg der Chamäleon-Gesellschaft, die jede
Sprache sprechen kann, auch die der Kritik, alle Ideologien ersetzen kann, da sie an keine glaubt, die großen
politischen und religiösen Leidenschaften zur Farce
macht. Alles, was sie nicht ist, die Geschichte, die
Ethik, Rituale, Glaubensüberzeugungen, alles verschlingt sie gierig. Sie ist ein Magen, der alles verdauen
kann, ein unzerstörbarer Code, der sich sogar den Pro-
test gegen sich selbst zu eigen macht, um besser aufer-
stehen zu können. Man gehorcht ihm am besten, wenn
man gegen seine Inhalte rebelliert. Gipfel der Ironie der
Konsumgesellschaft: Sie läßt uns glauben, es gäbe den
Konsum nicht mehr, dabei gibt es keinen Lebensbe-
reich mehr, den er nicht verseucht hätte.

Man muß also diese Marktlogik bannen, mit einem Zaun umgeben, die bisher geschützten Räume, die sie sich anzueignen sucht, verteidigen. Aber dieses System gedeiht bei gleichzeitiger Niederlage oder Schwächung seiner Stützen. Und der Tag, an dem das Fernsehen den Platz des Gerichtssaals, des Klassenraums, des Sofas einnimmt, der Tag, an dem das Lesen eines Werbespots in den Gymnasien ebensoviel gilt wie das von Balzac oder *Madame Bovary*, der Tag, an dem Schubert nur noch als Hintergrundmusik beim Verzehr der Pilzpizza einer Tiefkühlfirma gespielt wird und Verdi als Soundtrack für Damenbindenwerbung verwendet wird, an jenem Tag hat der Helot gesiegt, und mit der westlichen Zivilisation ist es vorbei. Deshalb kann die gegenwärtige Krise auch positive Auswirkungen haben, mäßigend auf unsere Maßlosigkeit, unsere Leichtfertigkeit einwirken, sollten wir uns dem Abgrund nähern. »Wo aber Gefahr ist, wächst das Rettende auch« (Hölderlin).

Das kindliche Schlaraffenland

Die Konsumgesellschaft hegt die wahnwitzige Absicht, »die größten Fehler des Menschen zum öffentlichen Vorteil umzukehren« (Mandeville), sie versucht, Gier, Gefräßigkeit und Egoismus zu Triebkräften der Zivilisation zu machen. Wohl zum ersten Mal in der Geschichte erlaubt eine Gesellschaft ihren Mitgliedern, einen Teil der Zwänge, die sie ihnen auferlegt, zu vergessen, damit sie diese Energie nutzen, um sich selbst aufzubauen. Aber es ist gefährlich, etwas, das eigentlich eine Ausnahme ist, zum Modell zu erheben, die Freizeit zum wahren Leben zu erklären, das Austauschbare, Flüchtige und

Aufsehenerregende zu absoluten Werten zu erheben. Konnte Kant, als er Aufklärung als Befreiung des Menschen von der Unmündigkeit definierte, voraussehen, daß diese von ihm begrüßte geistige und moralische Mündigkeit mit einer beharrlichen Kindlichkeit einhergehen könnte, und zwar in solcher Weise, daß man sich das eine ohne das andere nicht mehr vorstellen kann? Es ist unmöglich, ständig für sich verantwortlich zu sein. Es gibt Stunden, in denen man die Beine baumeln läßt, sich kleinen künstlichen Paradiesen hingibt, die uns zu leben helfen. Und in mancher Hinsicht bleiben wir hoffnungslos prämodern, unfähig, jene Weisheit zu erlangen, die das 18. Jahrhundert als höchste Bestimmung des Menschengeschlechts pries. Der materielle Fortschritt ist für uns in gewissem Sinn unverzichtbar, weil er uns nicht »zivilisiert«, den Menschen in keiner Weise besser macht. Jeder soll immer und soviel er will Kind sein können: Das ist die Antwort der Moderne auf die Pein, die sie hervorruft. Dieses Infantilwerden ist kein Unfall, kein winziger falscher Schritt innerhalb einer Dynamik, die als Ganzes auf Maß und Ratio ausgerichtet ist. Es gehört ins Herz des Systems, ist wesentlicher Anteil des Individuums, das in dem Maß, in dem es sich aufbauen muß, verführt wird zu kapitulieren. *Das Reich des Konsums und der Zerstreuung hat dem allgemeinen Register der Menschenrechte das Recht der Regression hinzugefügt.* Köstlicher Verfall, erquickende Leichtigkeit, ganz ohne Zweifel. Aber wenn eine bestimmte Dosis überschritten ist, droht das Mittel gegen die Angst zum Gift, zu einer neuen Krankheit zu werden. Wie weit kann diese wunderbare Leichtigkeit gehen, ohne in uns den Sinn für Reflexion und Verstand auszulöschen? Der Sieg des Lustprinzips war die große Utopie der 60er Jahre, und wir leben immer noch mit diesem Traum. Wie kann man die kindliche Wunschvorstellung begrenzen oder einschränken, die verkündet: Alles ist möglich. Alles ist erlaubt?

Porträt des Idioten

Das 18. Jahrhundert unterschied zwei Arten von Dummheit: Die erstere wurde mit dem Vorurteil gleichgesetzt, das heißt, fortschrittliches Denken bekämpfte alles, was aus der Tradition übernommen worden war, ohne überprüft zu werden. Danach fiel dieses Denken selbst einer anderen Form der Dummheit anheim, die noch finsterer ist und zu einer Vergötterung der Geschichte, der Wissenschaft und der Technik führt. Zugleich pries die Aufklärung, indem sie eine Form konservativen Christentums beibehielt, unter dem Deckmantel eines Lobpreises der Natur den glücklichen Wilden, dem angeblich durch seine Unbildung Moralität und Tugend erhalten geblieben waren. Man war der Meinung, die einfachen Menschen, die Bauern und Bedürftigen brauchten keinerlei Bildung, die den gehobenen Schichten vorbehalten bleiben sollte.[21]

Auch im folgenden Jahrhundert gab es noch etwas von dieser Verherrlichung des Ungebildeten, in der Gestalt von Dostojewskis Idioten. In einer positivistischen Zeit, die sich ganz dem Wissen, der Bildung, der Industrie widmete, ist er wesentlich mehr als ein Relikt einer vergangenen Epoche oder ein geistig Gestörter. Er mag nicht den unabhängigen Geist der Gelehrten haben, aber in seiner Verdummung spricht er eine Sprache, die origineller ist als die der Vernunft, die Sprache des Herzens und der Seele. Der Idiot ist angesichts der pervertierten Zivilisation ein Held des echten Gefühls. Dostojewski verlieh dieser Figur den Adelsbrief, indem er den Fürsten Myschkin zu einem außergewöhnlichen Menschen, beinahe einer Art Christus machte, der wieder auf die Erde gekommen war: Ein Erwachsener mit einer Kinderseele, durch Epilepsie einfältig geworden, ganz als sei die Krankheit Vermittler himmlischer Rede. Denn dieser einfältige Mensch wirft die anderen mit seinem scharfen Blick zu Boden, löst Unwetter aus, die ihn zugleich hassenswert und anziehend machen. »Mein Fürst, Sie sind von solcher Einfalt und Unschuld, wie sie nicht einmal das Goldene Zeitalter kannte; und plötzlich durchbohren Sie mit Ihrer scharfen psychologischen Durchdringung einen Menschen wie einen Pfeil«, sagt eine der Romanfiguren zu ihm. Durch ihn spricht eine ursprüngliche, beinahe göttliche Weisheit, die Skandale erregt, die weltliche Umtriebigkeit der Menschen zu Staub macht. Romantischer Umsturz von Werten: nicht mehr die Mächtigen und Gebildeten sind im Besitz der Wahrheit, sondern die Außenseiter. Das Naive, Zurückgebliebene hält die Helden der Gegenmoderne zusammen, das Kind, der Wahnsinnige, der Künstler, der Rebell, der Wilde, denen noch etwas Ursprüngliches anhaftet.

Unsere Zeit hat keine Hochachtung mehr vor Lernen und Bildung. Ihre Idole sind anderswo und heißen Flimmer, Geschäftigkeit, Angeberei. Das populärste unserer Medien, das Fernsehen, hat es geschafft, in manchen Programmen die Grenzen der Nichtigkeit so weit auszudehnen, daß man nur noch schweigen kann, fasziniert oder betroffen. Für die, welche sich vor Geschwätz, Automatismen, süffisanter Anmaßung fürchten, bleibt Dummheit eine Anfechtung. Von der Scham, die noch vor kurzem schlechte Schüler und Unwissende empfanden, ist kaum noch etwas geblieben. Im Gegenteil, sie herrschen inzwischen in bestimmten Medien als neue Nichtstuer, die weit davon entfernt sind zu erröten, weil sie Dinge nicht wissen, sondern sich herzlich dazu beglückwünschen. Noch schlimmer: sie sind die

Wortführer einer kämpferischen, hämischen Dummheit, die den geistigen Dingen mit zähem Haß begegnet. Wenn sie das Wort Kultur hören, dann machen sie eine TED-Abfrage und lassen ihr Publikum all die Snobs, Pedanten und Langweiler verhöhnen, die vor dem großen Zirkuszelt der Medien und der Werbung nicht in Ekstase geraten. Sie begnügen sich nicht damit, die Schule und Universität lächerlich zu machen, sie wollen an ihre Stelle treten und allein durch ihr Beispiel zeigen, daß Erfolg und Geld nicht mehr über die Tempel des Wissens zu erlangen sind. Ihr starrköpfiger Schwachsinn erträgt es nicht, daß seine Berechtigung angezweifelt wird, nichts darf ihrer arroganten Dummheit entgegentreten, die mit allen Waffen der Willkür, Grobheit und Niederträchtigkeit rasselt. Ihre Debilität ist unumstößlich, weil sie jegliche Art von Distanz und Ironie ausschließt. Die glorreiche Rückkehr des Ungebildeten in den elektronischen Medien geschieht unter dem doppelten Vorzeichen des Stolzes und des Kampfes: Er ist nicht mehr arm im Geiste, nicht mehr seiner Unterlegenheit bewußt, sondern hat eine große Klappe, die bellt und alle, die widersprechen, zum Schweigen bringt. Sollte der aggressive Schwachkopf eines Tages allein in unserer Gesellschaft herrschen, dann würden kultivierte Personen als Idioten gelten, als seltsame Spezies eines aussterbenden Stammes, der noch Bücher, Ernsthaftigkeit und Denken in Ehren hält.

Anmerkungen:
1 *Das Paradies der Damen*, Kettwig, o.J., S. 6, 9, 42.
2 Jean Fourastié, *Les Trente Glorieuses*, Paris 1979.
3 Zitat aus einem Briefwechsel von Zvetan Todorov, in: *Lettre internationale*, Juni 1990.
4 Siehe Pascal Dupont, *La Bannière étiolée*, Paris 1993, S. 220.

5 Karl Abraham, *Les Névroses du dimanche*, Paris 1989.

6 E.T.A. Hoffmann Klein Zaches, genannt Zinnober, in: Werke, Hg. H. Kraft und M. Wacker, Bd. 2, Frankfurt am Main 1967.

7 Jean Delumeau, *La Peur en occident*, Paris 1978, S. 86.

8 Sudhir Kakar, *Kindheit und Gesellschaft in Indien*, Frankfurt am Main 1988.

9 Marc Fumaroli hat Las Vegas, dem »amerikanischen Mekka des Kitsches und der Spiele«, eine brillante Passage gewidmet in *L'Etat culturel*, Paris 1991, S. 214ff.

10 Georges Duhamel (1930 in seinem Buch über Amerika, *Szenen aus dem zukünftigen Leben*), Erich Fromm, Jean Fourastié, Edgar Morin und vor allem Jean Baudrillard haben die enge Verbindung zwischen Kindheit und Konsum hervorgehoben. Niemand allerdings hat diesen intuitiven Gedanken systematisch vertieft und in eine allgemeine Geschichte des Individuums integriert. Die meisten sehen in der Marktgesellschaft lieber ein riesiges System sozialer Unterschiede, eine Strategie der Erhöhung, wenn es keine neue repressive Herrschaftsform ist, subtil, aber ausdauernd.

11 Zit. von Hannah Arendt in: *Macht und Gewalt*, München 1990, S. 31.

12 Henry Ford, *Mein Leben und Werk* zit. von Peter Sloterdijk in: *Kritik der zynischen Vernunft Bd. II*, Frankfurt am Main 1974, S. 784.

13 Fernsehsender *Antenne 2*, Januar 1993.

14 Sigmund Freud, *Das Unbehagen in der Kultur*, Studienausgabe Bd. IX, Frankfurt am Main 1974, S. 219f.

15 »Heute, wo sich so viele Dinge geändert haben, wundert man sich, daß nicht alles anders geworden ist«, schrieb Jean Fourastié in *Les trente Glorieuses*, op. cit. S. 241. »Alles was erworben ist, wird schnell als natürlich, unerläßlich angesehen, es scheint undenkbar, darauf verzichten zu müssen.«

16 Neil Postman, *Wir amüsieren uns zu Tode*, Ü: Reinhard Kaiser, Frankfurt am Main 1988, S. 173. Daß das Fernsehen alles in ein Schauspiel verwandelt, selbst wenn es angeblich seriös ist, trifft zu: Es kann immerhin ein wunderbares Mittel sei, Dinge unters Volk zu bringen, vorausgesetzt, es erfindet dafür die geeignete Sprache. Die besten Kultursendungen haben, um mit Pascal zu sprechen, Eröffnungscharakter. Sie ersetzen weder das Lesen eines Werks noch das Sehen eines Films, können aber besser als alle anderen Mittel unser Interesse wecken (vorausgesetzt, man hat die Kraft, das Gerät auszuschalten oder aus dem Zimmer zu gehen).

17 Jean-Francois Lyotard, *Que peindre?*, Paris 1988, S. 110.

18 Dominique Roux, Autor der Studie gleichen Namens, teilt uns mit, daß 1987 in den USA jeder im Durchschnitt sechs Stunden pro Woche dem Einkaufen widmete, dem Lesen oder der Gartenarbeit eine Stunde. Die

meisten Einkäufe, die in Supermärkten getätigt wurden, in denen zwei bis dreihundert Stände waren, sind spontane Handlungen, die dazu beitragen, aus der Einsamkeit herauszukommen und Langeweile zu vertreiben. Die hedonistische Falle hat eindeutig eine therapeutische Vokation.

19 Amerika, das Gründerland der Massenkultur und der Freizeit, Urparadies der Moderne, zieht einen Teil des Hasses, den wir gegen unsere Zivilisation hegen, auf sich. Von Georges Duhamel, der 1930 »die falsche amerikanische Kultur« geißelte, die in seinen Augen schlimmer war als die »faschistische oder sowjetische Diktatur«, bis zu den Autoren der Frankfurter Schule und Guy Débord, und nicht zu vergessen Heidegger, der in seiner Einführung in die Metaphysik in Rußland und Amerika »dieselbe Begeisterung für Technik ...« entdeckte, ist der Amerikanismus zum Synonym für alle Fehler unserer Epoche geworden. Bei unserer Ablehnung der Neuen Welt ist es schwierig, das, was sich auf objektive politische Faktoren bezieht – wie der anmaßende Erfolg eines europäischen Sprosses, der seinen Erzeuger in den Schatten gestellt hat – von dem zu unterscheiden, was Abneigung gegen die heutige Zeit ist, deren Fehlentwicklungen Amerika verkörpert. Die Heftigkeit der Schmähreden gegen die amerikanische Gesellschaft rührt von der großen Anziehung her, die diese auf uns ausübt. Es ist ihr gelungen, den gesamten Planeten mit ihren Bildern zu überfluten, und sie ist aus eben diesem Grund in hohem Maß verkannt worden, je mehr sie sich zur Schau stellt, desto geheimnisvoller wird sie. Amerika ist natürlich nicht mit Amerikanismus gleichzusetzen, selbst wenn es sich von dieser Schöpfung, die von ihm selbst stammt, ebenso bedroht sieht wie alle anderen Kulturen.

20 Hannah Arendt, *Über die Revolution*, München 1974.

21 Siehe hierzu Philippe Sassier, *Du bon Usage des pauvres*, Paris 1990, S. 139f., wo er diese Idee besonders bei Mandeville analysiert.

Kapitel 3

Erwachsene, winzig klein

»Ich habe das Recht, auf alle Ihre Klagen mit einem ewigen Ich zu antworten. Ich stehe außerhalb und erkenne niemandes Bedingungen an. Sie müssen sich allen Launen unterwerfen und es ganz selbstverständlich finden, daß ich mich solchen Zerstreuungen hingebe.«
Napoleon an seine Gattin
Nietzsche, Die fröhliche Wissenschaft

»Nur mit Hilfe des entsprechenden Personals können wir die ganze Welt wieder in die Kindheit zurücksinken lassen.«
Witold Gombrowicz, Ferdydurke

Wenn man Victor Hugo glauben will, dann gab es im 17. Jahrhundert Geheimgesellschaften, die sich *comprachicos* nannten und in ganz Europa im Auftrag von Königen, Päpsten und Sultanen mit Kindern handelten. Sie kauften die Kleinen ihren im allgemeinen sehr armen Familien ab und sperrten sie, unterstützt von einer grausamen orthopädischen Wissenschaft, in Gefäße ein, um ihr Wachstum zu behindern, sie zu Krüppeln zu machen, sie in Monster, Eunuchen oder Narren zu verwandeln, die, öffentlich zur Schau gestellt, die Heiterkeit der Menge erregen sollten.[1]

Unsere Zeit verabscheut diese Art »verbrecherischer Verarbeitung«, und es ist ihr, jedenfalls in den demokratischen Ländern, gelungen, Kinder durch verschiedene Rechte und Vorsorgemaßnahmen hinlänglich zu schützen. Man kann sich allerdings fragen, ob sie nicht auf ihre sanfte Weise andere ebenso erstaunliche Metamorphosen bewirkt und ob wir nicht einer Mutation unterliegen, die sogar unseren Begriff des Humanen angreift. Mit anderen Worten, ob wir nicht alle dazu aufgerufen werden, unreif zu sein, wodurch die Erwachsenen infantil werden und die Kinder in ihrer

Kindheit gefangen, an ihrem Erwachsenwerden gehindert werden.

Der gute Wilde zu Hause

Kindheit und Familie, so berichtet Philippe Ariès in einer berühmten Untersuchung, sind im modernen Europa durch ein früher nicht gekanntes Lebensgefühl gekennzeichnet.[2] Im Mittelalter galt das Kind als kleines, zerbrechliches Ding ohne Seele und Gesicht, als *res nullius* – damals war die Kindersterblichkeit sehr hoch –, und wurde erst viel später als Teil der Menschheit angesehen. Bis dahin lebte es mit den Älteren zusammen in einem Zustand totaler Promiskuität, die uns heute schockieren würde, und durch die Berührung mit ihnen lernte es leben. Erst im 17. Jahrhundert begannen die begüterten Schichten, angeregt durch den von den Mönchsorden ins Leben gerufenen Schulunterricht, die Kindheit als etwas Besonders anzuerkennen, und die Familie wurde zu einem Ort der Intimität und der privaten Gefühlsbeziehungen. Nach dem Vorbild des kleinen Jesus, der bis zur Renaissance immer als Miniaturmensch dargestellt wurde, galt das Kind nun als unschuldig und wurde vor schädlichen Einflüssen bewahrt, isoliert und unter die Aufsicht von Pädagogen gestellt, die sich bemühten, es auf das Erwachsenenalter vorzubereiten. Erziehung wurde zur Aufgabe, man ließ den Kindern die verschiedensten Arten von Behandlung angedeihen, es gab diverse Fachleute und Methoden. Im 19. Jahrhundert erreichte diese Entwicklung ihren Höhepunkt.

Wir haben dieses doppelte Erbe ausgeschlagen oder besser gesagt umgeformt, eine andere Tradition, die von Rousseau und Freud herrührt, hat unsere Sicht der Kindheit verändert; sie ist nicht nur zum Schlüssel der Entwicklung des Erwachsenen geworden, ein Schlüssel, der für immer verloren ist, wie die Psychoanalyse lehrt, sie ist vor allem ein Schatz, den wir vergeudet haben und den es mit allen Mitteln wiederzufinden gilt. Von Rousseau stammt der Gedanke, daß Kind und Wilder zusammengehören, da sie beide in unmittelbarer Gemeinschaft mit den Dingen leben, weil sie das Wahre auf lautere Weise erkennen, in einer Reinheit, die Zivilisation und Gesellschaft noch nicht korrumpiert haben.[3] Freud betonte die Wichtigkeit der ersten Lebensjahre. Die Kindheit legt eine Grundlage für unser Leben, die uns bis zu unserem letzten Atemzug in ihrem Bann hält. In dieser seltsamen Koalition ist Rousseau der Anführer (allerdings ein umgedeuteter und verfälschter Rousseau, denn für ihn ist der glückliche Urzustand der Natur für immer zerstört). Er nimmt unser Interesse an den Naturvölkern vorweg und kündigt auf seine stets brillante Weise zwei der stärksten geistigen Obsessionen der Moderne an: Ethnologie und Pädagogik. Nach ihm gibt es im 19. Jahrhundert Gedankenverbindungen, die den Verrückten, den Künstler, den Rebellen, das Kind und den Wilden auf eine Stufe stellen. Sie alle verstoßen gegen die zivilisierte Ordnung, sie alle weisen auf einen Ursprung zurück, der unter der Unmenge von Konventionen und Zwängen des Systems verlorengegangen ist. »Ich bin zwei Dinge, die nicht lächerlich sein können, ein Wilder und ein Kind«, sagte Gauguin, als er sich im freiwilligen Exil in Ozeanien befand, er setzte sich mit der Bourgeoisie auseinander, die er verabscheute, deren Anerkennung er aber dennoch anstrebte.[4] Michelet machte als guter Postromantiker aus dem Volk eine Substanz, die aus Geist, geistiger Verwirrung und Kindheit besteht[5], und Claudel pries in Rimbaud einen »Mystiker im ursprünglichen Zustand«, der durch seine Jugend in der Lage sei, in seinen Versen göttlichen Elan einzufangen.[6] Das Kind ist in der Familie ein kolonisiertes Wesen, so wie der Urmensch ein Kind der Menschheit ist, der Verrückte der Außenseiter der Vernunft und der Dichter in der Industriegesellschaft ein

Wilder. Sie alle haben etwas an sich, das die etablierte Ordnung stört. Und da das Alter ein Sturz in die Lügen des Scheins ist und die industrialisierte Welt ein Verfall, der auf das natürliche Gleichgewicht keine Rücksicht nimmt, muß man sich dem Feuer der Erleuchtung zuwenden, muß man an den lebendigen Quellen trinken, um die Wahrheit wiederzuentdecken.

Ich habe an anderer Stelle darauf hingewiesen, wie der Kolonialismus, das letzte Produkt des pädagogischen Optimismus, sich in seiner Ideologie auf die Metapher von Lehrer und Schüler stützte. Es gehörte zu den Pflichten der »überlegenen Rassen« (Jules Ferry) zu zivilisieren, die Europäer hatten die Aufgabe, den untätigen, grausamen oder impulsiv handelnden, in seinen Empfindungen und seinem Unwissen gefangenen Eingeborenen zu führen und zu leiten.[7] Der Antikolonialismus und die Dritte-Welt-Ideologie begnügen sich damit, diese Metapher umzukehren, ohne sie zu verändern: Sie überlassen es den Nationen der südlichen Hemisphäre, die Metropolen des Nordens zu befreien, sie erklären die ehemals Kolonisierten zur einzigen geistigen Zukunft der Kolonisatoren. Als sie ihre Unabhängigkeit zurückerhielten, boten erstere ihren früheren Beherrschern die Chance, ihre Seele zurückzugewinnen. Es lag also im Interesse des materiellen Westens, sich von den Barbaren gefangennehmen zu lassen und in der Wiege eben jener Kulturen zu regenerieren, die er vorher unterdrückt hatte.

In beiden Fällen zeigt sich deutlich eine Neigung zum Infantilismus: Weil man sie »unterentwickelt« nennt, überholen uns die Afrikaner, Inder und Chinesen. Diese »Zurückgebliebenen« sind Frühreife, ihr Rückstand ist ein Voraus, denn sie haben noch Berührung mit den Ursprüngen der Welt, während wir schon ihrem Untergang nahegekommen sind. So schaffen sich die müde gewordenen Zivilisationen Oasen, um rückwirkend wieder jung zu werden. Und ebenso wie unsere

Faszination für gebräunte Haut von der Gewißheit herrührt, daß der Eingeborene ein Leben führt, welches der »großen Gesundheit« näher ist als das unsere, so ist unser Kind heute unser »guter Wilder zu Hause« (Peter Sloterdijk), der uns Wichtiges zu sagen hat und uns zu den beglückenden Ufern der Einfalt führt. Trotz oder gerade wegen seiner Schwäche weiß das Kind alles besser als wir, es ist nahezu geeignet, Vormund seiner Eltern zu werden. In der heutigen Zeit, in der die »Pädagogik Theologie geworden ist«[8], übertragen wir ihm die Aufgabe, die Erwachsenen zu lehren, schreiben seiner Kindhaftigkeit einen solchen Wert zu, daß sie zur Überlegenheit wird. Das Kind ist uns zugleich Vergangenheit und Zukunft, *das Goldene Zeitalter in kurzen Hosen*.

Es weckt in uns nicht nur die Sehnsucht nach einem zerstörten Garten Eden, es lädt uns allein durch sein Beispiel dazu ein, den matt gewordenen Glanz wiederzuentdecken. Da Größerwerden Rückschritt und Verrat an den Hoffnungen der Jugend bedeutet, muß man das ewige Kind verehren, das in einem schlummert und nur darauf wartet, wiedergeboren zu werden. Je mehr sich jemand der Verantwortung und der Aufgaben, die auf ihm lasten, bewußt wird, desto mehr projiziert er seine verlorene Sorglosigkeit auf den Kleinen, der er einmal war. Dieser magische Zustand ist etwas Absolutes, von dem er ausgeschlossen ist: Reifwerden bedeutet immer ein wenig sterben, seines Ursprungs verlustiggehen. Oscar Wilde brachte diese Feststellung in seinem Buch *Das Bildnis des Dorian Gray* zu Ende des letzten Jahrhunderts in einer phantastischen Darstellung zum Ausdruck: Darin wird Altwerden zur Sünde, zum Verbrechen, und das Altwerden eines Gesichts spiegelt den Verfall der Seele wider.

Früher hielt man die Jugend von den Befleckungen des Alters fern. Heute neigt man eher dazu, die Schrecken des Reifwerdens von ihr abzuwenden, das man für eine Strafe hält. Es gab eine Zeit, in der Kindheit mit Dummheit und Zerbrech-

lichkeit gleichgesetzt wurde, in der man fortwährend aufgerufen war, sein Verhalten zu verbessern, seinen Charakter zu
formen, seine Schrankenlosigkeit zu zügeln. Niemand würde
es heute wagen, vor allem nicht in der Schule, von unseren
kleinen Wildfängen zu behaupten, sie seien ungehobelt. Ihre
kleinsten Albernheiten werden verehrt wie ein aus der Tiefe
geborgener Schatz, eine Fundgrube spontaner Poesie, ihrem
Gekritzel wird eine Aufmerksamkeit geschenkt, die eigentlich nur Meisterwerken gebührt. (Man kennt die zahllosen
pädagogischen Reformen, die nicht dazu da sind, Kinder zu
erziehen – welch ein Sakrileg wäre das – und noch weniger, sie
anzuleiten, sondern ihre freie Rede, ihr »Genie« zu fördern.)
Diese söckchentragenden Vandalen sollen unsere Lehrmeister sein, weil ihnen noch die Erleuchtung des Urbeginns zuteil wird. Davon jedenfalls sind die *Children's Liberationists*
überzeugt, welche die naive Schar der Kinder dazu aufrufen,
sich von der Bevormundung der Erwachsenen zu befreien,
entsprechend den »Menschenrechten des Kindes«[9] ihre
Selbstbestimmung zu fordern. Und auch die noch Radikale-
ren, die Familie und Schule geißeln und für eine mobile Kindheit plädieren, die dem Egoismus ein Ende setzt und die des-
potische Maschinerie der Macht außer Kraft setzt.[10]

His Majesty the Baby

Die Folgen dieser Revolution, die erneut, ganz wie im Mittelalter, nur in umgekehrter Form, die Grenzen zwischen
den Generationen verwischt, kann man noch gar nicht ermessen. In unserer Fürsorge für die Kinder steckt der Wille,
etwas zu erreichen, der Wunsch, eine vollkommene Nach-
kommenschaft aufzuziehen, die bereits im Stadium des In-
die-Hose-Machens zu unserer Freude kleine Wunder vollbringt. Aber mehr als alles andere schätzen wir bei unseren

Kleinen zwei Dinge: Leichtigkeit und Launenhaftigkeit. Die gesegnete Zeit des Kindseins ist ganz und gar sorglos. Das Kind ist für nichts verantwortlich, weil eine fürsorgliche Autorität es unter ihre Fittiche nimmt und schützt. Es ist nicht der Qual der Wahl ausgesetzt, sondern ein Wesen, bei dem alles denkbar und noch nichts realisiert ist, es badet in dem wundervollen Bad des Möglichen. Dieser Zustand vollkommener Verfügbarkeit und freudiger Erwartung dauert jedoch nur kurze Zeit. Wenn ein Mensch heranwächst, zeichnet sich immer deutlicher ein bestimmter Weg ab, und die Erwartungen werden ständig geringer. Aber während einiger Jahre (wenigstens in unseren nach rückwärts gerichteten Illusionen) hat das Kind eine ganze Palette von Möglichkeiten, einen »ersten Morgen der Welt«, der unerdenkliche Schicksale in sich trägt. Uns, die »fertig« sind, scheint es in der Schwebe, ohne feste Umrisse zu sein, es verkörpert für die Menschheit die Hoffnung eines Neuanfangs (weshalb auch so viele Eltern hoffen, ihr eigenes Scheitern durch ihren Nachwuchs wiedergutzumachen).

Was wir ebenfalls bei den kleinen Rackern schätzen, ist ein geheiligter Egoismus, der frei von Gewissensbissen ist, ihr Gefühl, die Gläubiger der Erwachsenen zu sein, die sie ja nicht darum gebeten haben, auf die Welt zu kommen. Der kleine Faun ist durch seine Konstitution den anderen unterlegen, aber er ist ein Herrscher, dem man alles schuldet: »Krankheit, Tod, Verzicht auf Genuß, Einschränkung des eigenen Willens sollen für das Kind nicht gelten«, schreibt Freud und fährt fort: »Die Gesetze der Natur wie der Gesellschaft« sollen »vor ihm haltmachen, es soll wirklich wieder Mittelpunkt und Kern der Schöpfung sein. His Majesty the Baby, wie man sich einst selbst dünkte.«[11] Indem ich das Kind, das König ist und hinter den Falten des reifen Menschen überlebt, befreie, kröne ich mich zum Monarchen und erreiche damit, daß alle meine Wünsche legitim werden, weil sie von mir kommen, ich schreibe meinem Narzißmus absolute Souveränität zu.

Die Überbewertung der ersten Lebensjahre ist deshalb so fragwürdig, weil man dabei weniger das Recht der Kinder im Auge hat als das Recht aller, wie die Kinder zu sein. Das wirkliche Kind ist die Person, die uns an unsere Sterblichkeit erinnert – die Geburt des Kindes, sagte Hegel, ist der Tod der Eltern –, es ist die Person, die eines Tages unseren Platz einnimmt, die uns darauf hinweist, daß wir später einmal nicht mehr da sein werden. Aber die Kindheit als solche zu vergöttern, bedeutet, das Recht für jedermann einzufordern, von sieben bis siebenundsiebzig ohne Verantwortung zu leben, sich für immer in einer gemütlichen Quarantäne einzurichten und niemals den rauhen Planeten der Erwachsenen zu betreten.

Man verstehe mich richtig: Kein Mensch möchte wieder ein Baby werden. Man will vielmehr die Privilegien aller Lebensalter anhäufen, die liebenswerte Frivolität der Jugend und die Autonomie des reifen Menschen. Man wünscht sich das Beste aus beiden Welten. (Den Status eines Menschen in der Pubertät möchte man nicht haben, denn diese ist ein Krisenmodell, eine Umwandlung der Identität, während ein Baby volle Entfaltung und inneres Gleichgewicht ausstrahlt.) Wir preisen weniger das Kindhafte als das Infantile, erheben als Entschädigung für die Härten des Lebens[12] die Regression zur Lebensweise. Und da es Kindheit nur in der Unbewußtheit seiner selbst geben kann, dem »Nichtwissen[13], ist das Kindspielen bei Erwachsenen nichts anderes als dummes Grimassenschneiden. Sie wollen dabei zugleich wissend und naiv, stark und unreflektiert sein. Wir sagen nicht mehr wie Dostojewski, daß die Kinder ohne Sünde »existieren, um unsere Herzen anzurühren, sie zu reinigen«, sondern, daß sie uns den Weg zeigen, daß sie bei unbesonnenen, spontanen Anwandlungen und launischen Einfällen unsere Anführer sind.

Alles Menschliche läßt sich in dieser ursprünglichen Verzükkung zusammenfassen: sich daraus zu entfernen bedeutet, das Exil kennenzulernen, weitab vom wahren Leben. Wir sind die Überlebenden unserer ersten Tugend, wir trauern um das kleine Wesen, das wir einmal waren, und wir werden alt, ohne erwachsen zu werden.

Vom Kind als Bürger zum Kindbürger

Neustes Symptom dieser Entwicklung: zu erklären wie die UNO am 20.November 1989, daß das Kind als Mensch zu betrachten ist, ein Bürger mit allen Rechten. Und daß man es, wenn man es wegen seines Alters als Minderjährigen behandelt, in gleicher Weise diskriminiert wie Schwarze, Juden oder Frauen. Über diese Kampagne, die damals in Frankreich die Familienministerin Hélène Dorlhac ausgelöst hat, ist alles gesagt worden: daß es sich dabei trotz des guten Willens des Gesetzgebers um ein Danaergeschenk für die Kinder handelt, die dadurch an Armen und Beinen gefesselt und jeglicher Manipulation ausgeliefert werden; daß man nicht ohne Demagogie erklären kann, der Status des Minderjährigen und die Inanspruchnahme aller Rechte gingen Hand in Hand. Zum einen ist letzteres nur bei Rechtsmündigkeit möglich, zum andern steckt in diesem neuen Ansatz die Gefahr, daß Erzieher und Eltern von ihren Verpflichtungen befreit werden.[14] Von unserem Standpunkt aus ist diese Konvention der UNO aufschlußreich für die Art und Weise, in der Erwachsene ihre Wünsche auf die Kleinen projizieren. Zu behaupten, wie es hier geschieht, daß die Gören schon erwachsen sind und sie nur die Körpergröße von den Älteren unterscheidet, bedeutet implizit, daß die Erwachsenen nichts als in die Höhe geschossene Kinder sind, daß alles gänzlich umgekehrt werden kann. Dem Kind wird eine Weisheit, eine Vernunft zuerkannt, die man selbst nicht mehr haben will, es wird ihm eine Verantwortung übertragen, die es erdrückt. Es kann unmöglich die Verantwortung für sich selbst übernehmen, damit wir diese Last loswerden. Bei der infantilen Regression ist immer eine Person zuviel da, und diese ist das Kind selbst, das Anspruch auf Privilegien hat, die wir für uns haben wollen, und die es auf unsere Kosten zu usurpieren scheint. Das Kind ist schuldig, weil es seine Kindheit für sich in Anspruch nimmt, anstatt sie uns zu überlassen. Was gefordert wird, ist weniger die Anerkennung des kleinen Menschen als eigenständiges Wesen als das Recht aller auf Vermischung der Lebensalter.[15] Vom Kind als Bürger zum Kindbürger: in diesem Positionswechsel geht es um das Schicksal des Individuums von heute. Indem wir unseren kleinen Engeln Weisheit, Unterscheidungsvermögen und richtiges Augenmaß zuerkennen, entlasten wir uns von den Verpflichtungen ihnen gegenüber.

Diese Mentalität entspricht dem Luxus, den wir in den reichen Ländern genießen. Das Alter verdammt uns nicht mehr. Es gibt keine Schwelle, jenseits derer der Mensch nicht mehr zu brauchen wäre, und man kann heute mit 50 oder 60 sein Leben neu anfangen, sein Schicksal bis zum letzten Augenblick neu bestimmen, die Ungnade der Pensionierung wiedergutmachen, welche Leute, die geistig und körperlich noch in guter Verfassung sind, wie Ausschußware behandelt. Altwerden bedeute, sich nach und nach aus der äußeren Erscheinung zurückziehen, meinte Goethe. Es ist äußerst positiv, daß sich heutzutage Männer und Frauen in großer Zahl nicht mehr aus dem Leben zurückziehen, sondern bei relativ guter Gesundheit bleiben und dabei nicht diskriminiert werden wollen.

Diese Verbesserung der Lebensumstände findet in einer Gesellschaft statt, in der, wie in Frankreich im Jahre 2000, die über sechzigjährigen 27% der Bevölkerung ausmachen werden. Es bildet sich eine Bewegung unter den Menschen des dritten Alters, die sich, durch ihre Kaufkraft stark, zu Lobbys zusammenschließen und gegen Ausgeschlossenwerden, gegen das allmähliche Nachlassen ihrer Körperkraft und für ihr Recht auf Vergnügen kämpfen. Dies ist ein immenser Fortschritt, denn diesem Willen, in vollen Zügen zu leben, entspricht eine Verschiebung der Schwelle zum Greisenalter (das vor zwei Jahrhunderten mit 35 begann!). In den kommenden Jahren wird man mit Spannung beobachten, ob sich diese Bewegung nach dem infantilen Modell der Beanspruchung und Reklamation richtet, ob die Sechzigjährigen einmal die letzte Kategorie der von der Gesellschaft verhätschelten Kinder bilden, oder ob sie im Gegenteil, durch ihren legitimen Willen nach Anerkennung bestärkt, versuchen, ein anderes System zu erarbeiten, das auf Würde, Heiterkeit und der Weitergabe von Erinnerungen beruht.[16]

Als erstes Recht sollte einem Kind zuteil werden, gegen Gewalt, Willkür und manchmal auch die Grausamkeit der Größeren geschützt zu sein. Aber es ist auch ein widersprüchliches Recht, einerseits in seiner Art und Sorglosigkeit respektiert und andererseits mit den Mitteln ausgestattet zu werden, nach und nach aus diesem Zustand herauszuwachsen. Wenn man es »zur Freiheit hin reif werden lassen will«, wie Kant im Hinblick auf das Volk sagte, muß man es aufklären und unterrichten und nicht sinnloser Untätigkeit überlassen. Daher ist es gefährlich, die Schutzbereiche (Schule, Familie, Institutionen) zu zerstören, mit deren Hilfe es langsam lernt, das Chaos des Lebens zu beherrschen.[17] Es ist unerläßlich, es zur Verantwortlichkeit zu erziehen, indem man ihm Aufgaben stellt, die es meistern kann, indem man es nach und nach auffordert, immer größere Bereiche selbst zu übernehmen. (Nicht, indem man es bittet, die Erwachsenen nachzuahmen, indem man Kinder in Klausur gehen läßt, damit sie Parlament spielen, oder sie sich als Journalisten verkleiden läßt, damit sie irgendwelche Persönlichkeiten interviewen.

Unsere Zeit begünstigt nur eine Beziehung zwischen den Lebensaltern: gegenseitiges Nachmachen. Wir äffen unsere Kinder nach, und sie kopieren uns.) Natürlich muß man einem Minderjährigen, wann immer es möglich ist, Gelegenheit geben, Verantwortung für das, was er tut, zu übernehmen, damit er einen bestimmten Bereich für sich hat, und auf seine Fortschritte oder sein Scheitern angemessen reagieren.[18] Darin besteht das Paradoxe der Erziehung: den kleinen Menschen zur Freiheit fähig machen durch den Gehorsam gegenüber Erwachsenen, die ihm helfen, ohne fremden Beistand auszukommen, und ihn bei seiner fortschreitenden Emanzipation begleiten. In der Erziehung ist Autorität der Boden, auf den sich das Kind stützt, auf dem es sich bewegt, um sich schließlich von ihm zu lösen, und der ideale Lehrer ist der, der es lehrt, den Lehrer zu töten (dabei sind viele Erzieher versucht, ihre Macht zu mißbrauchen, empfinden Vergnügen daran, leicht beeinflußbare Seelen zu beherrschen, von denen sie behaupten, sie seien unfähig zur Reife, damit sie sie besser dominieren können). Die Kindheit ist eine Welt für sich, ein perfekter Zustand, dem es an nichts fehlt, der uns manchmal bis ins Innerste anrührt. Wir weinen vor Bewunderung und Rührung, wenn wir das Volk der Kleinen betrachten, und wir weigern uns, durch unsere Lektionen und Anweisungen dieses menschgewordene Wunder zu verändern. Oft wirken die Erwachsenen neben ihm ungeschickt, häßlich, unvollkommen. Da aber die »Unschuld dazu da ist, verloren zu gehen« (V. Jankelevitch), ist es auch wichtig, in jedem Kind den sich entwickelnden Menschen zu respektieren, den man bei der Ausbildung seines Charakters und seines Verstands unterstützen muß. Jeder Zwang, der den Geist schärft und ihn dazu bringt, sich im Rahmen bestimmter Regeln zu entfalten, ist keine Unterdrückung, oder, um genauer zu sein, der Zwang ist die eigentliche Bedingung der Freiheit.

Das Kind kann nicht für sich selbst sprechen und wird zur

Beute derer, die es an seiner Stelle tun. In seiner geheimnisvollen Reinheit legitimiert es die radikalsten Utopien ebenso wie die konservativsten, es repräsentiert die Reinheit ebenso wie das Böse, Auflehnung ebenso wie Gelehrigkeit. Es ist *jenes Geheimnis im hellen Licht*, dem wir Altäre und Scheiterhaufen errichten, das wir als Engel oder Dämon verkleiden, und unsere Gesellschaft schwankt dabei zwischen Laxheit und autoritärer Strenge, zwischen Lässigkeit und Erziehunganstalt, Zuckerbrot und Peitsche. Sie idealisiert das Kind in dem Maß, in dem sie es verteufelt und umgekehrt. Und welches Beispiel für die Verschmelzung von Infantilem und Opferlamm ist die jüngst erfolgte Erhebung des Fötus zum Rechtsmündigen, jenes neue Alibi für amerikanische und europäische Konservative und den Vatikan. Der Fötus: die absolute Unschuld in Verbindung mit der äußersten Entblößung, Archetyp der Zerbrechlichkeit und der Schwäche, eine Seele, der man die Privilegien der Inkarnation verweigern wollte. Anstatt daß der kleine Mensch, wie Hannah Arendt gesehen hat, derjenige ist, der durch seine Geburt Neues in die Welt bringt und der Menschheit die Chance eines Neubeginns bietet, hat er nur die Aufgabe, in dem idyllischen Bild, das wir von ihm zeichnen, die Kindheit als Legende zu bestätigen. Es ist wahr, daß wir in dieser Legende vor allem das Bild dessen zeichnen, was wir gern sein würden: körperlich kräftige Erwachsene, die im übrigen alle Privilegien der Minderjährigen genießen. Wesen, die Rechte haben, aber keine Pflichten und keine Verantwortung.

Es ist schwer, erwachsen zu sein

In unserer Gesellschaft gibt es zahlreiche Anzeichen für einen allgemeinen Verjüngungswillen, ein allgemeines Zurückgleiten zu Wiege und Rassel: viele erfolgreiche Filme haben Säug-

linge zu Hauptpersonen, die schon Helden sind, bevor sie
Milchzähne haben, Babys als Mannequins, junge Idole, die
mit sieben bereits Multimillionäre sind, launisch und affek-
tiert wie alte Stars (es ist bekannt, wie sehr das amerikanische
Kino von Shirley Temple bis Jody Foster Stars in Spiel-
höschen liebt, die in einem Alter über die Leinwand laufen, in
dem andere noch am Dauerlutscher nuckeln), Miniatursänger
von vier Jahren, der Homunkulus, der zum Publikums-
liebling wird und stotternd seinen Lebensüberdruß zum
Ausdruck bringt: »Es ist schwer, sehr schwer, ein Baby zu
sein.«[19] Dieser Einbruch der Kinder in die Rock- und Varie-
tészene, das Kino, die früher Jugendlichen vorbehalten waren, diese Blüte von Akteuren und Schnulzensängern erreicht
massenhaft jedes Publikum. Allenthalben überbieten sich
Knirpse an Affektiertheit, um unsere Herzen zu rühren. Die
Babys sind in Kleinformat die Götter unseres Universums,
und sie haben die Teenager entthront, die noch gerade gut
genug für die Rente sind. Der Imperialismus des Kleinkinds
kennt keine Grenzen mehr, die kleinen Herren und Damen
beherrschen uns in Sabberlätzchen und Windeln.

Die Erwachsenen säumen nicht, in die Kindheit zurückzu-
fallen, die Uhren rückwärts zu stellen, das Geschehen umzukehren wie die Finger eines Handschuhs. Einer der Mythen
von heute ist der amerikanische Popstar Michael Jackson, der
alles darauf anlegt, ein Engel zu werden, ein Mensch vor dem
Sündenfall. Er arbeitet heftig daran, den doppelten Fluch des
Alters und der Rasse zu entfernen (man denkt dabei an eine
seltsame Kreatur, irgendwo zwischen Bambi und Dracula).
Dieser wahnwitzige, an Faust erinnernde Verjüngungsver-
such des Sängers bringt zum Ausdruck, wie sehr die Menschen heute auf ewige Jugend aus sind, wie groß ihre Sehnsucht nach Unsterblichkeit ist. »Bald ist Schluß mit dem
Altern«, titelt eine Illustrierte.[20] Eine unglaubliche Nachricht.
Wenn das Altwerden schon nicht mehr eine Zeitfrage ist,

wenn es möglich ist, nicht nur die Falten verschwinden zu lassen, die Figur zu verbessern, Haare zu implantieren, die Vergreisung aufzuhalten, vor allem aber, die biologische Uhr zurückzustellen, dann müßte demnächst auch der letzte Feind, der Tod, besiegt sein. Alle Definitionen von normal und pathologisch werden umgekehrt: Nicht krank sein ist noch das geringste. Man muß uns zuerst von jener tödlichen Krankheit heilen, die Leben heißt, da dies eines Tages zu Ende ist. Man unterscheidet nicht mehr zwischen den Dingen, die gemildert werden können – Aufhalten des körperlichen Verfalls, Verlängerung des Lebens – und dem Unvermeidlichen, der Endlichkeit und dem Tod. Dieser ist nicht mehr das normale Ende eines Lebens, sozusagen die Bedingung dafür, daß es das Leben gibt, sondern ein Scheitern der Therapien, die vor allem anderen verbessert werden müssen. Die Maschinen und die Wissenschaft behaupten, sie befreien uns von Zwängen und Mühsal; nun wollen wir uns vom Werden freimachen. Die Moderne gaukelt uns die baldige Möglichkeit einer Beherrschung des Lebens vor, das Vordringen zu einer »zweiten Schöpfung«, die nicht mehr von den Zufällen der Natur abhängig ist. Nicht, daß wir sie anstreben, erscheint uns irrig, wohl aber die Tatsache, daß sie durch diverse Hindernisse erst so spät realisiert werden kann.

Das aberwitzige Streben nach Verantwortungslosigkeit zeigt sich auf prosaischere Weise im Fernsehen oder im Radio am Überhandnehmen von schlechtem Niveau (Witzen über Körperteile, schlüpfrigem Humor, dummen Sprüchen und Pennälerwitzen, nicht zu vergessen die in manchen Sendungen auftretenden, als Schüler und Babys verkleideten Figuren, die erotische Ratschläge erteilen, indem sie an Brustwarzen oder Babyflaschen nuckeln). Es ist, als sollten die Zuschauer, von überkandidelten Spaßmachern angeheizt, gemeinsam alle Hemmungen ablegen, ein paar Stunden lang Gewohnheiten und Konventionen vergessen und sich ausgiebig einem glückseligen Schwachsinn hingeben. Wie das zweijährige Kind in dem amerikanischen Film, von dem weiter oben die Rede war, das eine elektromagnetische Ladung abbekommen hat, ein mehrere Meter hoher Riese wird, über Häuser und Gebäude steigt, Wagen und Busse mit seinen kleinen Füßen zertritt und die ganze Stadt tyrannisiert, sind auch wir aus Versehen groß geworden, ohne daß unser Geist mitgewachsen ist, und wir weichen vor keinem Mittel zurück, unsere Kindheit zu verlängern, die durch zu starke Belichtung weiter in uns existiert. Da sich das eigentliche Leben vorher abspielt, verüben wir an uns selbst eine wahre *Verführung Minderjähriger* und wenden den Lauf der Zeit nach rückwärts, zum Land der ewigen Jugend.

Man wird einwenden, daß es sich hierbei um Verrücktheiten handelt, die viel zu grell und auffällig sind, als daß man ihnen Bedeutung zumessen könnte. Damit jedoch solche seltsamen Dinge möglich sind, müssen wir schon so sehr von Infantilismus durchdrungen sein, daß unsere ganze Umgebung von ihm beeinflußt wird und er sich uns mit einer Selbstverständlichkeit präsentiert, die wir gar nicht mehr bemerken. Es ist, als müsse die Kühnheit, in der ersten Person zu sprechen, mit einer furchtbaren Strafe bezahlt werden. Der neue abendländische, nach rückwärts gerichtete Adam zerstört sich genüßlich mit kindlicher Dummheit, Verwöhnung und Albernheit, Hauptsache, er genießt die Wohltaten dieser Zeit ohne die Fesseln, die eigentlich von ihr zu erwarten sind. Die »Kindlichkeit« unserer Gesellschaft hat nichts mit der zu tun, die es in der traditionellen Welt gab, sie ist nachgeahmt und parodistisch, eine Abweichung von der durch Weisheit und Erfahrung gesetzten Norm. Sie hat nichts mit dem Wunsch, den Lauf der Zeit rückwärts zu drehen, zu tun, den Sudhir Kakar in Bezug auf Indien »das unterentwickelte Ich«, nennt: eine psychische Struktur, die bei den Indern als Folge der engen Bindung von Mutter und Kind und der Bindung aller an ihre Kaste und die Götter in der Schwierigkeit zum Ausdruck kommt, selbständig zu werden, sich an neue Situationen anzupassen, sich dem Universum von Hierarchie und Unterwerfung zu entziehen. Es sei noch einmal gesagt: Der Infantilismus im Abendland hat nichts mit der Liebe zur Kindheit zu tun, sondern mit der Suche nach einem Zustand außerhalb von Raum und Zeit, in dem alle Symbole dieses Alters hochgehalten werden, um sich daran zu berauschen. Er ist eine Fälschung, eine fratzenhafte Usurpierung, er verunglimpft die Kindheit ebenso, wie er auf dem Reifsein herumtrampelt und bewirkt eine schädliche Verwirrung zwischen dem Kindlichen und dem Kind. Das Baby wird zur Zukunft des Menschen, wenn der Mensch keine Verantwortung mehr für die Welt und für sich übernehmen will.

Zwei Arten von Kindsein

Entgegen einer allzu oft verbreiteten Vorstellung gibt es keine Menschheit ohne Regression, ohne Geistesschwäche, ohne Gebrabbel, ohne Rückfälle in die Dummheit. Das öde Einerlei des Lebens muß, um erträglich zu sein, mit einer Kindlichkeit gepaart sein, die gegen Ordnung und Ernst rebelliert. Aber mit der Unreife muß man richtig umgehen, es gibt eine Art und Weise, sich so nahe wie möglich an die Freuden der Kindheit zu halten. Dies bewahrt uns vor Verknöcherung und Routine. In jedem Lebensstadium erwarten uns zwei Gefahren: einmal die der Resignation, die sich als Weisheit ausgibt und nichts anderes ist als eine Form der Angst; zum andern die der Karikatur, die uns dazu bringt, die Jugend nachzuahmen, einen ewig jungen Enthusiasmus vorzutäuschen. Wie kann man erwachsen werden, ohne in Resignation, wie kann man sich geistige Frische bewahren, ohne in jugendliche Oberflächlichkeit zu verfallen?

Die begnadeten Augenblicke unseres Lebens, jene wunderbaren Momente, in denen wir in Ekstase geraten, zeigen uns nachdrücklich, daß es in einem Leben zwei Arten von Kindheit geben kann. Die erste endet mit der Pubertät, die zweite wird im Ewachsenenalter spürbar, kurz und heftig, und sie verschwindet, sobald wir versuchen, sie festzuhalten. Diese Form der Kindheit ist eine Art zweiter Unbefangenheit, die wir wiederfinden, nachdem sie verloren war, ein wohltuender Ausbruch, der uns mit neuem Blut versorgt und den Panzer der Gewohnheiten zerbricht. Es gibt eine Art, eine kindliche Haltung einzunehmen, die uns erneuert und vor erstarrtem Leben bewahrt, eine Fähigkeit, das Geistige mit dem Gefühl zusammenzubringen, aus dem Dauerhaften auszubrechen, Unbekanntes anzunehmen, über Selbstverständliches zu staunen. Alle seine Kindheiten durchzuleben, wie Franz von Sales forderte, bedeutet, der Fruchtbarkeit der ersten Jahre nahe zu bleiben, die Grenzen des alten Ich zu überschreiten und es in ein reinigendes Bad zu tauchen. Vielleicht ist das ein gelungenes Leben: ein Leben in Dankbarkeit, das sich in immer neuen Sprüngen vollzieht, in dem die Fähigkeit, neu zu beginnen, stärker ist als der erworbene Charakter und das Bestreben, sich zu bewahren, wie man ist. Ein Leben, in dem nichts starr oder unumkehrbar ist und das, selbst bei einem schweren Schicksal, sich einen spielerischen Freiraum bewahrt, den Freiraum der Freiheit. Dann ist Kindheit kein pathetischer Zufluchtsort mehr, keine Verkleidung, die der alte, gebeugte Erwachsene anlegt, sondern ein zusätzliches Geschenk einer schon entwickelten Existenz, die Möglichkeit, daß jemand, der seinen Weg schon gegangen ist, die Spontaneität und den Zauber der ersten Zeit hier und da wiedererlebt. Dann kann die Kindheit wie eine göttliche Gnade das Gesicht des alten Menschen ebenso zeichnen wie verfrühtes Altern das eines jungen Menschen.

Zwischenstation im Cuculand

Es ist der Lieblingsort einer Pädagogik gegen den Strich, hier sind alle Mythologien einer Epoche versammelt: Disneyland, das Gelobte Land des Affektierten, das Babylon des süßen Sirups. Dieses Wunderland, das seinem Gründer 1955 als »verzauberter Park« vorschwebte, »in dem sich Erwachsene und Kinder gemeinsam vergnügen können«, ist eine Insel, zu der wir aufbrechen, um uns von unserer Mühsal zu befreien. Diese Ansammlung von Wundern ist wie ein Freiraum innerhalb dieser Welt, und wir betreten ihn mit einem Paß, der das Überschreiten einer Grenze symbolisiert. Alles ist darauf abgestellt, uns dem normalen Ablauf der Dinge zu entreißen: Die Angehörigen des Personals, auf englisch *cast members* genannt, als seien sie Schauspieler in einem Stück, in dem auch wir mitwirken, haben nur Vornamen und müssen immer lächeln, stets guter Laune sein, Grundbedingungen in diesem Reich, das zum Glücklichsein verpflichtet. Hier hat niemand einen bürgerlichen Stand wie in der traditionellen Gesellschaft, wir sind im Land Nirgendwo, in einem Zwischenraum des Jahrhunderts, in dem alle Menschen gleichermaßen in Seligkeit schwimmen.

Auf dem Disney-Planeten sind in Miniatur alle Kontinente, Klimazonen und Landschaften der Erde dargestellt (allerdings dominiert der Stil Amerikas, seiner Landschaften, seiner Geschichte). Ohne Übergang gelangt man von der Frühgeschichte zur Raumfahrt, vom Land der Indianer und Trapper zum Dornröschenschloß, von der Pirateninsel in eine futuristische Stadt, und das alles auf einem Hintergrund von Kirchtürmen, Minaretts, Schloßdächern, Zwiebel- und Glokkentürmen. Ein geschicktes Arrangement, zusammengestellt aus Jahrhunderten, Religionen und Gebräuchen, bei dem alle Unterschiede zwischen Menschen beseitigt werden. Geschickt bietet Disneyland der Welt Epochen und Kulturen dar, die in diesem Land des Wohlwollens in bestem Einvernehmen nebeneinander existieren. Auf den Zelten der Rothäute wie auf dem Haus von Aschenputtel finden sich dieselben Ocker,- Rosa- und Pastelltöne, die die künstlichen Gegenden mit immer derselben süßlichen und anbiedernden Patina versehen und Einheitlichkeit in der Diversität schaffen. In dieser kindlichen Enzyklopädie der Weltgeschichte (in der sogar die Natur neu arrangiert wird) können weit zurückliegende Jahrhunderte und entfernte Nationen auftauchen, denen jedoch alles fehlt, was beunruhigt. Ein beseligendes Potpourri, zusammengestellt nach dem Gesetz der Sterilität. Es führt einen falschen Duft vergangener Epochen vor und zeigt nicht, wie sie wirklich waren.

Die Versüßlichung im *Fantasyland* erreicht ihren Höhepunkt in der Attraktion »Eine ganz kleine Welt«, eine Hymne an die Zartheit der Kinder und des Planeten. Es handelt sich um eine Kreuzfahrt in Kähnen auf einem unterirdischen Fluß, und an beiden Ufern stehen Puppen in Nationaltracht, die in einem Dekor, das ihr Heimatland darstellt, Lieder und Tänze vortragen, die einem schnell auf den Geist gehen. So zieht die afrikanische Savanne vorbei, der Eiffelturm, der Big Ben, das Taj Mahal, alles in reinstem Kosmopolitismus, der wie ein billiger Tourismusprospekt wirkt. Daß es sich um eine Ansammlung von Klischees handelt, hat dabei keinerlei Bedeutung. Das Wesentliche liegt darin, die mögliche Ge-

walttätigkeit der in fernen Landen praktizierten Sitten zu ver-
bannen, es kommt darauf an, dem Fremden zu huldigen,
ohne daß es fremd erscheint. (In den USA ist das Nettsein, die
ein wenig süßliche Freundlichkeit das erzwungene Gegenge-
wicht zu der Orgie der Brutalität und Gewalt, die ständig in
den Fernsehprogrammen ausbricht. Im täglichen Leben begleitet Sentimentalität Wildheit, als sei sie ihr zweites Ich.)
Die Piraten aus der Karibik können sich ruhig mit Rum be-
saufen, brüllen, schlemmen und aufeinander mit dem Säbel
losgehen (es sind Audio-Animateure, Automaten von großer
Einfallskraft, die aussehen wie Menschen, Tiere oder Pflanzen), ihre Schreie stören nicht weiter, es fällt schwer, sie ernst
zu nehmen. Disney führt das Böse vor, um es besser zu neutralisieren, verkleinert den Globus auf die Größe eines wun-
dersamen Spielzeugs, und so wird ihm alles Beunruhigende
und Gefährliche genommen. Rassen, Zivilisationen, Religionen und Populationen können gefahrlos nebeneinander leben, da sie vorher neutralisiert, von allen Ecken und Kanten
befreit worden sind, so daß ihnen nur noch das Folkloristi-
sche bleibt. Diese Unterschiede, eigentlich eine Quelle von
Streitigkeiten, haben keine Bedeutung mehr und sind kein
Hindernis für den großen Strom der Sympathie und Güte,
der hier überall fließt. Die Außenwelt wird durch den nach
Themen geordneten Park gnadenlos verdrängt und ist nichts
anderes mehr als bedeutungsloser Schmutz, Abfall, denn sie
hat jetzt einen Ersatz, in dem Tod, Krankheit und Bosheit
aufgehoben sind.

Die Verführung des Kitsches

Auf den ersten Blick könnte man unser Zauberreich für den
Höhepunkt aller Märchen halten. Man begegnet dort ver-
trauten Personen, die mit den Gestalten von Walt Disney ge-

mischt sind. Sie alle sind da, als kämen sie gerade aus einem
Zeichentrickfilm oder den Seiten eines Buches: Sie kommen
uns entgegen, wir machen ein paar Tanzschritte mit ihnen,
wir lachen mit Bambi, Jumbo, dem fliegenden Elefanten oder
den sieben Zwergen, wir können uns sogar wie sie kleiden,
ein Paar Ohren tragen wie Mickey, uns für ein paar Stunden
als Märchenhelden verkleiden. Aber diese Vertrautheit trügt,
und man ist hier vom klassischen europäischen Märchen
ebensoweit entfernt wie vom ersten Walt Disney, der früher
spöttischer und beißender war. Wenn hier Gespenster, böse
Königinnen und Totenköpfe auftauchen, dann nur als Zugeständnisse an die Welt unserer Legenden: Sie ziehen die gute
Laune niemals in Zweifel. Es regiert allein die optimistische
Logik des happy ends. Pinocchio, Schneewittchen, der ver-
rückte Hutmacher, die Katze von Chester, sie alle haben ihre
Gestalt, aber sie haben sich von den Geschichten der Grimm,
Caroll, Perrault und Collodi, die ihnen einen Sinn und eine
Form gaben, ganz gelöst. Das Märchen bedeutet, wie Bruno
Bettelheim gezeigt hat, den Übergang von erlebter Angst zu
überwundener Angst mit Hilfe einer Geschichte, in der dem
Kind die eigenen Komplexe und uneingestandenen Neigun-
gen vor Augen geführt werden.[21] Es ist ein Führer, der
Wunschvorstellungen und Ambivalenz zu einer sinnvollen
Auflösung führt. Insofern hat es durchaus eine erzieherische
Funktion, denn es zähmt das innere Chaos, ungeachtet der
Gewalt, die es entfaltet und die viele Pädagogen verschreckt
hat.

   Im magischen Land von Mickey kommt so etwas nicht vor.
Hier ist alles glatt, sauber, tadellos, jeglicher erzählerische Zusammenhang ist vergessen, die Geschichte gerät aus den Fu-
gen, ist nur noch eine Folge von Attraktionen, die zu kleinen
Komödien, Bildchen, zufällig hingeworfenen Episoden werden. Diese Geschichten kann man nur noch konsumieren
und anschauen, aber nicht mehr erzählen. Den Disneys ist es

durch diese Art der Darstellung gelungen, alle Mythologien der Kindheit zu recyclen und miteinander zu vermengen, von *Geschichten aus 1001 Nacht* bis zu *Lancelot, dem Ritter*. In diesem Gemisch der europäischen und orientalischen Bilder geht ihre Ambiguität, aber auch ihr Zauber verloren.

Das riesige Gelände von Disneyland ist weniger eine Huldigung an die Kindheit als an all jene Zeichen und Äußerlichkeiten, mit der man sie versehen hat, weniger das Kindliche als das Kindische. Dieses pharaonische Gebäude ist ganz und gar der modernen Gottheit gewidmet, »dem transzendentalen Cucul« (Witold Gombrowicz), dem Süßlichen, dem Gebrabbel, aus dem jedes störende Element ausgeschlossen ist. Von der freudschen Tradition wird hier abgewichen: Die Kindheit ist nicht mehr vielgestaltig, sondern entsexualisiert, sie ist in übertriebenem Maße gut, so wie sie sich die Erwachsenen gern vorstellen, ein Spiegel ihrer eigenen Träume. Das Kind selbst findet sich darin wieder wie in einer idealisierten Version seiner eigenen Welt, weil alles Störende gründlich ausgemerzt wurde: Was man hier genießt, ist eine synthetische Kindheit, eingefroren und starr. Alles erscheint wie ein Initiationsweg, aber diese Initiation dient zu nichts anderem, als Welt und Dinge sanft und zart zu machen. Alles ist ausschließlich dazu da, die grausame Welt der Menschen und ihrer Leidenschaften fernzuhalten. Die schwierigen Passagen sind aus dem Entwicklungsroman gestrichen.

Und dennoch funktioniert die Magie: trotz all dieser singenden Puppen, der animierten Kunstgestalten, der Kulissen aus Pappmaché, der abgeschmackten Melodien, die sich schließlich doch im Ohr festsetzen. Nicht nur die kleinen erstaunlichen Erfindungen (etwa der Ball der Gespenster als Hologramm im verzauberten Haus), die architektonischen Leistungen, die Vielzahl der Spezialeffekte heben das Disney-Unternehmen weit über alle Konkurrenten hinaus. Kitsch erhält etwas höchst Verführerisches, wenn er mit Kindheit gepaart wird, eine Art schwindelerregender Verdoppelung, eine Anziehungskraft aus Dummheit und Zuckersachen, vor der Kulisse eines großen Kinderzimmers. Seit Flaubert wissen wir, daß die Dummheit eine der Formen des Unendlichen ist. Und schlechter Geschmack kann zu einer Art Geheimlehre werden, wenn er mit dem Süßlichen, Netten zusammengebracht wird. Diese weichliche Sentimentalität versöhnt alle Altersstufen miteinander: Sie gibt Sicherheit, besänftigt, bildet eine starke Mauer gegen die Angriffe der Wirklichkeit. Die Welt und die Geschichte zu disneylandisieren bedeutet, sie mit Zucker zu überziehen, um sie zu tarnen.

Der Exzeß an Zuvorkommenheit und Verzärtelung erzeugt letzten Endes ein dauerndes Unbehagen, eine nach Ausgleich strebende Lust auf Unvorhergesehenes, Hartes, Auseinandersetzung. Am Schluß erstickt man am Despotismus der Süßlichkeit, die einen mit Lächeln und Wohlwollen überfällt. Man verläßt das Land wie von Langeweile zugekleistert, wie von falscher Freundschaft erschlagen. Damit die Chimäre vollkommen wäre, müßte man den Ort am Schluß in der Gestalt von Pluto, Merlin, Alice oder Donald verlassen. So haben wir ein paar Stunden lang das Elixier der Unschuld gekostet, das uns alle in vorbildliche kleine Jungen und Mädchen verwandelt. Und in diesem honigtriefenden Arkadien, in dem nichts dauerhaft böse ist, endet alles zum besten im ewigen Lächeln von Mickey, dem erstarrten Grinsen der Affektiertheit.

Be yourself

Was bedeutet Erwachsensein im idealen Sinn? Bestimmte Opfer hinzunehmen, auf übertriebene Ansprüche zu verzichten, zu lernen, daß es besser ist, »seine Wünsche als die Weltordnung zu besiegen« (Descartes); die Entdeckung, daß Hindernisse nicht die Leugnung, sondern die Bedingung der Freiheit sind und daß diese, wenn sie nicht auf Widerstand stößt, nur ein Phantom ist, eine eitle Laune, daß Freiheit nur existieren kann, wenn alle sie genießen, wie es ja auch im Gesetz verankert ist. Erwachsensein bedeutet anzuerkennen, daß man sich selbst nie ganz gehört, daß man in gewisser Weise auch den anderen verpflichtet ist, die unseren Anspruch auf Hegemonie erschüttern. Es bedeutet schließlich, daß man sich durch Veränderung weiterentwickeln muß, daß man sich immer in der Auseinandersetzung mit sich selbst weiterentwickelt, gegen das Kind, das man gewesen ist, und daß in dieser Hinsicht alle Erziehung, und sei sie noch so tolerant, eine Bürde ist, die man sich auferlegt, um sich den Wünschen des Augenblicks und der Ignoranz zu entziehen. Mit einem Wort, Erwachsenwerden – soweit dies einem je gelingt – heißt zu lernen, die Grenzen zu erkennen, unsere wahnwitzigen Hoffnungen aufzugeben und daran zu arbeiten, selbständig zu werden, ebenso fähig, sich selbst zu entwerfen, wie von sich selbst zu abstrahieren.

Infantiler Individualismus ist das Gegenteil, *die Utopie, auf das Verzichten verzichten zu können*. Er kennt nur eine Parole: Sei für immer das, was du bist. Laß dich durch keinen Lehrer, durch kein Hindernis beeinträchtigen, vermeide jede unnötige Anstrengung, die dich nicht in deiner Identität mit dir selbst bestärkt, höre nur auf deine Einzigartigkeit! Kümmere dich weder um Reformen, noch um Fortschritt, noch um Verbesserungen: Kultiviere und pflege deine Subjektivität, die nur deshalb vollkommen ist, weil sie dir gehört. Unterdrücke keinerlei Trieb, denn dein Verlangen ist durch nichts zu übertreffen. Alle Leute haben Pflichten, nur du nicht.

Darin besteht die Ambivalenz des *Be yourself*. Um man selbst zu werden, muß das Sein sich vorwärtsbewegen, müssen die Möglichkeiten, die in einem stecken, erneuert werden können. Man kann jetzt noch nicht das sein, was man eines

Tages ist. Nun fordert man uns aber unablässig auf, uns aufzuwerten, ohne Nachdenken, ohne Anstrengung, und die Vorstellung, daß man mit seiner Person zahlen muß, um ein Existenzrecht zu erhalten, ist unwiederbringlich im Schwinden begriffen. Wenn ich mir gehöre, brauche ich mich nur noch ohne Einschränkung selbst zu erhöhen. Der höchste Wert ist nicht mehr etwas, das über mir steht, sondern das, was ich in mir selbst entdecke. Ich »werde« nicht mehr, ich bin in jedem Moment schon alles, was ich sein muß, ich kann ohne Gewissensbisse meinem Gefühl, meinem Verlangen, meinen Wunschträumen folgen. Während Freiheit die Fähigkeit ist, sich von Zwängen loszumachen, verlange ich, sie mir so sehr wie möglich zu eigen zu machen: Ich setze meinen Wünschen keine Grenzen, ich brauche mich nicht mehr zu formen, das heißt, Distanz zwischen mich und mich zu bringen, ich brauche nur meinem Weg zu folgen, der nach unten führt, mit mir selbst zu verschmelzen. Daher die doppelte Bedeutung des Begriffs der Echtheit: einmal in dem Sinn, daß jeder sein eigenes Gesetz ist (Luc Ferry)[22], aber auch in dem Sinn einer Legitimierung seiner selbst allein durch die Tatsache, daß man existiert. Damit wird das eigene Ich zum absoluten Vorbild erklärt. Bloßes Existieren ist ein solches Wunder, daß es uns vor jeder Pflicht und Forderung bewahrt. Was man manchen zeitgenössischen Philosophien des Individuums vorwerfen kann, ist nicht, daß sie es zu sehr hochhalten, sondern daß sie seine Bedeutung nicht hoch genug einschätzen, eine Mangelversion präsentieren und Degenerierung für ein Zeichen von Gesundheit halten. Und schließlich, daß sie vergessen, daß zur Idee des Individuums eine Forderung gehört, ein Ideal, dem man nachstreben muß, und daß es Betrug ist, wenn man das Individuum für vollendet erklärt, wenn es noch gar nicht ganz entfaltet ist.

Ich habe es verdient

Kein Begriff ist reicher und anspornender als der des »Rechts auf«, weil er uns dazu treibt, im Namen dessen, was werden muß, das Bestehende zu kritisieren und vom Staat und seinen Institutionen eine Unzahl an Wohltaten zu fordern, ohne uns dafür rechtfertigen zu müssen. Diese ungenierte Haltung nimmt die Konsumgesellschaft wörtlich und behandelt den Staat wie ein riesiges Füllhorn, auf die Gefahr hin, daß er bald zusammenbricht. Im Wohlfahrtsstaat hat die Wohlfahrt die Würde des Staates zerfressen und abgewertet. Er ist nur noch eine Instanz, die gibt und verteilt, und ihm werden nach und nach zahllose Zugeständnisse abgerungen. Er wurde erfunden, um die Aufgaben nationaler Solidarität auf die Gesamtheit der Nation zu verteilen, aber mittlerweile hat er in jedem die Lust auf öffentliche Unterstützung und endlose Forderungen geweckt. Eigentlich ist er ein unerläßlicher Faktor für den sozialen Frieden, er regt uns jedoch dazu an, unsere Forderungen als immer begründet und Verzicht als unerträglich zu betrachten. Die Ich-habe-es-verdient-Generation hat gesiegt. Ich habe unwiderruflich ein Recht auf alles, wie es bei Michael Josephson heißt. So denkt ein großer Teil der amerikanischen Jugend, die jegliche Art von Normen oder Verpflichtungen ablehnt, welche die Suche nach Erfolg oder Komfort beeinträchtigen könnten.[23] Das Recht, der Wohlfahrtsstaat und die Konsumgesellschaft wetteifern gemeinsam darum, ein gefräßiges, ungeduldiges, auf Glück bedachtes Wesen hervorzubringen. Dieses sieht sich betrogen, wenn das Glück nicht sofort eintritt, und ist überzeugt, ein Recht auf Entschädigung für seinen zerronnenen Traum zu haben. Hier ist der Ort, an dem sich Infantilismus und Viktimisierung begegnen: Beide gehen davon aus, daß man *jegliche Schuldigkeit zurückweisen* soll, beide leugnen, daß man Pflichten hat, beide sind gewiß, bei ihren Zeitgenossen endlosen Kredit zu genießen. Zwei Arten, die eine lächerlich, die andere ernst, sich außerhalb der Welt zu stellen und jegliche Verantwortung von sich zu weisen, zwei Arten, sich dem Lebenskampf zu entziehen, wobei die Viktimisierung nichts anderes ist als eine Form des Infantilismus, nur daß sie dramatischer ist.

So will man alles und das Gegenteil: Diese Gesellschaft soll uns schützen, ohne uns irgend etwas zu verbieten, sie soll uns warmhalten, ohne Zwang auszuüben, soll uns helfen, ohne uns zu behelligen, soll uns in Ruhe lassen, uns aber mit Zuneigung begegnen, kurz, *sie soll für uns da sein, ohne daß wir für sie da sein müssen.* »Laßt mich in Ruhe, kümmert euch um eure eigenen Sachen.« Die Selbstgenügsamkeit, mit der wir prahlen, ist der eines Kindes ähnlich, das es sich unter dem Schutz einer immer präsenten und fürsorgenden Mutter wohl sein läßt, die es gar nicht mehr wahrnimmt, weil sie es völlig zudeckt. Wir bewegen uns im Kreis der anderen, als wären wir allein, wir leben mit der falschen Vorstellung von einer Welt, in der der andere nur da ist, um mir zu helfen, ohne daß ich ihm deshalb verpflichtet wäre. Man nimmt von der Gemeinschaft, was einem gefällt, aber eigene Hilfe versagt man ihr. Wenn das Lustprinzip, also der Wille, nur das zu tun, was einem behagt, zur absoluten Norm erhoben wird, schwächt es uns und verkommt zu mittelmäßigem Hedonismus, zu Fatalismus. Es tritt damit weniger in Gegensatz zum Realitätsprinzip als zum Freiheitsprinzip, der Fähigkeit, sich dem Lauf der Dinge nicht zu unterwerfen, ihn nicht gutzuheißen. Wenn die Laune regiert, wenn sie grenzenlos wirksam ist, wird nicht nur das Prinzip des Andersseins zerstört, sondern auch die Grundlagen des Individuums. Anders gesagt ein gewisser zügelloser Individualismus widerspricht dem eigenen Prinzip und bereitet seine eigene Niederlage vor.

Von alten Bengeln und jungen Greisen

Was ist die Generation der 60er Jahre? Die, welche die Jugend so sehr vergöttert hat, daß sie »Trau keinem über Dreißig« zu ihrer Parole machte. Sie hat die theoretischen Grundlagen für das Ende des Autoritätsglaubens gelegt und das Ende der Macht der Väter beschworen. Sie hat auch alle Regeln und Tabus im Namen der Allmacht der Lust in der Überzeugung hinweggefegt, daß unsere Leidenschaften, selbst die unschicklichsten, unschuldig seien und daß ihre endlose Vermehrung, die Leugnung von Angst und Schuld bedeute, der Fröhlichkeit, der großen Freude am nächsten zu kommen.

Man kann nicht oft genug sagen, daß diese Jahre trotz eines gewissen Vergnügungsterrorismus, der manchmal fast so beklemmend war wie der Puritanismus, eine Zeit der Euphorie und Leichtigkeit waren. Damals galt keine Krankheit als unheilbar, keine Verrücktheit der Sinne, keine erotische Phantasie als gefährlich, und man wartete auf den Abend, um lange Nächte in heißer Umarmung zu verbringen. Die Koalition zwischen dem in der Nachkriegszeit erworbenen Reichtum und dem Wohlfahrtsstaat sicherte der jungen Generation den Status ernstgenommener Protestierer und verwöhnter übermütiger Kinder und gab all ihren Launen eine subversive Färbung. Alle waren berauscht von der Idee, die alte autoritäre Ordnung umzustoßen, zumal die Mauern des Verbotenen, die ohnehin schon bröckelig waren, fast ohne Kampf einstürzten. Eine glückliche Zeit, in der man, ohne rot zu werden, sagen konnte: Je mehr Sex, desto revolutionärer! Links zu sein, das war bis auf wenige Ausnahmen nur eine frische und lebhafte Form, sich für reine Ideen einzusetzen, ohne sich um Menschen oder Ursachen zu kümmern. Mit extremistischen Doktrinen und radikalen Slogans zu spielen und in Paris, Berlin oder San Francisco Phantome heraufzubeschwören, die Proletariat, Dritte Welt oder Revolution hießen, bedeutete meistens nur ein unbeschwertes Spiel ohne jede Tragik, es war eine Möglichkeit, seine eigene kleine Lebensgeschichte in einen bedeutenden Zusammenhang zu stellen. Der Übergang von der radikalen Linken zum Konformismus der 80er Jahre war weniger ein Infragestellen des vorherigen als seine Fortsetzung: Niemand trauerte wirklich um die leicht dahergesagten Ideale. Unter der bleischweren Zunge der Ideologie klang eine andere Musik mit: das Auftauchen des Individuums in einem demokratischen Universum. Das »Alles ist politisch« war nichts als eine rhetorische Anleihe, um besser über sich selbst reden zu können. Wie soll man sich wundern, daß in diesem Klima der Verzückung große künstlerische Kreativität gedieh (vor allem auf dem Gebiet der Musik), während die heutige Jugend sich oft damit zufriedengibt, das Alte zu wiederholen oder zu plagiieren?

Aber jene nachgiebige Generation wollte ihren Kindern ja nichts weitergeben außer der Zurückweisung der Autorität, gepaart mit Willkür. Die ungewollten Kinder des Baby-Booms machten aus ihrer Zurückhaltung ein Dogma, aus ihrer Gleichgültigkeit eine Tugend, aus ihrem Rücktritt ein Nonplusultra der liberalen Pädagogik. Sieg der Väter, die Freunde, und der Mütter, die Freundinnen ihrer Kinder waren, die jeden Unterschied zwischen sich und ihren Abkömmlingen leugneten und ihnen ein Credo vermittelten, nach dem alles erlaubt war: Tu, was dir gefällt! Deshalb haben die »jugendlichen Erwachsenen«(Edgar Morin) ihre Kleinen nicht auf die Aufgaben vorbereitet, die sie erwarteten, und geglaubt, eine neue Menschheit wachse heran. In Wahrheit aber haben sie furchtsame, unbeholfene Wesen hervorgebracht, die oft vom Konservatismus angezogen werden, um ihr Sich-selbst-überlassen-sein zu kompensieren. Daher kommt auch bei ihren Kindern dieser Wunsch nach Ordnung, moralischer Strenge, die oft nur oberflächlich ist, das Bedürfnis nach Anhaltspunkten um jeden Preis. Daher kommen auch die gealterten Jugendlichen, die bis in die Dreißiger bei ihren Eltern herumhängen, sich in der elterlichen Wohnung einnisten und oft ihre Eltern darum bitten, ihnen dabei zu helfen, sich gegen sie aufzulehnen (ein pathetischer Wunsch, der an die Entrüstung Marcuses angesichts der bürgerlichen Gesellschaft erinnert, die er beschuldigte, nicht repressiv genug zu sein). Die Wahrheit, nach der jede Generation den symbolischen Mord an der vorherigen begehen muß, um leben zu können, haben die meisten Jungen und Mädchen von heute nicht erfahren können. Sie haben alles erhalten, aber nicht erobert. Das Drama einer zu liberalen Erziehung ohne Verbote und Einschränkungen besteht darin, daß sie keine Erziehung ist.

Seltsamer Rollentausch bei den modernen Familien von heute, in denen die jungen Alten von ihren Peter-Pan-Eltern fordern, sich endlich ihrem Alter und ihrer Verantwortung gemäß zu verhalten. Aber die Kinder des Baby-Booms sind beleibt, kahlköpfig und kurzsichtig, meistens etabliert und hängen immer noch ihren Chimären nach; sie bleiben Bengel bis zum Grabe, Seite an Seite mit verwöhnten Jugendlichen, die früh altern und wissen, daß ihre Eltern, die sich weigerten, erwachsen zu werden, ihnen ihre Jugend gestohlen haben.

Anmerkungen:

1 So erzählt Victor Hugo in seinem außergewöhnlichen Roman *Der lachende Mann*, Berlin 1869.

2 Philippe Ariès, *Geschichte der Kindheit*, München 1978.

3 Auch hier verweise ich auf den brillanten Text von Jean Starobinski in: J. J. Rousseau, *La Transparence et l'obstacle*, S. 20 und 319, und auf Peter Sloterdijk, *Kritik der zynischen Vernunft*.

4 Dieser Bericht, eine Mischung aus Klagen und Begeisterung, ist zu finden in dem Band *Oviri, écrits d'un sauvage*, Paris 1972, hrsg. und mit Kommentaren versehen von Daniel Guérin.

5 Zu Michelet s. Roland Barthes, *Oeuvres complètes*, Paris 1993, Bd. I, S. 459.

6 Paul Claudel, Vorwort zu *24 Poésies complètes*, Paris 1960.

7 Pascal Bruckner, *Le Sanglot de l'homme blanc*, op. cit, S. 223ff.

8 Jean-Baptiste Pontalis, »L'Enfance«, in: *Nouvelle revue de psychanalyse*, Paris 1979.

9 Vgl. zu diesem Thema Irène Thérys Kapitel über die neuen Rechte des Kindes in *Le Démariage*, Paris 1993, insb. S. 342-243.

10 Diese These vertreten René Scherer und Guy Hocquenghem in einem seltsamen und schönen Buch, in dem fourieristische Inspiration mit einem Lob der Pädophilie gepaart ist, *Co-Ire*, Paris 1976.

11 Sigmund Freud, *Einführung in den Narzißmus*, Studienausgabe, Bd. III, Frankfurt am Main, 1974, S. 57. Freud spricht hier vom Standpunkt der Eltern, die ihren Narzißmus auf ihre Kinder projizieren.

12 Zum Elend des Ich und der infantilen Versuchung lese man den Aufsatz von Conrad Stein »Majesté et détresse« in: *Pédiatrie et psychanalyse*, hrsg. von Danielle Brun, 1992.

13 »Es ist das gemeinsame Schicksal der Kindheit und der Unschuld, daß es sie nur in der Rückschau gibt. Im Augenblick ist die Jugend substantiell und ontisch jung; an dieser Unbewußtheit erkennt man die echte Jugend.« (Vladimir Jankélévitch, *Traité des vertus*, »L'innocence et la méchanceté«, Paris 1972, Bd. III., S. 1196.)

14 Irène Théry hat die Gefahr und Demagogie einer derartigen Konvention dargelegt (vgl. a.a.O). Zu diesem Thema siehe auch die Beiträge von Alain Finkielkraut und André Comte-Sponville, in: *Autrement*, Sept. 1991, Nr. 123.

15 Wie die Analytikerin Lilian Lurçat sagt: Jetzt begehen die Kinder die Verbrechen der Erwachsenen, wie sie sie im Fernsehen beobachten. Man hat gesagt, das 20. Jahrhundert sei das der Kinder. Das ist falsch, es ist das der Verschmelzung der Generationen.« (*Le Nouvel Observateur* vom 2. Dezember 1993.)

16 Siehe dazu den ausgezeichneten Artikel von Jean-François Collanges in *Référence*, 6. Juni 1993.

17 Siehe Hannah Arendt, *Die Krise der Kultur* und den Kommentar von Jean-Francois Lyotard, *Lectures d'enfance*, 1991, S. 82f.

18 Zur Propädeutik der Verantwortung s. Alain Etchegoyen, *Le Temps des responsables*, Paris 1993, S. 192 und 208.

19 Es handelt sich um den kleinen Jordy, 1993 vier Jahre alt, der von seinen Eltern vermarktet wurde und dessen Lieder und Videoclips in Frankreich und im Ausland einiges Unheil angerichtet haben.

20 *Le Figaro-Magazine*, 14. November 1992.

21 Bruno Bettelheim, *Kinder brauchen Märchen*, München 1980.

22 Luc Ferry, *Le Nouvel ordre écologique*, Paris 1992, S. 265. Zu demselben Thema siehe auch den Artikel von Alain Renaut »Politesse et sincérité« in: *Faut-il être ce que l'on est?*, Paris 1994, S. 135ff.

23 William Raspberry, »En Amérique enseigner l'éthique«, in: *Libération*, 12. November 1990.

Zweiter Teil

Verfolgungsdurst

Kapitel 4

Erwählung nach Leiden

»Gott ist gerecht, ich weiß, daß ich leide und unschuldig bin.«
Rousseau, Träumereien eines einsamen Spaziergängers

»So viele Leute haben sich für verfemt gehalten und eine Literatur der Verfemten geschrieben, ohne es zu sein.«
Jean Genet

»Man möchte meinen, die Leute sind ganz wild nach dem Unglück, das einem widerfährt.«
Christine Villemin
(Mutter, die jahrelang verdächtigt wurde, ihren Sohn getötet zu haben)

In seinen psychoanalytischen Schriften beschäftigt sich Freud mit dem Charakter gewisser Leute, die infolge von Krankheiten oder in ihrer Kindheit erlittener Schicksalsschläge glauben, sie seien von den Opfern, die von der ganzen Menschheit gefordert werden, befreit. Sie haben genug gelitten, um ihrem Verhalten keinerlei Schranken mehr aufzuerlegen, schreibt Freud, was eine gewisse Ähnlichkeit mit der Haltung ganzer Völker aufweise, auf denen eine schwere leidvolle Vergangenheit lastet. Sie können Unrecht begehen, da ihnen Unrecht widerfahren ist, sie sind Ausnahmen, denen das Leben Wiedergutmachung schuldet. Wir alle glaubten, so beschließt Freud seine Gedanken, ein Recht zu haben, uns an der Natur und dem Schicksal zu rächen, aus angeborenen und infantilen Vorurteilen heraus. Wir alle fragten uns, warum wir im Haus eines Bürgers und nicht im Königsschloß geboren worden seien.

Der Markt der Bedrängnis

Was Freud hier unter Verwendung zentraler Rousseauscher Begriffe skizziert, ist ein Phänomen, das neben dem Infantilismus die andere Krankheit des heutigen Individuums wird: die Neigung, sein eigenes Los zu beklagen. Warum aber sollten die Menschen von heute unglücklicher sein als die, die vorher gelebt haben? Früher dachte man in Europa, besonders bei der Linken, positiver über das Opfer. Was war der Sozialismus anderes als eine Version des Christentums, das Versprechen einer gerechteren Welt an die Ausgebeuteten, in der sie die ersten sein sollten. *Diese Parteinahme für die Elenden* nahm ihren Fortlauf in einem gemeinsamen Kampf gegen ein Unterdrückungssystem, und das private Leiden wurde in diesen Kampf einbezogen und bahnte sich seinen Weg in einer Angelegenheit, die weit über es hinausging und schließlich auf alle in Form vielfältiger Gewinne und Vorteile herabregnete. Kollektive und private Emanzipation gingen Hand in Hand.

Nun aber, wo es die großen historischen Vorwände, die uns in die Lage versetzten, den Kapitalismus und Imperialismus für unser Unglück verantwortlich zu machen, nicht mehr gibt, wo die Teilung zwischen Ost und West nicht mehr existiert und kein feindlicher Block mehr auszumachen ist, hat sich der Feind fortgepflanzt, in einer Vielzahl kleiner Satane, die alle Formen und Gestalten annehmen können. Was uns fünfzig Jahre lang Freiheit gab, war das Zusammenspiel von materiellem Wohlstand, sozialen Errungenschaften, Fortschritt der Medizin und das nukleare Patt gesicherten Friedens. Im Schutz dieser vierfachen Mauer konnten wir in aller Sorglosigkeit »ich« sagen. Kaum daß diese Pfeiler ins Wanken geraten, daß Arbeitslosigkeit herrscht und das dünne Sicherheitsnetz des Wohlfahrtsstaats löcherig wird, der Krieg nach Europa zurückkehrt, die alte Allianz zwischen Sexualität und

Tod durch Aids sich auf neue Weise manifestiert, da ist es zu
Ende mit der Gelassenheit des Individuums, es zeigt sich tief
getroffen und gerät in Panik. Wir verlassen den Kokon der
glücklichen Nachkriegsjahrzehnte und betreten eine neue
Zeit der Stürme mit einer Geisteshaltung, die aus einer Zeit
des Wohlstands kommt, und besitzen noch lauter Reflexe, die
der Wirklichkeit nicht mehr gerecht werden. Da die Schar der
Erlöser, die Arbeiterklasse, ihre messianische Rolle verloren
hat und nicht mehr die Unterdrückten repräsentiert, ist nun
ein jeder in der Lage, diesen Zustand für sich allein zu beanspruchen: Die neuen Verdammten dieser Erde, wir sind es,
jeder einzelne von uns! Die Viktimisierung hat den Tod der
revolutionären Doktrinen überlebt, und sie erblüht auf deren
Leichnam, wird von Wahnsinn gepackt, wechselt die Richtung und macht sich metastasenartig im ganzen sozialen Körper breit.

So nimmt sie in unserer Gesellschaft die Ausmaße eines
zeitgenössischen Markts der »Emanzipation des Juristischen« an.[1] Diese Machtergreifung des Rechts als Mittel,
Konflikte zu lösen, wird auch in einer Krise der Politik deut-
lich: Die Schwächung der traditionellen Vermittlungsinstan-
zen (Parteien und Gewerkschaften), durch die gemeinsames
Handeln und eine Erleichterung der Last möglich war, das
Ende der Arbeiterkultur und ihrer integrativen Fähigkeiten,
die Erschöpfung des republikanischen Paktes, der sich auf die
Schule und die Armee stützte, schließlich die zunehmende
Austauschbarkeit von rechts und links untergraben die
Glaubwürdigkeit unserer Regierenden. Wenn die mittleren
Schichten von Armut bedroht und zu »ängstlichen Schich-
ten« (Robert Reich) werden, wenn sich so viele Leute ratlos
sehen, dann deswegen, weil die klassischen Stoßdämpfer und
Schlichtungsmittel wirkungslos sind und jeden einzelnen mit
immer schwereren Problemen allein lassen. Nichts scheint
mehr die Brutalität des Wirtschafts- und Sozialsystems zu

mildern, vor allem seit der Wohlfahrtsstaat, der, wie Pierre
Rosanvallon sagt, Unsicherheiten reduziert, mit neuen Tur-
bulenzen zu kämpfen hat. Die Bedingungen sind günstig für
eine Opferideologie, die über einen Verbündeten verfügt,
dessen Einfluß stetig zunimmt, den Advokaten. Er ist der au-
ßereheliche Dritte, der sich zwischen das Individuum und
sein Unbehagen schiebt, ein unersetzlicher Kumpan, der jedoch auch aus Berechnung und eigenem Interesse dazu beitragen kann, subjektive Rechte auf Kosten des Gemeinwohls
zu vermehren.

Auf diesem Gebiet weist uns Amerika den Weg, oder besser gesagt es zeigt uns die Fallen, die man vermeiden sollte,
denn dort ist die *victimology* dabei, zu einer nationalen Seu-
che zu werden.[2] Die ebenso bestürzenden wie grotesken An-
ekdoten, von denen die Prozeßberichte überquellen, sind bekannt: Ist ein Serientäter verantwortlich für seine Vergehen?
Er beschuldigt das Fernsehen, weil es zu viele Grausamkeiten
und gewalttätige Bilder zeigt. Ein Vater tötet seine Tochter?
Darauf hatte sie es schließlich angelegt. Im Grunde hat sie ihn
mit ihrer unausstehlichen Art getötet. Eine Frau erkrankt
nach vierzig Jahren exzessiven Rauchens an Lungenkrebs. Sie
verklagt drei Tabakhersteller wegen mangelnder Informationen über die Gefahr des Tabaks. Eine andere Frau steckt ihren Hund zum Trocknen in den Mikrowellenherd. Sie verfolgt die Hersteller vor Gericht, da diese in ihren Augen
schuldig sind, weil sie auf der Gebrauchsanweisung nicht ver-
merkt haben, daß es sich um kein Trockengerät handelt. Der
Mörder des Bürgermeisters von San Francisco erklärt seine
Tat: Er habe zuviel schlechte Nahrung (sog. *junk food*) gegges-
sen, wodurch er vorübergehend schwachsinnig gewesen sei.
Eine Mutter hat ihr Kind beseitigt, und ihre Anwältin führt
hormonelle Störungen ins Feld, die eine sofortige Freispre-
chung zur Folge haben sollen. Eine Hellseherin hat ihre Gabe
verloren und verklagt ihren Friseur, der durch die Verwen-

dung eines Haarwaschmittels ihre Fähigkeiten vernichtet haben soll. Ein Universitätspräsident wird dabei überrascht, wie er obszöne Telefongespräche mit jungen Frauen führt. Bedauerlicherweise ist sein Anteil an ADN in den Chromosomen nicht normal, wodurch gelegentlich solch ungehöriges Verhalten hervorgerufen werden soll. Ganz zu schweigen von den Mördern, die multiple Persönlichkeiten sind und sich in der Person, die die Schläge ausgeführt hat, nicht wiedererkennen, oder von den Schuften, die ihre Verhaftung als besonders hinterhältige Form der Diskriminierung anprangern: Warum ich und nicht die anderen?

In all diesen Fällen wird das Prinzip der mildernden Umstände, das in jedem Rechtsstaat völlig legitim ist, zum Prinzip der entschuldenden Umstände, und der Beschuldigte müßte vor jeder Untersuchung schon als reingewaschen gelten. Überall blüht die Rechtsindustrie[3], jeder wird zum Fürsprecher seiner Besonderheiten, auch das Individuum, *die kleinste existierende Minderheit*. Ein jeder maßt sich an, die anderen verfolgen zu dürfen, wenn sie ihn in den Schatten stellen. »Man braucht nur zu behaupten, man habe ein bestimmtes Recht, und zu beweisen, daß man seiner beraubt ist, schon hat man den Status des Opfers« (John Taylor). Das Phänomen erweitert sich noch, wenn es sich um Gruppen oder Gemeinschaften handelt, die im Namen der Verteidigung ihres Images gegen jede negative Anspielung rebellieren. So geschah es bei den »Dieters United«, einer Vereinigung zur Verteidigung der Dicken und Fettleibigen, die in San Francisco vor den Kinos, in denen *Fantasia* von Walt Disney gespielt wurde, Posten aufstellte, um zu protestieren. Der Grund: Der Tanz der Nilpferde im Ballettkostüm mache die Dicken lächerlich. Alle Dinge, selbst die lächerlichsten, werden verhandlungswürdig, die Welt der Justiz wird zu einem riesigen Markt degradiert, auf dem Anwälte Klienten einsammeln, sie davon überzeugen, daß sie unglücklich sind, Streitigkeiten anzetteln und ihnen hohe Entschädigungssummen versprechen, wenn sie einen Dritten finden, der zahlt.

Wir sind alle Verfluchte

Sind das alles amerikanische Verrücktheiten, gerät hier ein System ins Wanken, in dem die Belange der Verteidigung besser gesichert sind als bei uns? Wahrscheinlich. Und wir in Europa scheinen in dem Maße gegen solche Exzesse gefeit, in dem wir eine politische Demokratie bleiben, die sich um den Staat gruppiert, während Amerika eine juristische Demokratie ist, in der das Recht den Staat einschränkt. Wir genießen hier einen sozialen Schutz, den es jenseits des Atlantiks nicht gibt, wo die juristische Explosion die Löcher des Wohlfahrtsstaates stopft.[4] Amerika steht Europa jedoch wie eine riesige Herausforderung gegenüber, auf die wir nur durch radikale Abwehr oder servile Nachahmung reagieren können. Erstere ist deswegen von Interesse, weil sie die Krankheiten der Moderne unter die Lupe nimmt, unter ein Vergrößerungsglas legt, das Pathologien erkennbar macht, die wir mit bloßem Auge nicht sehen können. Da sie im Kampf gegen Diskriminierung in der Vorhand war, ist sie zugleich Vorbild und Hintergrund, auf dem alles deutlich wird; indem sie uns die Sackgassen zeigt, ermöglicht sie uns, sie zu vermeiden. Es wäre jedoch falsch, wollten wir die große Entfernung zu Amerika oder unsere andere Tradition ins Feld führen und glauben, wir seien gegen solche Exzesse geschützt.

Seit dreißig Jahren nämlich wird unser Land von einer grundlegenden Veränderung heimgesucht, die der Entwicklung in Amerika sehr nahe kommt. Durch technologische und therapeutische Risiken, die zu schweren Unfällen bisher unbekannten Ausmaßes führen können, bewegen wir uns von einem System der Verantwortlichkeit, das auf Fehlverhalten basierte, also auf der Feststellung eines Verantwortlichen, hin zu einem System der Entschädigung, das um das Risiko kreist und in dem das Ziel, die Opfer zu entschädigen und gestörtes Gleichgewicht wiederherzustellen, Vorrang hat. Und da die gesamte Entwicklung des französischen Rechtssystems dazu tendiert, im Namen der Solidarität Schäden wiedergutzumachen (vor allem für Verbraucher), ist man weniger bemüht, Verstöße oder schwere Fehler zu finden, als Leute zu finden, die zahlen können, auch wenn sie an dem Fall kaum beteiligt sind. Ebenso wie man im Zivilrecht »verantwortlich sein kann ohne Verantwortung« (François Ewald) – es genügt, wenn man versichert und damit in der Lage ist, jede Art von Strafe zu disqualifizieren[5] –, ist der Status des Opfers vom Gesetzgeber, übrigens zu Recht, mit einer besonderen Würde belegt.[6]

Das Gesetz von 1985 über Verkehrsunfälle setzt automatisch ein Vergehen des Autofahrers voraus, wodurch dem Fußgänger all seine Unvorsichtigkeit nachgesehen wird (und dies im Namen der Unverhältnismäßigkeit zwischen einem Fahrzeug und einer Person). Ebenso räumt der Staatsrat heute unter Hintanstellung des Sprichworts, nach dem »Tränen nicht mit Geld ausgeglichen werden können«, ein, daß seelischer Schmerz und diverse gefühlsmäßige Kränkungen berücksichtigt werden können. Die Frist, innerhalb derer Verfolgung verjährt, ist bei manchen Verbrechen schon länger als die vom Gesetz vorgeschriebenen zehn Jahre, schon können Richter die Klauseln eines Vertrages ändern, um ein juristisches Alibi zu finden, das es ermöglicht, eine Person um jeden Preis zu entschädigen. Überall nehmen unter dem Druck analoger Fälle die »Nachhol-Prozesse«[7] zu, die Revisionen vor Gericht, Verfahren werden wieder aufgenommen, weil man immer mehr darauf aus ist, moralische Verletzungen wiedergutzumachen, selbst nach mehreren Jahrzehnten. Kant sagte, daß sich Recht nicht nur mit Mitteln

des Rechts durchsetzt und die großen Veränderungen in der
Rechtsprechung in erster Linie Folge des Drucks der öffentlichen Meinung sind.

Auf diesem Gebiet ist die Denkweise diesseits und jenseits
des Atlantiks recht ähnlich. In Frankreich gibt es eine politische Klasse, die beim geringsten Korruptionsverdacht auf-
heult und beklagt, sie werde diffamiert, obwohl sie unschuldig sei, es handele sich um ein Komplott der Medien, um
Tyrannei der Richter. Es gibt bei uns Gewerkschafter, und vor
allem Bauern, die es sich erlauben können, Bauernaufstände
zu inszenieren, öffentliche Gebäude zu besetzen und zu
schänden, Akten und Archive zu verbrennen, die Straßen zu
verunreinigen, indem sie Gülle ausgießen und sogar Obst
und Gemüse dorthin werfen, wild auf Ordnungskräfte einzu-
schlagen, ohne sich größerere Sorgen machen zu müssen, da
die Krise der Agrarwirtschaft oder der Fischerei, des Berg-
baus, des Straßenbaus von vornherein die begangenen Plün-
derungen zu rechtfertigen scheint. Werden sie vor Gericht gestellt, um sich für ihre Taten zu verantworten, dann lehnen sie
sich auf, wüten und drohen. Vielleicht wird Frankreich es erleben, daß sich die alte Arbeiterlogik, nach der man von vornherein jeden Angriff gegen Kapital und Arbeitgeberschaft
entschuldigt, mit der neuen, aus der angelsächsischen Welt
stammenden, Tendenz in der Rechtsprechung zusammentut
und die Oberhand gewinnt. Dann entstehen immer mehr
Lobbys, und jede sozioprofessionelle Kategorie nimmt eine
Monopolstellung ein, in einem Bereich, der sich bemüht,
ohne Rücksicht auf kollektive Interessen ein Maximum an
Wohltaten herauszuholen. Diese Verschiebung würde noch
schlimmer, wenn sich die Rechte immer weniger von der Linken unterschiede, denn dann würde unser Land wie Amerika
ein Sammelsurium von Gemeinschaften, Gruppen, ethnischen, religiösen, regionalen Formationen, die über den Bürgersinn die Oberhand gewinnen, da sich jede Minderheit, um

ihre Errungenschaften zu verteidigen, zum Märtyrer der Gemeinschaft macht.

»Stoppt den Völkermord«, rufen gemeinsam Bauern und Hochseefischer, dabei werden die einen seit vielen Jahren vom Staat hoch subventioniert, und die anderen protestieren gegen den Verfall der Fischpreise. Die Überlebenden des Holocaust oder des Massakers von Ruanda werden über diese Verwendung des Wortes begeistert sein. Der Geschäftsmann und Politiker Bernard Tapie rief 1993 aus: »Ich komme mir vor wie ein von der Gestapo verfolgter Jude«, als er von den Behörden von Valenciennes verfolgt wurde (später entschuldigte er sich für die Äußerung), und zur gleichen Zeit benutzte Bettino Craxi, der in Italien wegen Korruption vor Gericht stand, dieselben Worte. Junge Muslime in Grenoble protestierten im Februar 1994 gegen das Verbot, in der Schule Schleier zu tragen. Sie trugen eine Armbinde, auf der eine gelbe Mondsichel auf schwarzem Grund zu sehen war, und darunter stand: »Wann sind wir dran?«, eine eindeutige Anspielung auf den Stern, den hier die Juden während der deutschen Besatzung tragen mußten. Als junge islamische Extremisten, die der Unterstützung der Islamischen Heilsfront verdächtigt wurden, in Nordfrankreich in einer Kaserne interniert waren, entrollten sie ein Spruchband auf der Hauswand, auf der das Wort »Konzentrationslager« stand.

Warum wollen heutzutage alle Juden sein, und die Antisemiten ganz besonders? Um ihren Wunschvorstellungen gemäß den Status von Unterdrückten zu haben, weil wir in Europa ein christliches Bild von den Juden haben, das aus ihnen die idealen Gekreuzigten macht? Und, um jedem kleinsten Konflikt den gleichen Stellenwert zu geben wie dem Kampf gegen den Nazismus. Die gesamte äußerste Rechte in Frankreich, den USA oder in Rußland benutzt diese Opferrhetorik: Vorbei sind die heftigen Tiraden über die Vorherrschaft der Weißen, die Überlegenheit des blonden Wilden, die Sprache

ist defensiv geworden, es ist die des Sklaven, der um sein
Überleben kämpft. Die eigentlichen Juden sind wir (will sagen: die andern sind Ursurpatoren). Worunter zum Beispiel
leiden die Franzosen? Unter ethnischen Säuberungen, und
zwar wegen der Einwanderer, die Verbrechen und Unsicherheit verbreiten.[8] Und nach Jean-Marie Le Pen ist ganz Frankreich Opfer eines Völkermords, da der Staat, als die Linke an
der Macht war, dem Land »eine sozialistische und angepaßte
Kunst aufdrängte, die Doktor Goebbels' würdig war.[9]« Immer wieder wird die Sprache des Zweiten Weltkriegs verwendet und umgedeutet. Man schwört, »der Invasion Widerstand
zu leisten«, aber bei der Invasion handelt es sich um die der
Einwanderer, man geißelt die »Kollaborateure der algeri-
schen Befreiungsfront«, aber gemeint sind die verschiedenen
rechten oder linken Regierungen, die die Algerier ins Land
hineingelassen haben, und man beschwört eine »zweite Säuberung« herauf, aber diesmal, um die Vaterlandsverräter zu
richten (die letzten Präsidenten), welche den Eroberern Tür
und Tor unseres schönen Landes geöffnet haben.[10]

Dieses Vorgehen ist nicht neu, und in diesem Gebiet ist der
Sieger immer der, der am meisten klagt. Der große Céline ist
ein Experte im Verkehren der Opfersituation. Er war ein ra-
sender Antisemit, ein kollaborierender Anarchist und klagte
1957, ganz in der Tradition der rechtsextremen Pamphlet-
schreiber, wie schlecht es ihm gehe, er sprach von der Arroganz der Sieger, bezeichnete sich selbst als arm, getreten, verloren, pries seine Güte gegenüber Alten und Tieren und stellte
die Leiden der Juden als Bagatellen im Vergleich zu seinen
Qualen dar (so konnte er besten Gewissens fortfahren, sie zu
verfluchen). Der geächtete Schriftsteller gab sich der heutzutage am meisten verbreiteten Übung hin. Er weinte um sich
selbst. Er hat deswegen den Nobel-Preis nicht bekommen,
weil er ein echter Franzose ist und nicht einer der Emigranten,
die alles für sich in Anspruch nehmen. »Hätte ich mich nur

Wlasin, Wlasin Progrogrow genannt, wäre ich in Tarnopol am Don geboren ..., aber Courbevoie an der Seine! Tarnopol am Don, dann hätte ich den Nobel-Preis schon lange ..., aber ich bin von hier und nicht einmal Sepharde ..., keiner weiß, wo er mich hinstecken soll ..., ›Frunkreich den Frunzosen‹ ..., naturalisierter Mongole oder Fellache wie Mauriac, dann führe ich ein Auto, dürfte alles und ... hätte eine gesicherte Altersversorgung ..., ich würde verzärtelt und gehätschelt. Das versichere ich euch.« (*Von einem Schloß zum andern*)

Allgemein gilt, daß man als Opfer von Tyrannei erscheinen muß, soll die Sache in der Öffentlichkeit wahrgenommen werden. Man muß von sich selbst das Bild eines Elenden zeichnen, weil man nur so die Sympathien der anderen gewinnen kann: Zu diesem Zweck ist kein Ausdruck exzessiv genug, es empfiehlt sich, verbal zu übertreiben, das kleinste Wehwehchen muß den Rang einer äußerst gravierenden Verletzung annehmen. Wie soll man sich da wundern, daß heute mehr und mehr Gefangene in den französischen Gefängnissen, die weit davon entfernt sind, Mitleid für die Unglücklichen zu empfinden, die sie verletzt, beraubt, getötet haben, ihre Vergehen der Gesellschaft zuschreiben? Warum sollten die Delinquenten sich ihrer Vergehen für verantwortlich halten, wenn die ganze Nation jeden Gedanken an Schuld zurückweist und nur Modelle naiver Verantwortungslosigkeit zu bieten hat? Wie soll man an Strafe glauben, wenn keiner mehr ein Gespür für Rechtsbrüche hat, und warum mit Anstand leben, wenn dieser von der Mehrheit lächerlich gemacht wird?[11] Wie kann man vergessen, daß in dem Moment, in dem per Gesetz an öffentlichen Orten ein beschränktes Rauchverbot eingeführt oder das Tragen von Sicherheitsgurten im Auto und von Helmen auf Zweirädern Pflicht wurde und ein Strafsystem nach Punkten für Verkehrsvergehen eingeführt wurde, so viele Besserwisser die Rückkehr zu moralischer Bevormundung, einem verfänglichen Totalitarismus, ja zum

Petinismus anprangerten? Wie viele haben sich damals unter
dem Vorwand, sie bekämpften einen neuen Gesundheits-
wahn, in das Gewand des Verdammten, Verfluchten gekleidet
und die Forderung erhoben zu rauchen, wie sie wollen, so
schnell zu fahren, wie es ihnen gefällt. Sie waren sogar bereit,
auf die Straße zu gehen, um diese Grundfreiheiten zu verteidigen. Die oben genannten gesetzlichen Maßnahmen, im übrigen bescheiden und nützlich – da sie die Unverschämtheit
und Rüpelei in Schach halten, welche die Beziehungen zwischen Autofahrern oder Rauchern und Nichtrauchern bestimmen und das Recht des Stärkeren begrenzen – riefen die
verschiedensten Reaktionen hervor, von differenzierter Zustimmung bis zu begründeter Mißbilligung. Aber diejenigen,
die dem Staat vorwarfen, die Bürger zu Kindern zu machen,
weil er ihr Verhalten reglementiere, fielen selbst in die Rolle
des quengelnden Kindes, das nur das tut, was es will, und mit
dem Fuß aufstampft, wenn man es ihm verbietet. Jedenfalls
rechtfertigte nichts – nicht einmal der spitzfindige Wahn
mancher Amerikaner bei ihrem Kampf gegen den Tabak – die
Adlerschreie, die manche Europäer ausstießen. Zum Beweis
ein Text, den die Londoner Zeitung *The Independant* im August 1993 veröffentlichte und in dem der Tod eines starken
Rauchers kommentiert wurde, den zu operieren ein Kardio-
loge sich geweigert hatte, bevor er den Tabakkonsum nicht
vollständig sein ließe. »Die zwölf Millionen englischer Raucher sind dabei, zu sozialen Außenseitern zu werden, sie sind
schon aus bestimmten Zonen ausgegrenzt, von den meisten
öffentlichen Orten verbannt [...] und jetzt sollen sie nur noch
ein Recht auf zweitrangige Versorgung haben [...] das ist sa-
nitärer Faschismus: Recht auf Überleben für die Stärksten,
Ausrottung der Schwächsten.« Faschismus! Das große Wort
ist heraus. Was ist Faschismus zu Zeiten infantiler Laschheit?
Eine totalitäre Regierungsform, die die Menschen in verschiedene Kategorien einteilt und der Rassenreinheit frönt?

Sie irren. Faschismus ist alles, was die Neigungen einzelner Personen aufhält oder behindert, alles, was ihren Launen Einhalt gebietet. Wer wird eigentlich nicht bedrängt, wer hat kein Recht, sich zu beklagen? Warum wollen die Bürger demokratischer Länder unbedingt glauben, daß sie in einem totalitären Staat leben, daß Korruption, Werbung und Zensur hier im Westen ebenso schlimm sind wie Morde und Folter anderswo, daß es keinen Unterschied zwischen ihnen und den Märtyrern sonst auf der Welt gibt? Was darauf hinausläuft, ohne großen Aufwand und ohne das geringste Risiko die Haltung eines Widerständlers einzunehmen. Kann man den Moralismus unserer Gesellschaft, der übrigens nur relativ vorhanden ist, desavouieren, indem man sofort die beiden Greuel unseres Jahrhunderts, Nazismus und Stalinismus, auf den Plan ruft? Ist es nicht an der Zeit, wieder zu lernen, *seine Worte wohl zu überlegen, um gründlich über die Welt nachzudenken*, anstatt jede Lappalie zur Schande zu erheben und langsam die Sprache zu korrumpieren?

Es besteht natürlich kein unmittelbarer Zusammenhang zwischen den verschiedenen oben angeführten Beispielen, zwischen der Angst mancher Arbeitnehmer oder Künstler, die durch Unsicherheit und die rhetorische Wirkung von Volkstribunen oder außer sich geratenen Führern zur Übertreibung gedrängt werden, außer daß überall auf der sozialen Leiter Notable oder Außenseiter sich verzweifelt darum reißen, »den begehrtesten Platz einzunehmen, den Platz des Opfers«.[12] Dies sind Verhaltensweisen und ist eine Geisteshaltung, die uns in Frankreich in einen allgemeinen Dolorismus treiben. In folgendem Bild könnte man ein zeitgenössisches Individuum möglicherweise darstellen: als ein *gealtertes, greinendes Wickelkind, an seiner Seite einen Anwalt, der es stützt.* Vielleicht ist die Allianz seniler Säuglinge, die wir sind, und des zänkischen Klerus der Juristen die Zukunft, die auf uns wartet.

Richtet mich nicht!

Im vierten Spaziergang seiner *Träumereien* unterscheidet
Rousseau die Wahrheit der Welt von der eigenen Wahrheit.
Die erste hängt von der Meinung ab, vom Schein, von falschen Werten, die in der Gesellschaft üblich sind, die zweite
gründet sich auf die innere Stimme und das Gefühl. Das Herz
kann nicht lügen. Es ist die Wiege des Guten, und deshalb
erkennt Rousseau nur ein Gericht an, das seines Gewissens.
Im Namen der guten inneren Natur entscheidet er selbst,
welche Fehler er zu bereuen hat und von welchen er sich freisprechen kann. Eine Lüge gegenüber einem jungen Mädchen
zur Zeit seiner Jugend quält ihn mehr als die Tatsache, daß er
seine Kinder im Stich gelassen hat, was ihm die Welt und die
Oberen der Gesellschaft zur Last legen wollen. Denn er
kennt nur ein Idol: die heilige Wahrheit, die sein Herz anbetet
und die wesentlich wirklicher ist als »die abstrakten Vorstellungen von wahr oder falsch«.[13] »Man muß für sich wahr sein.
Das ist die Ehre, die der ehrenhafte Mann seiner eigenen
Würde schuldig ist.« An seinem Lebensabend, als Rousseau
seine Konten bereinigt, erklärt er sich frei von den Vorwürfen, die auf ihm lasten, und spricht sich selbst frei, wobei er
die Nachwelt zum Zeugen aufruft. Denn er ist grundsätzlich
gut, und wer immer daran zweifelt und ihn für unehrenhaft
hält, ist »selbst ein Mensch, den man ersticken muß«. Seine
Fehler sind von außen auf ihn gekommen, manchmal hat er
sich geirrt, aber »der Wunsch zu schaden, ist ihm nicht ins
Herz gedrungen«.[14] (Rousseaus Problem besteht darin, daß
er in seinem eigenen Leben die Utopie des natürlichen Menschen verkörpern wollte, und das um den Preis großer Misanthropie. Der, der sich für tugendhaft hält und die Sünde den
anderen zuschreibt, endet in Ressentiment und Haß gegenüber der Menschheit.)
Was der Vater des *Emile* hier mittels sophistischer Kunst-

fertigkeit ins Werk setzt, ist die moderne Strömung des Relativismus: Wenn nur das Authentische zählt, dann ist jeder im Namen seiner selbst berechtigt, sich den allgemeinen Gesetzen zu entziehen, die ihm die Treue sich selbst gegenüber nehmen würden. Verurteilt mich nicht, denn um mich zu verstehen, müßtet ihr ich sein! Jeder wird zu einer Ausnahme, an die sich das Gesetz anpassen muß, jeder leitet das Recht von seinem eigenen Leben ab. Das Gesetz schränkt nicht mehr die Bestrebungen eines maßlosen Ego ein, sondern muß dessen Mäandern aus nächster Nähe folgen. Wenn uns Schmerz befällt, verleiht er diesem Relativismus eine objektive Grundlage: Er reinigt uns und macht uns eine unverhoffte Läuterung zum Geschenk. Diese Läuterung bedeutet nicht nur Schmerzfreiheit, sondern Unfähigkeit zum Bösen, zum Gemeinen. Sie ist nicht die relative Unschuld des von Natur aus fehlbaren Menschen, sondern absolute Unschuld als ontologischer Status, eine wiedergefundene Reinheit, die Unschuld des Engels, der nicht sündigen kann. Keine Handlung, die von mir ausgeht, kann böse sein, da ich ihre Quelle bin und ihr Ursprung sie sanktioniert. Ich bleibe rein, auch wenn ich aus Versehen etwas falsch gemacht habe. Hier kann man wieder mit Rousseau sagen: »In der Lage, in der ich mich befinde, gibt es für mich keine anderen Regeln, als zwanglos meinen Neigungen zu folgen […], ich habe nur unschuldige Neigungen.«[15] In diesem Sinn ist die Viktimisierung eine schmerzliche Form von Privilegiertheit, mit ihr schafft man sich neue Unschuld, wie man Jungfräulichkeit wiederherstellt; sie behauptet, das Gesetz müsse auf alles angewendet werden, nur nicht auf mich, und zeichnet eine Gesellschaft von umgekehrten Kasten, in der die Tatsache, daß man Schaden erlitten hat, an die Stelle der Geburtsprivilegien tritt. Das Fehlverhalten anderer mir gegenüber ist ein Verbrechen, meine eigenen Vergehen sind kleine Fehler, Erbsünden, die hervorzuheben unanständig wäre. Demokratie beschränkt sich von nun auf die

Erlaubnis zu tun, was man will (vorausgesetzt man tritt als
Geschädigter auf), und das Recht als Schutz der Schwachen
verschwindet hinter dem Recht, die Fähigen zu fördern, wird
zum Recht derer, die das notwendige Geld und die Beziehungen zur Verfügung haben, damit man sie auch in den unwahr-
scheinlichsten Fällen vertritt.

Darin liegt die Gefahr: daß die Selbstdarstellung des Opfers zur Fälschung wird, daß die Verlierer und Bescheidenen
von denen verdrängt werden, die Meister darin sind, auf ihrem Gesicht die Maske der Gedemütigten zu tragen. Unter
den verfeinerten Formen des Rechtsstaats zieht die Brutalität
der Willkür ein, und die Bewegung, die den Benachteiligten
mehr Chancen geben will, käme in einer perversen Kräfti-
gung der Starken zum Ausdruck. Nehmen wir als Beispiel die
Petition, die im Januar 1994 hundert Ärzte an Staatspräsident
Mitterrand sendeten, in der sie um die Begnadigung zweier
ihrer Kollegen baten, die ihrer Meinung nach soeben zu Unrecht in der Affäre um aidsverseuchtes Blut verurteilt waren.
Ziel einer solchen Eingebung ist es zu unterstreichen, daß die
Wissenschaft im Namen therapeutischer Unsicherheiten über
den Gesetzen stehen muß und in der Zukunft kein Forscher
oder Praktiker beunruhigt zu sein braucht, selbst bei schlimmen Fehlern nicht. Das Drama der Transfusionen wäre die
unvermeidliche Steuer, welche die Menschheit für den Fortschritt der Medizin zu zahlen hätte. Das Schlimmste an dieser
Petition besteht darin, daß sie die Kranken auszustoßen
droht und die verurteilten Ärzte an ihrer Stelle zu den eigentlichen Opfern macht[16].

Überall würden die Einflußreichen mit Hilfe ausgezeich-
neter Argumente die Tatsachen zu ihren Gunsten umkehren,
würden den anderen das traurige Privileg überlassen, für ihre
Fehler geradezustehen und somit verurteilt zu werden. Und
wenn diese Entlassung aus der Verantwortung zur Regel
würde und sich auf die gesamte Mittelschicht ausbreitete,

wäre damit das Ende des demokratischen Pakts gekommen.
Alle unsere Taten haben Folgen und setzen sich bei anderen
in einer Vielzahl von Wirkungen und Rückwirkungen fort.
Wir versuchen, davon zu profitieren, um unsere Solidarität
gegenüber den anderen aufzukündigen, um zu sagen: Ich war
es nicht! Aber »die Folgen unserer Taten greifen uns bei den
Haaren, gleichgültig, ob wir inzwischen besser geworden
sind« (Nietzsche). Wenn Eliten jenseits von Gut und Böse
stehen wollen und jede Art von Bestrafung ablehnen, dann
wird die gesamte Gesellschaft aufgefordert, die Idee der Verantwortung von sich zu weisen (dies ist auch die Gefahr bei
Korruption: Ehrlichkeit wird ins Lächerliche gezogen, sie
wird zu einer leeren und kaum noch praktizierten Ausnahme).

So muß man die weiter oben zitierten pathetischen Plädoyers all jener verstehen, die sich der Strenge der Gesetze entziehen wollen. Niemand zweifelt daran, daß es in Frankreich
Polizisten gibt, die besonders brutal sind und einfache Bürger
für verdächtig halten. Kein Zweifel, daß die Untersuchungs-
haft und ihre Verbreitung in den Medien dem Prinzip widerspricht, daß man niemanden vorverurteilen darf. Kein Zweifel, daß noch immer furchtbare Justizirrtümer passieren und
die juristische Maschinerie mit ihrer kalten Pracht, ihrem auf-
wendigen Zeremoniell und ihrer Sprache, die so unverständlich ist wie das Latein in der Kirche, den normalen Menschen
erschrecken muß. Sicher ist auch richtig, daß die gesamte Justiz durch die Verpflichtung der Richter zur Unparteilichkeit
(hinter der sich oft Respekt vor den Reichen und Mißachtung
der Armen verbirgt), das Labyrinth der Verfahren, die Fälle
der Verhöre als eine inhumane Institution erscheint. Aber gerade diese Abgehobenheit, die den Anspruch erhebt, frei von
Vorurteilen, Leidenschaften und innerseelischen Turbulen-
zen zu sein, macht die Justiz unverzichtbar. Sie ist der teil-
nahmslose Dritte, der Verstand und Urteil geltend und den

Richter zu dem macht, was in der Nikomachischen Ethik gefordert wird, zur Inkarnation des Rechts. Er wägt das Für und Wider ab und wahrt Distanz gegenüber der Empörung der Parteien. Aus der natürlichen Angst, die jeden ergreift, wenn er mit dem Gericht zu tun hat, weil er fürchtet, von einem Mechanismus gebrochen zu werden, der stärker ist als er, gelangt man zu folgendem perversen Syllogismus: Unschuldige werden manchmal zu Unrecht verurteilt, und wenn ich gerichtlich verfolgt werde, bin ich also ebenfalls unschuldig. Und auf diese Weise wird die gesamte Justiz verdächtigt, ein Ort des Despotismus, Sproß einer neuen Inquisition zu sein.

Auf dem Weg zur heiligen Familie der Opfer?

Es ist eine hervorragende Errungenschaft, daß sich die heutige Rechtsprechung auf einen besseren Schutz der Notleidenden und Ausgeschlossenen zu bewegt. Aber die damit zum Ausdruck gebrachten guten Absichten sind nicht frei von Zweideutigkeit. In dieser Hinsicht ist das Gesetz von 1985 über Strafverfolgung bei Verkehrsunfällen aufschlußreich: Ein Fußgänger kann jede Verrücktheit begehen, er kann die Straße bei Rot überqueren, über die Fahrbahn laufen und doch sicher sein, Schutz zu genießen (selbst wenn er »unentschuldbare Fehler« begeht, ein Begriff, der vor Gericht kaum vorkommt). Ein solches Gesetz geht davon aus, daß der Motorisierte (und damit Starke) tugendhaft sein muß, der Schwache immer Recht hat und bei einer Konfrontation zwischen beiden ersterer von vornherein gehandikapt ist, während der zweite einen Trumpf in Händen hält. Die Berechtigung des Schadensersatzes wird nicht mehr ermittelt, sondern bestimmte Voraussetzungen genießen Vorrang vor allem anderen. Würde dieses System sich ausweiten, würden die einzelnen nicht mehr verurteilt, sondern *vorverurteilt*, von vornherein freigesprochen nicht für das, was sie getan haben, sondern für das, was sie sind, vor jeder Untersuchung reingewaschen, wenn sie auf der richtigen Seite der Barriere stehen, im entgegengesetzten Fall aber beschuldigt. Unter dem Vorwand, die Schwachen zu schützen, würden mit einem Mal bestimmte Kategorien außerhalb des allgemeinen Rechts aufgestellt, die Verpflichtung, vorsichtig und behutsam zu sein, würde keine Rolle mehr spielen. Auf diese Weise würden die Gerichte neben der Politik zu einem Mittel, soziale Ungerechtigkeit auszugleichen, und der Richter würde zum direkten Konkurrenten des Gesetzgebers.[17]

Es stimmt, daß das große Abenteuer der Moderne das Auftreten der Beherrschten auf der politischen Szene bedeutet, ihre Möglichkeit, alle Privilegien einer normalen Staatsbürgerschaft zu erwerben. Daß immer mehr Gruppen oder verschiedene Minderheiten (Behinderte, Schwerbeschädigte, Kleine, Fettleibige, Homosexuelle, Lesben etc.) mittels juristischer oder politischer Aktionen gegen ihre Ausgrenzung kämpfen, ist völlig legitim, und Frankreich ist in dieser Hinsicht gegenüber der Neuen Welt ein wenig im Rückstand (man weiß, wie behindertenfeindlich zum Beispiel unsere Städte sind). Aber der Kampf gegen Diskriminierung muß im Namen des Prinzips geführt werden, nach dem das Gesetz allen die gleichen Rechte und Beschränkungen auferlegt. Wenn man voraussetzt, daß manche Gruppen wegen ihrer Benachteiligung eine Sonderbehandlung erfahren dürfen, dann werden diese bald versucht sein, sich neue feudale Privilegien zuzugestehen, und andere werden ihrem Beispiel folgen. *Wenn es genügt, daß man sich Opfer nennt, um recht zu haben, werden sich alle darum schlagen, diese dankbare Position einzunehmen.* Opfer zu sein wird zur Berufung, zur Vollzeitbeschäftigung. Jemand, der als Kind mißhandelt worden ist und als Erwachsener einen Mord begeht, ist und bleibt ein Mörder, auch wenn er seine Tat mit einer unglücklichen Jugend entschuldigt. Weil manche Gemeinschaften in der Vergangenheit versklavt wurden, könnten ihre Angehörigen in Ewigkeit einen *Unglückskredit* erhalten und für immer das Recht auf nachsichtige Gerichte haben. Die Schuld der Gesellschaft gegen den einen oder anderen Teil ihrer selbst würde automatisch zur Nachsicht und Milde gegenüber jedem, der einer dieser Gruppen angehört, und das weit über die Zeit hinaus, in der diese Gruppe verfolgt worden ist. Was wird aus dem Recht, wenn es manchen das Privileg der Straflosigkeit zuerkennt, wenn es synonym mit Freispruch wird und sich in eine Maschine verwandelt, die endlos und unwidersprochen Rechte produziert?[18]

Es käme schnell zu einer bürgerkriegsähnlichen Stimmung, bei der das Kind gegen die Eltern, der Bruder gegen die Schwester, der Nachbar gegen den Nachbarn, der Patient gegen den Arzt aufgehetzt und zwischen allen ein Netz von Mißtrauen geknüpft würde. Wie soll man im Bereich der Gesundheit zum Beispiel den Begriff des Risikos verstehen, wenn man nach jedem therapeutischen Zwischenfall grundsätzlich Entschädigung beanspruchen kann? Wie soll man eine Therapie mit toxischen Mitteln durchführen, wenn der Kranke bei den kleinsten Nebenwirkungen oder Folgen einen Prozeß anstrengt? Wie soll man die Beschränktheit der Mittel, die Sorge um den Patienten und die Möglichkeit von Fortschritt miteinander in Einklang bringen? Wie soll man verhindern, daß die Medizin nur noch defensiv agiert, weil die Angst vor Strafverfolgung dazu führt, keine Spitzentechnologien zu verwenden, denen bestimmte Gefahren anhaften oder dazu, daß weniger Leute den Beruf des Anästhesisten, des Reanimateurs oder des Chirurgen ergreifen? Wie soll man mit einem Wort eine Situation verhindern, bei der wie in Amerika die Kosten für Geburtshelfer, die ständig in alle möglichen Prozesse verwickelt werden, so hoch sind, die

Preise für Geburten so immens gestiegen sind, daß viele Frauen, die nicht die notwendigen Mittel haben, gezwungen sind, sich mit der Hilfe einer Hebamme zu begnügen.[19]

Wenn sich Rechtsstreitigkeiten ins Unendliche ausdehnten, würde die Gesamtheit unserer Uneinigkeit zu unserer Gemeinsamkeit, das Gesetz würde die Menschen nicht mehr miteinander verbinden, wie Montesquieu es wollte, sondern ihre Trennung betreiben. Die Politik, dem Juristischen untergeordnet, würde nichts anderes tun, als Streitigkeiten zu schlichten, die durch subjektive und miteinander unvereinbare Rechte einzelner entstehen.

Jede Art des Vorurteils, und sei es das allerdümmste, müßte gebührend beachtet werden, eine Seelenkrise müßte ihren Preis haben, einen bestimmten Tarif, und die Suche nach einem Schuldigen rechtfertigen. Wir brauchen außerdem einen begüterten Ankläger, denn wir haben das Glück, in einer Zeit zu leben, »in der Sündenböcke käuflich sind« (Pierre Florin). Die Angst vor Schäden würde selbst zum Schaden, wie es in den USA der Fall ist.[20] Die kleinen täglichen Pannen und Wehwehchen wären nicht mehr Ereignisse des normalen Lebens, sondern Skandale, die ein Recht auf Entschädigung begründeten. Lebensangst und Melancholie wären ein Grund für Wiedergutmachung. Daß heutzutage falsche Gekreuzigte und Luxus-Gepeinigte wie Pilze aus dem Boden schießen, hat seinen Grund auch darin, daß sie ihre Unbill zu Geld machen können. Die Liste der Peinigungen läßt sich in Einkünften wiedergeben. (Hier wird man an einen Gedanken von Robert Nozik erinnert: Jeder Angriff ist ein Schaden, den man durch ein Bußgeld wiedergutmachen kann.) Aus der Schamlosigkeit der Affekte erhebt sich die kommerzielle Vision einer Strafe, die in Begriffen von Profiten und Zinsen gedacht wird. So würde für jeden einzelnen die Versuchung größer, aus seinen Eltern Folterer zu machen, aus seiner Jugend ein Martyrium (was man zur Not mittels einer intensiven Psychotherapie ans Tageslicht bringen würde), sein Unglück zu pflegen wie Zimmerpflanzen, um daraus Gewinn zu erzielen, Unglücksfälle anzuhäufen wie Schätze. Von den Föten zu den Kahlköpfigen, die Mageren, Blonden, Kurzsichtigen, Krummen, Raucher nicht zu vergessen, die heilige Familie der Opfer würde unaufhaltsam immer größer und überflutete bald die gesamte Menschheit. Warum nicht auch noch wie die radikalen Ökologen fordern, daß der unbelebten Welt die Qualität eines Opfers zuzuerkennen ist: Bäumen, Steinen, Boden, und als deren Verteidiger auftreten?[21]

Auch hier wird der Einfluß der Anwälte bedeutend sein, da es in Frankreich darum geht, ihre Position in den Prozeßverfahren zu stärken, ohne im übrigen den mißbräuchlichen Praktiken des amerikanischen Systems zu verfallen. (In Amerika bestimmen die Anwälte ihr Honorar nach dem Umfang der erreichten Entschädigungssummen und sind folglich versucht, die Kosten für den Klienten systematisch in die Höhe zu treiben. In Frankreich ist ihr Einkommen geringer, wodurch der Hang, einen Prozeß mit dem Ziel, mehr Geld herauszuschlagen, ihn auf Biegen und Brechen auszudehnen, eingeschränkt ist.)

Wie früher die politischen Agitatoren bei den Arbeitern die subversiven Kräfte weckten, so könnten die Juristen heute künstliche Fesseln schaffen, einem jeden einreden, daß er unglücklich ist, ohne es zu wissen, Kliniken und Krankenhäuser abklappern, um eventuelle Kläger zu finden. Darin besteht das Paradoxe an unserer Situation: Einerseits ist bei uns das Recht auf Entschädigungen noch wenig entwickelt, der Handlungsspielraum der Verteidigung sehr eingeengt, der Zugang zu Rechtsmitteln für die Benachteiligten sehr schwierig. Staat, Verwaltung und Krankenhäuser sind unberührbare Schreckensgebilde, gegen die ein einzelner so gut wie gar nicht geschützt ist. Allgemeiner gesagt: in Frankreich ist die Jurisprudenz noch immer eine zweitrangige Autorität unter

der Fuchtel der Exekutive, selbst wenn die Richter sich inner-
lich bereits von dieser Bevormundung befreit haben. Andererseits könnte uns das Recht auf Verantwortlichkeit, in juristischer Form und ausbaufähig zu manchen Exzessen
verleiten, die in der amerikanischen Gesellschaft üblich sind,
ohne daß wir irgendeinen ihrer Vorteile kennen. Hierin liegt
vermutlich eine der Voraussetzungen der Zukunft: *in Frankreich zu einer Synthese des republikanischen Geistes und der
Demokratie nach angelsächsischem Muster zu finden*, wenn
das Recht immer mehr zum Bestandteil des politischen Handelns wird, um die Ungerechtigkeiten zu beseitigen, an die
letzteres nicht herankommt. Es geht hier nicht allein darum,
der klassischen Repräsentation einen juristischen Aktivismus
entgegenzusetzen, sondern die Vorteile beider zusammenzubringen, um einen besseren Schutz der Bürger zu erreichen.
Eine doppelte Aufgabe, gleichermaßen schwierig wie notwendig: die sich vollziehende juristische Revolution zu Ende
zu führen, sie aber zugleich einzuschränken (etwa, indem
man Kriterien aufstellt, die mißbräuchliche Klagen abweisen,
oder ausreichende Möglichkeiten schafft, Verfahren wegen
Geringfügigkeit einzustellen.) Andernfalls würde die Ju-
stizreform scheitern.[22]

Dämonologien aller Art

Das Ende der Ideologien hat uns einer bequemen
Stütze beraubt: unser Unglück dem Imperialismus,
dem Kapitalismus oder dem Kommunismus zuzuschreiben. Der »Das-ist-die-Schuld-von-Reflex« läßt
sich nicht mehr so leicht auslösen. Es wäre jedoch
falsch zu glauben, daß das Verschwinden dieser Vo-
gelscheuchen unsere Gesellschaft auf den Pfaden der
Weisheit wandeln läßt. Im Gegenteil: jetzt, wo es die

großen Sündenböcke nicht mehr gibt, ist es verführerisch, sie unterschwellig wieder zum Leben zu erwekken und seinen Überdruß und Mißmut der Gaunerei irgendeiner finsteren Macht anzulasten, die uns ihre geheime Logik aufdrängt. Man kennt diese Art von Überlegungen. Kann sich Sexualität frei entfalten? Eine geheime Zensur lastet auf unseren Trieben und straft die wirklich Freizügigen. Wir glauben, volle Bewegungsfreiheit zu genießen? Sie ist nur ein machiavellistischer Schachzug der Machthabenden, um uns besser zu kontrollieren. Und sogar unser Reichtum ist eigentlich eine Art von verkapptem Faschismus, eine totalitäre Enthirnung.

Der *homo democraticus* hat eine zwiespältige Beziehung zum Despotismus: er verflucht ihn, und zugleich bedauert er, daß es ihn nicht mehr gibt. Manchmal scheint er gar untröstlich, nicht mehr unterdrückt zu sein. Dann schafft er sich, weil es ihm an wirklichen Feinden mangelt, Phantasiefeinde; er genießt die Vorstellung, vielleicht wirklich in einer Diktatur zu leben, daß der Faschismus vom Himmel fällt, eine Aussicht, die ihn zugleich mit Furcht und Hoffnung erfüllt. Für William Burroughs und Allen Ginsberg ist »die wichtigste halluzinogene Droge nicht Jaga oder Meskalin, sondern die Wochenzeitung *Time* und im Anschluß daran Fernsehen. Es handelt sich um ein Komplott der Macht, eines Ungeheuers, das sich unserer bemächtigt, eines Krebses, dessen Metastasen einen bis auf die Knochen abnagen. [...] Man liefert sich seinem Henker um so mehr aus, je dankbarer man ihm ist, daß er keine Gewalt angewendet hat.« Ein gut funktionierender Staat braucht keine Polizei. »Verschwörung ist all das, was in Ihren Kopf gelangt und sich über Bilder, den Code und die Botschaften der Sprache unmerklich dort festsetzt. Mein Körper ist eine weiche Maschine, von Parasiten befallen.«[23]

Solche Gedanken sind deshalb so erfolgreich, weil man sie nicht verifizieren kann. Sie werden durch nichts bestätigt, aber auch durch nichts widerlegt. Wer sie äußert, nimmt die Doppelrolle des Wächters und des Kriegers ein. Ihm kann man nichts vormachen. Gegenüber allen Naiven hat er den Vorteil der Klarsicht und Unnachgiebigkeit. Er weiß, daß das System um so teuflischer ist, je toleranter es sich gibt. Aber sein Kriegsruf: Ihr seid alle Sklaven, ohne es zu wissen, beruhigt uns. Er glaubt, er verkünde uns die Apokalypse, weist auf eine kabbalistische Welle hin, mit der Böses über uns hereinbricht, gegen das wir nichts tun können, in dem alles Negative und Unverständliche zusammenkommt. Die Anrufung dieser Kräfte des Dunkels schafft uns Erleichterung. Da eine teuflische Kausalitätskette unser Schicksal bestimmt, ohne daß wir etwas tun können, sind wir für unsere Taten nicht mehr verantwortlich. Wir sind von Schuld freigesprochen, unsere Leiden haben einen Ursprung, der nicht bei uns liegt. Es ist besser, irgendwelche wahnsinnigen Vorstellungen heraufzubeschwören, die auf kaum faßbaren Bildern und unsichtbaren Substanzen beruhen, als die traurige und banale Wahrheit anzuerkennen, daß wir unsere Geschichte selbst schaffen, auch wenn wir gemäß der heiligen Formel die Geschichte, die wir schaffen, nicht kennen. So sind wir wieder mit Hilfe phantastischer Hirngespinste bei der Unschuld eines Engels angekommen.

Verfolgungsdurst

Was bedeutet moralische Ordnung heute? Weniger die Herr-schaft derer, die das richtige Denken haben, als die derjeni-gen, die richtig leiden, den Kult der allseits anerkannten Ver-zweiflung, die Religion obligatorischen Gejammers, den Konformismus der Trauer, aus der so viele Autoren einen allzu falschen Honig machen. Ich leide, also bin ich etwas wert. Anstatt darin zu wetteifern, wer am besten ist und den meisten Enthusiasmus besitzt, wetteifern Männer und Frau-en darin, vor andern ihr Unglück auszubreiten, rechnen es sich zur Ehre an zu beschreiben, welche besonderen Qualen sie angeblich zu erdulden haben. Aber die Götzenverehrung, die wir dem Schmerz entgegenbringen, geht Hand in Hand mit Angst vor Auseinandersetzungen. Es ist nicht die Schule des Durchhaltens, sondern die der Verzärtelung. Was sind *reality-shows* im Fernsehen anderes als die Darbietung ge-quälter Herzen, die Erhöhung des Opfers zum Nationalhel-den, mit dem uns zu identifizieren wir alle aufgefordert wer-den, die Vorstellung, daß allein Menschen, die gelitten haben, Würde besitzen? Das Leiden ist so etwas Ähnliches wie die Taufe, ein Zum-Ritter-geschlagen-werden, das uns in den Orden einer höhergestellten Menschheit aufnimmt und uns über unseresgleichen erhebt. Die Stars des Un-glücks können ihr Mißgeschicksdiplom vorzeigen wie einen verkehrten Stammbaum, eine finstere Königswürde, durch die sie der majestätischen Kaste der Ausgeschlossenen an-gehören. *Der Verfolgungsdurst ist eine perverse Lust, sich von den anderen zu unterscheiden, aus seiner Anonymität herauszutreten* und es, geschützt von dieser Trauerburg, sei-nesgleichen zu zeigen. »Gott kümmert sich um mich«, heißt es in einer Inschrift auf einer Wand des Krankenhauses zu Beaune, »und nur deshalb muß ich besonders leiden, weil ich besonders geliebt werde.« Unglück kommt einer Erwählung gleich, es adelt den, der es erträgt und es auf sich nimmt. Er gehört nicht mehr der gewöhnlichen Menschheit an, verwandelt sein Mißgeschick in Ruhm. Der Heimgesuchte sagt, dies widerfährt nur mir, und das bedeutet: Ich bin Opfer eines Fluchs, der speziell mit meiner Person zu tun hat und aus mir einen unter allen Auserwählten macht (Umkehrschluß dieses Glaubens: zu meinen, man werde von einem guten Stern beschützt, habe den Segen auf seiner Seite). Knut Hamsun, der im Norwegen des 19. Jahrhunderts an Hunger litt, sah im Hunger ein göttliches Zeichen: »Hatte der Finger des Herrn auf mich gedeutet? Aber warum gerade auf mich? Warum nicht ebensogut auf einen Mann in Südamerika, wenn es schon sein mußte? Überlegte ich die Sache recht, wurde es immer unbegreiflicher, daß gerade ich zum Probierstein für die Laune der Gnade Gottes ausersehen sein sollte.«[24]

Es gibt, wie Aimé Césaire im Zusammenhang mit der Sklaverei festgestellt hat, eine besondere Schönheit des Entrechteten, des Heruntergekommenen, des Verrufenen; die, welche nichts sind und meinen, sie würden alles, haben eine bestimmte Größe und meinen, in ihrer Hinfälligkeit das Versprechen des Reiches der Erlösung zu erkennen. Aber von jenem geheimen Stolz des Geächteten ist hier nicht die Rede, eher von jener seltsamen gegenwärtigen Figur des *professionellen Parias*, von dem es in den reichen Ländern wimmelt und der in allen sozialen Schichten vorkommt, selbst in den höchsten. Es ist eine handverlesene Elite, die den traditionellen feinen Vierteln das Beste verleiht, das es gibt: die Aura der Verfemten. Aufgrund einer seltenen Kehrtwendung wollen die Glücklichen und Mächtigen auch zur Aristokratie der Randgruppen gehören. Es verleiht ihnen einen besonderen Glanz, wenn man sie als Ausgestoßene betrachtet, sie sprechen nicht die Sprache der Herrscher, sondern die der Unterdrückten. Der wahre Notable gibt sich heutzutage als Dissident, der eigentliche Herr ruft dazu auf, auf den Herren herumzutrampeln und präsentiert sich als Sklave. Weiter oben habe ich auf die geheime Vorliebe für die Gestalt des Juden hingewiesen, auf jenen Philosemitismus, der so leicht in sein Gegenteil umschlagen kann. Andere Anleihen sind ohne weiteres möglich: Die Geschichte ist ein Koffer ohne Boden, aus dem man mit vollen Händen ein ganzes Schauspielreservoir herausnehmen kann, bei dem die Figuren, die Sklaven darstellen, nur auf uns gewartet haben. Man kann in das Gewand des Proletariers, des Kolonisierten, des Guerilla-Kämpfers, der *boat-people*, der mißhandelten Frauen und Kinder schlüpfen. Aber warum will man unbedingt wie ein Ausgebeuteter dastehen, wenn es einem gut geht? Weil man als Reicher ein schlechtes Gewissen hat? Oder weil man auf allen Gebieten siegen, das Wohlergehen des Bürgers und zugleich das schwefelige Prestige des Verdammten genießen, seiner Banalität mit einem tragischen Hintergrund mehr Glanz verleihen will? Es gibt viele ganz gewöhnliche Leute, die gute Väter und gute Ehefrauen sind, aber unbedingt als Ausgeschlossene, als Rebellen gelten wollen, obwohl sie in Wahrheit ein angepaßtes Leben führen, das frei von jeglicher Dramatik ist. Sie haben nie etwas Schlimmes erfahren, lassen sich jedoch vom prächtigen Licht erlittener Qualen bescheinen. Entsprechend der in unserer Kultur gängigen Vorstellung von Christus als Inbegriff des Opfers, das sich selbst zum Befleckten erklärt, bringt man mit diesem Verhalten zum Ausdruck, daß man selbst göttlichen Ursprungs ist und verleiht dem Stumpfsinn seines Lebens epische Schönheit.

Und es geht noch weiter: Da der Schmerz dem, der ihn verspürt, Würde verleiht, gibt es eine deutlich zu erkennende Art, seine kleinsten Sorgen zu übertreiben und so gegenüber seiner Umgebung einen zähen Machtwillen zum Ausdruck zu bringen (wie ihn Nietzsche auf geniale Weise im christlichen Kult des Asketen und Büßers ausgemacht hat).[25] Die kleinste Unstimmigkeit wird zu einem wichtigen Ereignis aufgeblasen, es werden Bastionen errichtet, in denen man sich einrichtet und Wurzeln schlägt, um andere zu belehren, sich selbst aber jeder Kritik zu entziehen. Eine hochnäsige Art, sich am äußersten Rand aufzuhalten, in absoluter Veräußerlichung, bei welcher der Verfall, den man für sich in Anspruch nimmt, mit höchster Arroganz zusammenfällt und sich in eine Strategie der Beherrschung verwandelt. Von sich zu behaupten, man werde verfolgt wird zu einer subtilen Form der Verfolgung anderer.

So lautet die Botschaft der Moderne: Ihr seid alle Enterbte und beweint euer Los mit vollem Recht. Ihr habt eure Geburt, eure Pubertät überlebt und seid dem Tal der Tränen, das sich Existenz nennt, entronnen (in den USA hat sich eine Überlebensliteratur entwickelt, in der all jene, die etwas durchgemacht haben, und sei es noch so gering, den anderen darüber berichten). Der Markt der Opfer steht jedem offen, vorausgesetzt, er kann eine klaffende Wunde vorweisen. Und *der größte Traum besteht darin, Märtyrer zu werden, ohne jemals ein anderes Leid erfahren zu haben als das, geboren worden zu sein.* In unseren Breiten denkt sich ein Individuum als Einzelwesen, ohne die Macht, die Kirchen, die Autorität, die Tradition, es zieht sich auf den einzig kleinen Ort, auf sich selbst zurück, unabhängig von allen und allem, isoliert, von allen Lasten befreit, aber auch unendlich verletzlich. Nur angesichts der Staatsmacht, angesichts jenes großen Anderen, der Gesellschaft, die beunruhigend, riesig und unverständlich ist, erschreckt es sich, ganz auf sich selbst zurückgezogen zu sein. Da hat es nur noch eine Stütze: Sinn schaffen mit Hilfe seiner Wunden, die es vergrößert in der Hoffnung, daß sie ihm eine gewisse Dimension verleihen und man sich endlich um es kümmert.

Bequemlichkeit in der Niederlage

Es wäre dennoch falsch, in dieser Haltung, einem Zeitkli-
schee folgend, das letzte Stadium des Individualismus anzuprangern. Genau das Gegenteil ist der Fall: Von allen möglichen Rollen neigt das Individuum von heute nur zu einer
einzigen: der des jammernden, elenden, mißgelaunten Kleinkinds. Aber man spielt nicht ungestraft das weinerliche Gör.
Die Selbstdarstellung als Mißhandelter hat ihren Preis, und
dieser Preis besteht in einem Verlust an Vitalität, der Erschöpfung unserer Kräfte, der Rückkehr zu einem Zustand
freiwilliger Entblößung. Heutzutage wird im Abendland ein
neuer Typus Mensch produziert, engstirnig, schwächlich, ein
Wesen, das sich zu seiner Schwäche bekennt, sich gern selbst
verleugnet und aus dem Leben zurückzieht. Es gibt zwei Arten, mit Niederlagen in der Liebe, der Politik oder dem Beruf
umzugehen: sie sich selbst zuzuschreiben und die notwendigen Konsequenzen zu ziehen oder einen Dritten zu beschuldigen, ihn für unseren Verlust verantwortlich zu machen.
»Ich leide: Sicherlich ist ein anderer die Ursache dafür, so
denken krankhafte Schafe« (Nietzsche in *Zur Genealogie der
Moral*, Dritte Abhandlung). Im ersten Fall hat man ein Mittel
in der Hand, mit der Niederlage fertigzuwerden, aus ihr eine
Etappe auf dem Weg der persönlichen Reife zu machen, einen
notwendigen Umweg, um seinen Werdegang zu vertiefen. Im
zweiten Fall verurteilt man sich selbst dazu, die Niederlage
zu wiederholen, da man den Fehler dem anderen zuschreibt
und jeglicher kritischen Auseinandersetzung mit sich selbst
ausweicht.

*Wer sagt, er sei nie schuldig, sagt damit, daß er nie zu etwas
imstande ist.*[26] Das Ziel des Lebens besteht nicht mehr darin,
über sich hinauszuwachsen, sondern sich kläglich damit zu-
friedenzugeben, daß man bleibt, wie man ist. Anstatt all das
zu preisen, was den Menschen größer macht, vor allem die

Zähmung seiner eigenen Ängste, dämmert man im Konformismus der Klage und hat kein anderes Ziel als das Überleben, sucht sein Glück in der Kleinheit und schottet sich nach außen ab. Die Viktimisierung ist der Halt dessen, der Opfer seiner Angst geworden ist und sich lieber zum Mitleidsobjekt macht, als gegen das, was ihn schreckt, zu kämpfen. Leid um jeden Preis vermeiden zu wollen bedeutet, es schlimmer zu machen, zwingt einen jeden, auf ein Übel zu starren, das, je mehr man es fürchtet, immer größer wird. Zwischen der Hinnahme von Unglück, wie es die herrschende Klasse und die Kirche im 19. Jahrhundert auf infame Weise forderten, und unserer dummen Allergie vor jeder Art von Schmerz bestehen vielleicht weniger Unterschiede, als wir meinen. In beiden Fällen bringt uns derselbe Fatalismus dazu zu resignieren, uns durch den Appell an alle Arten von Vermittlern (Anwälte, Ärzte, Fachleute), die uns vor allen Schäden bewahren sollen, selbst zu entäußern. Es mag klug sein, Leid zu vermeiden, doch gehören zu unserem Leben auch Schwierigkeiten, egal, wie klein sie sein mögen, gewisse Gefahren und Härten, ohne die es sich nicht entfalten kann. Vor jenen Gefahren zurückzuweichen bedeutet, daß man sich von der Wiege bis zur Bahre die Sicherheit eines Rentners wünscht.

Ist es nicht unübersehbar, daß unsere Fehlschläge, unsere kleinen Schiffbrüche, selbst unsere schlimmsten Feinde uns auf ihre Weise retten und abhärten, uns zwingen, Depots von unerwarteter Gerissenheit, Dynamik und ungeahnter Kühnheit anzulegen? Wie stark ein Charakter ist, läßt sich an der Menge der Mißgeschicke und Konfrontationen messen, die er einstecken kann, ohne sich aufzugeben: Widerstände machen ihn größer, Feindseligkeit verleiht ihm Mut, er erhebt sich über die anderen, die vor lauter Furcht und Kleinmut am Boden liegen. Solschenizyn pflegte zu sagen, daß Unterdrückung Menschen stärker macht als die heimtückischen Annehmlichkeiten des Liberalismus. Natürlich sollte man sich deswegen keine Diktatur wünschen, aber es ist gefährlich, sich ewig leid zu tun, wenn man Kummer hat, die Leute in ihrer Opferrolle gefangenzuhalten, wodurch sie nicht mehr aus ihr herausfinden. Zu sagen »ich muß Furchtbares erleiden«, wenn man kaum etwas zu ertragen hat, bedeutet, sich von vornherein zu entwaffnen, unfähig zu werden, wirkliche Qualen auszuhalten (woher auch die Neigung kommt, bei Schwierigkeiten Medikamente einzunehmen und jegliches Unbehagen durch Tabletten auszuschalten oder Beruhigungsmittel zu Allheilmitteln zu machen). Anzuerkennnen, daß jeder Mensch verletzbar ist, bedeutet nicht, den Widerstandsgeist zu töten; wir brauchen heute Ideen, die unsere Energie, unsere Freude und unseren Spaß stärken. Wir brauchen Regsamkeit, Fröhlichkeit, Gelassenheit. Man muß der Opferrhetorik, die sich in ihren eigenen Reden erschöpft, ein politisches Denken entgegenhalten, das die Klagen zu einer vernünftigen Lösung führt, ihnen ein brauchbares Ventil verschafft, es den Leuten möglich macht, in gemäßigten Worten zu reden, um damit fertigzuwerden. Das ewige Wiederholen unserer Probleme, jene geistige Onanie verbietet es uns, zwischen dem, was wir durch eigenen Willen verändern können, und jenem zu unterscheiden, was unabänderlich ist und nicht von uns abhängt. Jedes Unglück wird als unentrinnbarer Schicksalsschlag erfahren. Der einzelne ist nur dann stark, wenn er an etwas teilhat, das über ihn hinausgeht – insbesondere die Souveränität des Bürgers – und bleibt so nicht in sich selbst eingemauert. Andernfalls kapituliert er vor den Wohltaten, mit denen man ihn umgibt, und während er glaubt, mehr innere Sicherheit zu erlangen, erntet er nur größere Empfindlichkeit. Seit Tocqueville weiß man, daß es widersinnig ist, Individualismus und Egoismus zu verwechseln: Letzterer ist ein ewiger Zug der menschlichen Natur, ersterer eine in der Geschichte der Zivilisation entwickelte Fähigkeit. Gebe der Himmel, daß der einzelne von heute wenigstens egoistisch ist, ein Minimum an Vitalität und an Selbsterhaltungstrieb besitzt. *Wir erleben das Paradox eines Egoismus, der das Ego noch umbringen wird*, weil er es um jeden Preis bewahren und vor jeglicher Unbill schützen will.

Der Beweis: je weiter sich Sicherheit ausbreitet, desto größer wird das Bedürfnis, sich gegen eine vielgestaltige Feindlichkeit zu wehren, die von überall herkommen kann. Je weniger er sich der Gefahr ausliefert, desto mehr glaubt der Mensch von heute sich von ihr bedroht. Die Angst vor Krankheit hat mit der Zeit zu einem Aufschwung der Wissenschaft geführt, der Fortschritt in der Medizin erzeugt eine geradezu irrationale Angst vor jeder Art von Krankheit, bis wir anfangen, »unter unserer Gesundheit zu leiden«, wie Georges Duhamel 1930 sagte.[27] Die imaginäre Gefahr wächst, während wir die echten Gefahren immer mehr in den Griff bekommen. Jenseits einer gewissen Schwelle wandeln sich die Instrumente unserer Befreiung in Hilfsmittel unserer Erniedrigung. Und wir erleben das Ende der großen Befreiungsrevolte der schwärmerischen Jahre: Die Forderung nach Autonomie verkommt zu einer heftigen Suche nach Hilfe. Der Mut, sich zu behaupten, wird zu einer Kultur des kleinen Glücks auf der Grundlage von Umgänglichkeit und gönnerhafter Protektion. Wer Herr seiner selbst und der Welt sein wollte, wird Sklave seiner eigenen Ängste, hat keine andere Kraftquelle mehr als den Hilferuf und lebt nur noch, indem er sich auf die verschiedensten Arten von Krücken stützt.

Dabei bedeutet frei sein in erster Linie, sich der emotionalen Beziehungen, die uns an unseresgleichen binden, zu erfreuen, die aus uns Menschen machen, die Verpflichtungen haben und Verantwortung übernehmen. Wir sind belastet von allen Hindernissen, die unsere Unabhängigkeit bremsen, erneuern und bereichern. Eine eigenständige Persönlichkeit sein, das bedeutet auch, mit dem anderen verbunden zu sein, nie zu glauben, man habe ihm gegenüber keine Verpflichtungen, bedeutet, sich in jenes Netz der Gaben, des Austauschs, der Pflichten zu begeben, das den Handel unter Menschen ausmacht. Aber was wird aus dem Individuum und seiner Verantwortung, wenn es sich von allem, was es den anderen schuldet, entlastet und nicht mehr für sich selbst einstehen kann? Wie soll man Hüter der anderen sein, wenn man es nicht mehr erträgt, für sich selbst Verantwortung zu übernehmen? »Wenn ich nicht für mich da bin, wer ist dann für mich da? Wenn ich aber nur noch für mich da bin, bin ich dann noch ich?« (Hillel).

Anmerkungen:

1 Laurent Cohen-Tanugi, »La démocratie majoritaire et l'état de droit«, in: *L'interrogation démocratique*, Centre Georges-Pompidou 1987, S. 89ff.

2 Ich beziehe mich auf eine ausführliche Untersuchung von John Taylor, die am 3. Juni 1990 in der Zeitschrift *New York* unter dem Titel »Don't blame me« erschien sowie auf das Buch von Pascal Dupont, *La Bannière étiolée*, a.a.O., S. 152ff.

3 Richard Morgan, *Disabling America, The rights industry in our times*, New York 1984.

4 Auch hier verweise ich auf die Unterscheidung, die Laurent Cohen-Tanugi in *Métamorphoses de la démocratie*, Paris 1989, S. 120ff. vornimmt.

5 Zahlreiche Autoren haben zu Recht hervorgehoben, daß die Veantwortung immer mehr geleugnet wird, wenn die Versicherung uns vor den Folgen unserer Handlungen bewahrt. Jüngst äußerten sich dazu Alain Etchegoyen in *Le Temps des responsables*, Paris 1993 sowie Jean-Marie Domenach, *La Responsabilité*, Paris 1994, S. 30f.

6 In einer hochinteressanten Untersuchung über die neuen Grenzen der zivilen Verantwortlichkeit bringt Laurence Engel, Mitarbeiterin des Rechnungshofs, ihre Furcht zum Ausdruck, daß sich das amerikanische Modell des Rechts auf Verantwortung mit all seinen Nachteilen auch in Frankreich einbürgert. Im Hinblick auf den Verbraucherschutz schreibt sie: »Letztes Kriterium ist nicht mehr die Verantwortlichkeit im engeren Sinne, sondern die Möglichkeit, das Opfer darin zu bestärken, daß es mit einer legitimen finanziellen Entschädigung rechnen kann. So wird derjenige verantwortlich, der die Mittel hat, diese Ent-

schädigung zu zahlen, weil er versichert ist.« (*Notes de la Fondation Saint-Simon*, Februar 1993, S. 12.) Direkte Folge: Die Richter gehen die beteiligten Personen solange durch, bis sie jemanden gefunden haben, der in der Lage ist zu zahlen (hierfür gibt es den Begriff der deep-pokket liability). Laurent Cohen-Tanugi und Maria Ruegg haben in einem streitbaren Artikel Laurence Engels Darstellung der amerikanischen juristischen Hölle und ihrer möglichen Auswirkungen in Frage gestellt, vgl. *Le Débat*, Nr. 76, S. 137ff.

7 Odon Vallet, »Quand les moeurs changent le droit«, In: *Le Monde*, 20. Januar 1994.

8 Jean-Marie Le Pen sagte auf der Kundgebung vom 1.Mai 1993 in Dijon: »In unserem Land hat sich eine Art Besatzungszone gebildet, in der die französischen Bürger einer ganzen Reihe wesentlicher Rechte beraubt werden, die ihre Freiheit und Sicherheit betreffen. Das ist unerträglich. Die Unsicherheit, die in unseren Städten und in den Trabantenstädten herrscht und zu einer wahren ethnischen Säuberung an den angestammten Franzosen führt, ist nur eine Folge und keine Ursache.«

9 Vgl. *Le Monde* vom 20. Januar 1993. 1987 veranstaltete die »Front national« ein Kolloquium zum Thema »Eine Seele für Frankreich: der kulturelle Völkermord muß ein Ende haben.«

10 Treffen des Front national am 26. Oktober 1994 mit Bruno Gollnisch und Roger Holeindre.

11 Nach einem Bericht von M. Maillard, Betreuer am Gefängnis von Loos-lès-Lille, hat sich bei den Untersuchungsgefangenen in den letzten 15 Jahren ein Mentalitätswandel vollzogen: Sie haben nicht mehr das Gefühl, eingesperrt zu sein, um eine Schuld zu verbüßen, sondern betrachten sich als Ausgestoßene, als versehrte Wesen, die auf die Befreiung von ihrem Joch warten: »Das Gefängnissystem ist darauf ausgerichtet, daß man sich mit seiner Strafe, jedoch nie mit seinem Verbrechen oder Vergehen beschäftigt. [...] Die Gefangenen haben eine richtige Strategie, die es ihnen ermöglicht, die Verantwortung für ihre Tat herunterzuspielen und letztlich eine Minderung ihrer Strafe zu erreichen. Bei dieser Strategie wird die Schuld immer anderen zugeschoben, besonders der Gesellschaft.« Die Untersuchungsgefangenen wollen eine möglichst kurze Strafe bekommen und sprechen kaum über die Opfer, die sie geschädigt haben, reden aber immer wieder von sich als Opfern. (Diesen Bericht gab mir dankenswerterweise Antoine Garapon zur Kenntnis.)

12 René Girard, *La Route antique des hommes pervers*, Paris 1985.

13 Jean-Jacques Rousseau, *Träumereien eines einsamen Spaziergängers*, S. 693.

14 Jean-Jacques Rousseau, *Bekenntnisse*, Buch II, S. 59.

15 ebd.

16 Zu diesem Thema empfiehlt sich die Lektüre des überzeugenden Buches von André Glucksmann, *La Fêlure du monde*, Paris 1994

17 Muß man Angst vor der Macht der Richter haben und fürchten, daß die Aufwertung der Jurisprudenz der Volkssouveränität die Legitimität entzieht? Philippe Raynaud warnt vor einer Richterfigur, die zum »Wahrheitsorakel wird« und fordert, man solle nicht vor einer englischen Rechtsauffassung weichen, nach der Konflikte und Attribute der Souveränität verkannt werden (*Le Débat*, Nr. 74, S. 144ff.).

18 »Die Rechte töten das Recht, sie bedeuten nicht seine Übertreibung, sondern seine Auflösung«, sagt Irène Théry sehr richtig (vgl. *Le Démariage*, S. 354).

19 In *Le Monde* vom 6. April 1994 gibt Frank Nouchi eine hervorragende Zusammenfassung des Problems, »Les balbutiements de la nouvelle responsabilité médicale«.

20 »Die Richter gestatten es den Amerikanern, Prozesse anzustrengen, schon bevor ihnen Schaden zugefügt wurde, allein aufgrund von bestimmten Ängsten. […] Die Angst vor Schädigung wird selbst zu einem wirklichen, faßbaren Schaden.« (Laurence Engel, *Notes*, S. 13.)

21 Luc Ferry hat nachgewiesen, daß sich hinter solch radikalem Ökologismus in Wahrheit ein Anthropozentrismus verbirgt. Vgl. *Le Nouvel Ordre écologique*, Paris 1992.

22 Laurence Engel schlägt in Anlehnung an François Ewald vor, die Frage der Verantwortlichkeit von der der Entschädigung zu trennen und nie zu vergessen, die Sicherheit und Bedürfnisse der Opfer in Betracht zu ziehen. Mit anderen Worten, die Wiedergutmachung von Schäden zu erleichtern durch Strafverschärfung und Aufrechterhaltung des Begriffs der Schuld, eine Lösung, deren paradoxen Charakter sie selbst einräumt. (Vgl. *Notes*, S. 31, 37. 38).

23 Pierre-Yves Pétillon, *Histoire de la littérature américaine*, Paris 1993, S. 244.

24 Knut Hamsun, *Hunger*, München 1990, S. 17.

25 Im Fragment 113 von *Aurora* zeigt Nietzsche in der Folter des Asketen einen geheimen Willen zur Versklavung auf, ein Begehren, sich zu unterscheiden, um seinen Nächsten besser unterjochen zu können. In dem christlichen Verlangen, sich zu peinigen und sich wehzutun, erkennt er Machtlust, das weite Feld seelischer Lüsternheit, der sich der Machtwille hingegeben hat.

26 Ich übernehme hier eine Unterscheidung von J.R. Seeley, zit. bei Christopher Lasch, *Le Complexe de narcisse*, Paris 1980, S. 31.

27 In einer Studie des *Credoc*, »La maladie grave fait de plus en plus peur«, Nr. 51 vom 31. August 1990 betont R. Rochefort, in welch hohem Maß der Fortschritt der Medizin die Angst vor schweren Krankheiten vermehrt, die zunehmend als Fluch verstanden werden.

Kapitel 5

Ein neuer Sezessionskrieg

(Zwischen Männern und Frauen)

»Die Erektion an sich ist ein aggressives Phänomen«
Robert Merle, Les hommes protégés

»Beide Geschlechter werden sterben, jedes für sich.«
Marcel Proust, Sodom und Gomorrha

Man sieht sie gemeinsam auf den Straßen spazierengehen, Kinder im Wagen vor sich herschieben, lachen, essen und in öffentlichen Lokalen tanzen, sich sogar küssen. Doch hinter dem Lächeln, den Küssen und der freundlichen Erscheinung, die das tägliche Leben verlangt, spielt sich ein heimtückischer, totaler und gnadenloser Krieg ab. Von welchen Lagern hier die Rede ist? Ganz einfach, von Mann und Frau. Auf der einen Seite die Koalition der Konservativen, der Medien, der Männer der Kirche, der Filmindustrie und der Massenunterhaltung, die alle gegen die Frauen verbündet sind, um sie dem Arbeitsleben zu entreißen, sie nach Hause zu schicken und auf ihre Rolle als Mütter und Gattinnen zu verweisen. Auf der anderen Seite die versprengte Truppe eben dieser Frauen, jüngerer und älterer, die zugleich Opfer und Mittäter ihrer Unterdrücker sind und gnadenlos bestraft werden, weil sie es gewagt haben, ihr Haupt zu erheben und die Gleichberechtigung einzuklagen.

Von Hitler zu Playboy

Diese Konfrontation ist aber nur eine kurze Episode in einem uralten Krieg, der seit Beginn der Zeiten die Geschlechter einander gegenüberstellt. Denn der Mann, der mit jener tödlichen

Waffe ausgestattet ist, die man Penis nennt, ist von Grund auf aggressiv. »Gewalt, das ist der Penis oder das Sperma, das aus ihm herauskommt. Was der Penis tun kann, muß er mit Gewalt tun, damit ein Mann ein Mann sein kann.«[1] Mit diesem Fluch, der zwischen seinen Beinen baumelt, hat der Mann also nur einen Wunsch: töten, vernichten. Er bringt die Barbarei wie eine graue Wolke den Regen: »Die männliche Sexualität, die trunken ist vor tiefsitzendem Haß auf jedes Leben, besonders auf das der Frauen, kann wild werden, die Verfolgung ihrer Beute aufnehmen, die Nacht als Deckung nutzen und in der Dunkelheit ihren Trost, ihr Heiligtum finden.«[2] Für einen Mann bedeutet körperliche Liebe nahezu immer Gewalt und Mord: »Die amerikanische Kultur lehrt Männer in Filmen, Büchern, Liedern und im Fernsehen, sich als Killer zu sehen, Sex mit Tötung, Eroberung und Gewalt gleichzusetzen. Deshalb können so wenige Männer zwischen einem Liebesakt und einer Vergewaltigung unterscheiden.«[3] Was haben das Dritte Reich und Playboy und in noch stärkerem Maße Penthouse gemein? Die Pornographie, die einige Liberale hartnäckig verteidigen, die aber schlimmer ist als Hitler.[4] Denn die Sexindustrie ist nichts anderes als ein »Werkzeug zum Genozid« oder kurz gesagt: »ins Schlafzimmer geführtes und dort zelebriertes Dachau«.[5] Doch beachte man auch Picasso, Balthus, Renoir und Degas: Diese gefeierten Künstler lassen ihren Haß auf die Frauen ausströmen, indem sie sie als kleine laszive Mädchen und albern entrückte Tänzerinnen darstellen oder sie in Stückchen zerlegen, die sie aus Spott und zur Erniedrigung verkrüppeln, wie überhaupt die gesamte abstrakte Bildhauerei des 20. Jahrhunderts verfährt.[6] Die Vergewaltigung faßt also die zwischen den Geschlechtern herrschende Grundtonart zusammen: »Von prähistorischen Zeiten bis heute hat, wie ich glaube, die Vergewaltigung eine besondere Rolle gespielt: Sie ist nichts anderes als ein Einschüchterungsmittel, durch das die Männer alle Frauen fortwährend in Angstzuständen halten.«[7]

Ja, die überwältigende Mehrheit der Männer, wenn nicht gar alle, mißhandeln die Frauen auf die eine oder andere Weise. Den Frauen wird geraten, sich besonders vor denen in acht zu nehmen, die sie lieben: Die Liebesbeziehung ist nichts anderes als eine »durch suggestive Blicke ausgeschmückte Vergewaltigung«[8], ein verborgenes Herrschaftsverhältnis[9], und nur aus Mutlosigkeit sind die Frauen bereit, mit dem Mann ihres Lebens in Frieden zu leben.[10]

Als Opfer einer großen Verschwörung, bei der sich das Fernsehen und verschiedene Institutionen gegen die Frau verbünden[11] und kein geringeres Ziel als ihre Vernichtung verfolgen[12], ist sie das Paradigma der Unterdrückung schlechthin: als unterste Sklavin, niedrigste Proletarierin verkörpert sie das abgrundtiefste Leid und hat zum Mann das gleiche Verhältnis wie ein Jude zur SS. Der Haß, den ihr die phallische Elite entgegenbringt, ist so stark, daß »die Frauen und mit ihnen die Kinder fast überall auf der Welt zu einer gefährdeten Art geworden sind«![13]

Die weibliche Diktatur

Das stimmt nicht, erwidern empörte Politiker, Pfarrer, Intellektuelle, Familienväter und Professoren: Der wahre Märtyrer eines Paares ist der Mann und nicht die Frau. Indem sie die Ehe zerstören, drängen die Feministinnen den vereinsamten Mann in Hoffnungslosigkeit, Alkoholismus und Selbstmord: »Der Junggeselle ist wie ein Gefangener auf einem Felsen, wenn das Wasser steigt: Er ist ein biologisch Gestrandeter mit verzweifelten Träumen [...], im Bereich von Kriminalität, geistiger Krankheit, Depressionen und Mortalität ist allein der Mann das Opfer der sexuellen Revolution.«[14] Die Feministinnen, die der amerikanische Rechtspopulist Rush Limbaugh[15] als »Feminazis« bezeichnet, »bilden eine sozialistische und antifamiliäre Bewegung, die die Frauen dazu ermutigt, ihre Männer zu verlassen, ihre Kinder umzubringen, sich der Hexerei hinzugeben, den Kapitalismus zu zerstören und Lesben zu werden.«[16] Wer ist für den Zerfall der Familie, das Defizit der Sozialversicherungen und die Produktion eines Heeres von Straftätern verantwortlich? »Alleinerziehende Mütter!« antworten im Chor amerikanische und britische Konservative, »diese jungen Mädchen, die nur schwanger werden, um sich in der Warteliste für Wohnungen nach vorn zu drängeln.«[17] Wer ist schuld am verbrecherischen Genozid an Embryonen und Föten? Selbstverständlich die Befürworter einer liberalen Abtreibungspraxis. Und Kardinal O'Connor forderte im August 1992, in jeder katholischen Diözese Amerikas »ein Grab des nichtgeborenen Kindes« zu errichten, ein Pendant zum Grab des unbekannten Soldaten.[18] Die Feministinnen? Ein Äquivalent der Roten Khmer, sagte Professor Allan Bloom, der sich von ihnen in seiner Universität verfolgt fühlte wie ein von seinen Henkern verfolgter kambodschanischer Flüchtling.[19]

Die Männer sind also die großen Verlierer: Als Väter werden ihnen systematisch die Kinder vom Justizapparat weggenommen, der in ihren Augen damit »Rassismus« und »Tyrannei« beweist und sie sogar einem »stillen und perfiden Genozid« überläßt (Michel Thizon, Gründer von *SOS Papa*). Außerdem werden sie Tag und Nacht von gierigen und narzißtischen Kreaturen verfolgt, die sie in die Falle der Ehe locken, hartnäckig ihr Anrecht auf Glück und den Orgasmus einfordern und sie plötzlich links liegen lassen, um sich mit irgendeinem dahergelaufenen Typ einzulassen. Und auch die können sicher sein, daß die Justiz ihnen im Falle eines Rechtsstreites nie Recht geben wird.[20] Denn die Frauen sind überall, sie haben die standhaftesten Männerfestungen zu Fall gebracht, Familie und Schule zu Einrichtungen der Frauenherrschaft verwandelt. Außerdem erziehen sie die Kinder zu kindischen, weibischen Wesen, und selbst unsere geliebten Autos werden der schrecklichen weiblichen Anatomie unterworfen, da sich bei allen Herstellern runde und weiche Formen durchsetzen (Yves Roucaute). Sieht so die von den Frauen ausgebrütete Zukunft aus? Kommt es zu einer gigantischen soziopolitischen Mutterherrschaft: »Vom Gesetz gegen Alkohol- und Rauchwarenwerbung bis zum öffentlichen Rauchverbot, von der Anschnall- zur Helmtragepflicht, überall erscheint der Bürger als Kind, das vor sich selbst geschützt werden muß. Der Staat, der jetzt errichtet wird, heißt ›Vorsorge-Staat‹. Dürfte ich es wagen zu sagen, daß es sich hierbei *um die tückischste Form von Totalitarismus handelt, die der Menschheit jemals begegnet ist*?«[21] Die Frauen haben nicht nur den Sieg errungen, sondern sie besitzen noch die Unverschämtheit, länger zu leben als die Männer und wagen es noch, sich zu beklagen![22] Waren sie nicht schon immer hinterhältig und verlogen? Von der sanften Frédégonde bis zur Witwe Mao Tse-Tungs war die Geschichte von Frauen, die Macht besaßen, eine einzige Abfolge von Verbrechen, Lüsternheit und Hinterlistigkeit ohnegleichen.[23] Die Wahrheit, die man überall herausschreien muß, ist, daß »die Männer mehr zu leiden haben als die Frauen«, daß sie von ihren Erfolgen erdrückt werden, indem diese nach atemberaubenden Karrieren ihre männlichen Untergebenen zu Sklaven machen.[24] Im übrigen, das muß man zugeben, sind die Männer gar keine Männer mehr: verweichlicht, entmännlicht, durch den Umgang mit dem zweiten Geschlecht verzärtelt, müssen sie sich untereinander treffen, sich in Wälder und einsame Orte zurückziehen, um dort ihre verlorene Männlichkeit wiederzuerwecken, das »Tier, das sich in ihnen verkrochen hat[25] wiederzuentdecken, das große primitive Geschöpf, das von ihren Schwestern und Gattinnen erstickt wird.

Kurz gesagt tobt von beiden Seiten her in Amerika (und in milderer Form auch in Europa) eine kriegerische verbale

Auseinandersetzung, die bei aller Übertreibung nur zu einem Schluß kommt: Eine Koexistenz ist nicht mehr möglich. Man muß gegeneinander antreten oder sich trennen. *Was bleibt von den Beziehungen zwischen Mann und Frau, wenn jede der beiden Seiten die Stellung des Angegriffenen einnimmt? Krieg oder Trennung.* Die Infektion mit dem Opfervirus hat zur Folge, daß eine als schuldig bezeichnete Gruppe oder Klasse ihre eigene Unterdrückung verkündet, um der Anklage zu entgehen. In dieser feindseligen Auseinandersetzung stellt allein die Existenz der anderen Gruppe einen Angriff dar. Die Kluft zwischen den Geschlechtern wird so zu einer hermetisch abgeschlossenen Grenze umdefiniert, die zwei einander so fremde Arten wie Schlangen und Wölfe voneinander trennt. Der männliche oder weibliche Gegner hat allein das Recht, Buße zu tun, sich zu entschuldigen und öffentlich darzulegen, daß er »es ablehnt, ein Mann«[26] oder »eine befreite Frau« zu sein.

Lösen wir das Mißverständnis sogleich auf: Der Graben zwischen Amerika auf der einen Seite und Europa auf der anderen Seite scheint schier unüberbrückbar. Und dies aus einfachen Gründen: In Frankreich und Europa sind die Gesetze den Frauen und Kindern sehr viel wohlgesonnener als jenseits des Atlantiks, wo der Konservatismus der Reagan-Bush-Ära die Feministinnen zu Maximalforderungen angestachelt hat. Doch auch in dieser Frage wäre es vermessen, sich gegen eine amerikanische Ansteckung auf ewig für resistent zu halten. Amerika verfügt aufgrund seiner Anziehungskraft über die Fähigkeit, seine übelsten Laster zu verbreiten und zu exportieren und gleichzeitig seine unermeßlichen Tugenden zu bewahren. Man muß den Graben, der die beiden Kulturen voneinander trennt, auf der Ebene theoretischer Differenzen betrachten: Die Vereinigten Staaten stehen Frankreich nicht gegenüber wie der Puritanismus der Freizügigkeit, sondern als Träger einer anderen Art, die Leidenschaft für Demokratie

und Gerechtigkeit auszuleben.[27] Im Namen eines Gerechtig-
keitsideals zwischen Mann und Frau nimmt Amerika in nahezu besessener Weise eine Kodifizierung ihrer Beziehungen
vor, die von Feindseligkeit und Mißtrauen gefärbt ist; im Gegensatz dazu legt Frankreich, ohne diese Sorgen von der
Hand zu weisen, mehr Wert auf die Übereinstimmungen als
auf die Differenzen. Amerika neigt im Namen der Emanzipation zur Teilung, Frankreich im Namen des sozialen Um-
gangs zur Einigung. Je nachdem, ob die eine oder andere Seite
obsiegt, wird die gesamte Struktur dieses fundamentalen
Bundes sich grundlegend ändern.

Freiheit, Gleichheit, Verantwortungslosigkeit

Zwei Umstände, sagte Montesquieu, zerstören die Republik:
das Fehlen von Gleichheit und eine auf die Spitze getriebene
Gleichheit. In dieser Hinsicht leben wir immer noch in einer
von männlichen Werten bestimmten Welt, sowohl in der Politik als auch im Bereich der Erwerbstätigkeit oder der Erledi-
gung häuslicher Aufgaben.[28] Außerdem ist es wahr, daß es
weiterhin Gewaltausübung gegen Frauen gibt, die sich von
erzwungenen inzestuösen Verhältnissen bis zu Schlägen und
Verletzungen erstreckt.[29] Die wenigen Frauen, die Stellungen
mit gesellschaftlicher Verantwortung erreichen, müssen sich
mit einem Panzer umgeben und, wie es der bekannte Ausdruck treffend sagt, zu eisernen Ladies werden, um Anerkennung zu erhalten, besonders in öffentlichen Funktionen. Ben
Gurions Worte über Golda Meir: »Sie ist der einzige Mann in
der Regierung«, ist in dieser Hinsicht bezeichnend und hat
noch heute in vielen westlichen Ländern Gültigkeit. Von der
Ungleichheit des Alterungsprozesses oder der Tyrannei von
Schönheitsidealen ganz abgesehen, wird eine Frau mit gleichen Fähigkeiten in einer Regierung oder einem Unterneh-

men ständig dazu angehalten, sich unter Beweis zu stellen, das heißt mehr zu leisten, um sich für ihren Erfolg zu entschuldigen. Es scheint, daß der Übergang von der Untergeordneten zur Gleichgestellten Nachahmung verlangt: Um die Männer zu schlagen, muß man sich auf ihrem Terrain bewegen und ihre Vorgehensweisen anerkennen. Weil der Mann nach wie vor der »universelle Mensch«[30] und der Maßstab ist, gibt es zahlreiche weibliche Führungskräfte, Journalistinnen und Professorinnen, die gezwungen werden, sich in Drachen oder Mannweiber zu verwandeln, um ernstgenommen zu werden (Frau Thatcher versuchte, das Gegenteil zu demonstrieren, kehrte ihre Rolle als Gattin hervor und ließ sich beim Kuchenbacken für ihren Mann photographieren).

Erkennt man das Weiterbestehen der männlichen Wertmaßstäbe an, erscheint das Lamento über die Dekadenz, die umfassenden Ausschweifungen, die Zerstörung der Familie etc. a priori als lächerlich. Dreißig Jahre nach der feministischen Revolution ist es in unserer Gesellschaft immer noch einfacher, ein Mann zu sein, die wichtigsten Führungspositionen sind nach wie vor in der Hand von Männern (selbst wenn die Justiz in manchen Punkten, zum Beispiel dem Sorgerecht nach der Scheidung, die Frauen in unzulässiger Weise bevorzugt, wobei auch diese Tendenz rückläufig ist).[31] Denn die Macht zu teilen bedeutet nicht abzudanken, und man verwechselt zu Unrecht Zugeständnisse mit Revolution.[32]

Dennoch wäre es absurd, die Bedeutung der Veränderungen, die sich in den letzten Jahren vollzogen haben, zu leugnen. Seit mehr als einem Jahrhundert erleben wir ja das Ende der Autorität, die früher automatisch den Männern zukam. Nachdem die Idee der Gleichheit einmal anerkannt worden ist, wird es für die Männer schwierig, ihre Gefährtinnen weiterhin in Unmündigkeit zu halten und ihnen die Rechte zu verweigern, die sie sich selbst zugestehen. Der Mann, der sich einst für das menschliche Wesen schlechthin, die Verkörperung der Vernunft hielt und die Frau dem Bereich der Natur und der Wildnis zurechnete, sieht sich nun gezwungen, seine Vorherrschaft zu relativieren. Und dies auch, wenn auch für ihn Napoleons Ausspruch: »Die Anatomie bestimmt das Schicksal« Gültigkeit hätte?

Was sich in den letzten zwanzig Jahren vor allem geändert hat, ist die Toleranzschwelle unserer Gefährtinnen gegenüber Gewalt, Leiden und Langeweile: Vorbei sind die Phasen langer Zurückgezogenheit, während derer sich unsere weiblichen Vorfahren wegen der Moral oder des ihrem Geschlecht geschuldeten Respekts den Kopf zerbrachen, vorbei die stoische Langmut gegenüber den Schlägen eines cholerischen Gatten. Vorbei auch der einseitige Treuekult, der ein junges Mädchen zwang, ihr ganzes Leben lang nur einem Mann zu gehören. Vorbei der jahrhundertealte Gleichklang von Weiblichkeit, Geduld und Resignation. Der Anstieg der Scheidungsraten in unserem Kulturkreis entsteht dadurch, daß die Ehefrauen nicht mehr zögern, im Namen ihres persönlichen Erfolges oder einer bestimmten Vorstellung von Glück ihre Männer zu verlassen. Und wer könnte ihnen das zum Vorwurf machen? Die wichtigste Veränderung in diesem Bereich in den letzten fünfzig Jahren ist, daß Frauen Herd und Familie verlassen und sich in der Wirtschaft und an den Universitäten behaupten, bis zu den höchsten Positionen hinauf. Dagegen wirkt die in bestimmten muslimisch-traditionalistischen Ländern selbstverständliche männliche Omnipräsenz geradezu schockierend, bei der das weibliche Element zurückgedrängt, eingeengt, verschleiert, eingegittert und auf untergeordnetem Rang gehalten wird. Ein Trauerspiel bieten diese Frauen, die hinter einem Stück Stoff, wenn nicht hinter Gittern, eingesperrt sind. Einen traurigen Anblick bieten auch die mit jungen Leuten gefüllten Cafés und Straßen, an deren Gesichtern ihr Liebeselend und die Gewißheit einer lebenslangen Frustration abzulesen ist.

Die Errungenschaften des zweiten Geschlechtes bei uns mindern oder schwächen das katastrophale Bild, das zahlreiche, besonders amerikanische Feministinnen von ihrer Situation zeichnen. Allzu oft schadet die Maßlosigkeit der Vorwürfe der Glaubwürdigkeit der Plädoyers. So legt Susan Faludi beispielsweise deutlich dar, inwieweit in den Vereinigten Staaten selbst Antifeministinnen gemäß den Wertvorstellungen handeln, die sie selber ablehnen: Unabhängigkeit von Urteil und Tun, finanzielle und berufliche Unabhängigkeit etc. sind ihnen selbstverständlich. Sogar in seiner Ablehnung des Feminismus ist der Neokonservativismus feministisch und widerspricht in seinem Lebensstil seinen Forderungen nach der Rückkehr der Frauen an den Herd. Wie Marilyn French zu behaupten, die Frauen genössen keinerlei Freiheit, ein riesiges Spinnennetz überwache jeden ihrer Schritte, macht das große Echo und die Popularität feministischer Proteste unerklärlich. Echter Mißbrauch liegt vor, wenn man die Anorexie, unter der einige junge Mädchen als Opfer der Modediktatur, die ihnen dünn zu bleiben befiehlt, leiden, mit den Vernichtungslagern der Juden vergleicht (Naomi Wolf).[33] Wenn die Wiederkehr des Stockes, der die Frauen in den Vereinigten Staaten zu Haushalt und Mutterschaft zwingt, wirklich so erbarmungslos wäre wie Susan Faludi es beschreibt, wie sollte man dann erklären, warum dieselben Frauen vermehrt »in die Erwerbsarbeit einsteigen«, »später heiraten«, »die Größe ihrer Familie begrenzen und parallel zur Erziehung ihrer Kinder weiterarbeiten«? Wie soll man einen derartigen Kampf ernstnehmen, wenn die Autorin, nachdem sie Perlenketten und Miniröcke als Ursache »einer politischen Sicht von Sexualität« gebrandmarkt hat, triumphierend schreibt: »Den Modeschöpfern ist es nicht gelungen, die Frauen ihren frivolen Vorstellungen zu unterwerfen; trotz der in den Geschäften im Überangebot ausliegenden Strumpfhalter und Bodys haben sie weiterhin Baumwollun-

terwäsche gekauft.« Hat man je gesehen, daß ein Kampf tita-
nischen Ausmaßes durch den Kauf von Baumwollslips und
den Boykott von Dessous gewonnen wurde? Man kann hier
nicht umhin, sich an kirchliche Schmähschriften gegen weibliche Nacktheit, gegen Büstenhalter und Korsetts erinnern zu
fühlen.

> »Was soll man von Frauen halten, die künstliche Mittel oder ein Korsett
> verwenden, um die Vorwölbungen ihrer Körper noch stärker zu betonen
> oder sie auf irgendeine Art und Weise zu vergrößern oder zu simulie-
> ren?« donnert am Ende des 17. Jahrhunderts ein ehrwürdiger Vater.
> »Manche Priester fordern, daß derartige Korsagen am Halse mit einem
> Tüchlein, einem Stück Stoff oder einem Schal bedeckt werden. Dieses
> Heilmittel scheint uns das Übel eher zu begünstigen als zu zerstören.
> [...] Es scheint wünschenswerter, Schals und Tücher zu gebrauchen und
> gleichzeitig alle anderen Mittel zu verwerfen, da sie christlichen Frauen
> in keiner Weise angemessen sind. Auf diese Weise werden Mängel nicht
> bemerkt, die Keuschheit nicht verletzt, und das Seelenheil läuft keinerlei
> Gefahr.«[34]

Hier kommt der Verdacht in uns auf, daß der Zorn mancher
Feministinnen weniger aus einem Rückschritt als eher aus
dem Fortschritt, der Gewißheit, daß die Errungenschaften
der Bewegung tatsächlich unwiderruflich sind, entsteht.
Wenn die Frauen ein »neues Recht, das Recht, unglücklich zu
sein«,[35] erworben haben, wenn sie sich zwischen Liebe, Kindern und Karriere zerreißen, sind sie, den Männern folgend,
zu Privatpersonen geworden, die gezwungen sind, sich in
Unruhe und durch vorsichtiges Umhertasten selbst zu definieren. Ein enttäuschender Sieg: Die Autonomie hat die alten
Bürden, die zum Leben der Frauen gehören, nicht aufgehoben, sie aber der Rücksichten beraubt, die man früher auf sie
nahm. Außerdem kommt diese Autonomie im bedrohlichen
Gefühl eines Jeder-für-sich zum Ausdruck. Wir haben schon
gesehen, daß Freiheit entzaubert und vereinzelt, während Befreiung vereint und begeistert. Die beiden stehen einander gegenüber wie die Prosa der Poesie, wie die Achtung des Gesetzes einem fröhlichen Abstreifen aller Fesseln. Anders aus-

gedrückt entsteht das Gefühl der Leere und Erschöpfung, das viele Frauen (und auch Männer) empfinden, nicht aus einem Rückschlag, sondern aus erreichtem Fortschritt.

Im übrigen sind die Haßtiraden, die man von beiden Seiten hören kann, kein gutes Omen: Es ist, als müßten sich die Beziehungen zwischen den Geschlechtern notwendigerweise in dem Maße vergiften, in dem ihre Lebensbedingungen sich einander annähern. Es ist unsere Aufgabe zu zeigen, daß die Liberalisierung der Sitten nicht unbedingt zu Krieg oder Nörgelei führen muß. Das Patriarchat und die Ehe waren in erster Linie Garanten des Friedens zwischen Männern und Frauen. Es gab im Feminismus stets zwei Komponenten, die eine antiautoritär und liberal, die andere sektiererisch, voller Ressentiments und Gebärmutterchauvinismus. Wenn es gelänge, der ersten Komponente zuzustimmen und mit unseren Lebensgenossinnen alles abzulehnen, was nach Diskriminierung aussieht, alles, was sie daran hindert, ihre Fruchtbarkeit zu kontrollieren und ihnen keine freie Wahl läßt – denn was ist der Feminismus anderes als die Forderung des zweiten Geschlechts, persönliche Würde zu erlangen? – wäre es nicht schwierig, in der sektiererischen Position eine gewisse Unstimmigkeit nachzuweisen. Abgesehen davon, daß die Frauenbewegung sich nicht der Rache, sondern dem Recht verpflichtet fühlen sollte, ist es offensichtlich, daß einige Kämpferinnen weniger die Gleichheit als vielmehr eine »bevorzugte Behandlung«[36] fordern und sich wie eine Lobby verhalten, die darauf aus ist, mit allen Mitteln mehr Trümpfe im Kampf um die Macht zu ergattern.

Wenn man sie liest, wird einem klar, daß ihre Forderungen niemals befriedigt werden können, daß der geringste Rückschritt sogleich den Phallusträgern zugeschrieben wird, die sie als ihre Prügelknaben ständig umbringen und wiedererwecken wollen, um sich selbst nicht in Frage stellen zu müssen. Das Feindbild, das es ermöglicht, die Gruppe zusammenzuschweißen, muß stigmatisiert werden: der weiße heterosexuelle Mann, der mit drei unheilbaren Mängeln behaftet ist: seinem Geschlecht, seiner Hautfarbe und seiner zur Verzweiflung treibenden Normalität, der ein entsetzlicher pathologischer Wert zukommt (im Gegensatz dazu steht das ideale Opfer, zum Beispiel die unbedingt zu schonende schwarze Lesbe, die als Frau, Homosexuelle und Afro-Amerikanerin dreifach geschützt ist). Dieses Monster muß gleichzeitig fürchterlich und lächerlich dargestellt werden, brutal und doch bedroht durch die kleinste Forderung, als Riese auf tönernen Füßen, dessen Stärke man ebenso fürchten muß wie seine Schwäche.[37] Es kommt unseren Kreuzritterinnen nicht in den Sinn, ihre Gegner differenziert zu betrachten, einen Sinn für Feinheiten zu entwickeln und in ihrem Zorn nicht die westlichen Länder, die einzigen, in denen die Frauen über Rechte verfügen, mit traditionellen, besonders den muslimischen Ländern, zu verwechseln, in denen das Los ihrer Schwestern oft grauenvoll ist (in islamischen Ländern als Frau geboren zu werden heißt, als Verdächtigte geboren zu werden, und im Kampf gegen den Fundamentalismus ist das zweite Geschlecht der beste Verbündete). Doch das entscheidende liegt im Narzißmus des rhetorischen Effekts, liegt darin, sich auf billige Weise in die Toga des Aufständischen zu hüllen, der Unabhängigkeit die Züge gänzlicher Unterdrükkung zu verleihen, um sich ein künstliches Gewand des Widerstandes anzulegen. Als löschten die Widerstände, auf die man trifft – so hart sie auch sein mögen – alles bereits Erreichte aus, als könne man eine Algerierin, die von den Fundamentalisten wegen ihrer Weigerung, den Schleier zu tragen, zum Tode verurteilt wird, mit irgendeiner Französin oder Amerikanerin vergleichen, die Beziehungs- oder Berufsprobleme hat. Durch ein derartiges Vorgehen wird der Eintritt in ein Zeitalter der Verantwortlichkeit endlos hinausgezögert, damit man weiterhin die doppelte Rolle der Siegerin und Besiegten genießen kann. Weiterhin kämpft man in aller Unbesonnenheit für Gleichheit, Freiheit und Unreife. Wird die Rhetorik der Unterdrückten ohne Behutsamkeit verwendet, erinnert sie an die Hinterlist eines Gesunden, der als krank gelten will und dadurch den echten Opfern schadet, die zu ihrer Verteidigung eine angemessene Sprache und die passenden Worte brauchen.

Meine Wurzeln, mein Ghetto

Nachdem sie, oftmals gegen ihren Willen und ohne sie ganz aufzugeben, die Rollen, die ihnen bestimmt waren, verlassen haben, befinden sich Männer und Frauen künftig in einer unsicheren Lage und sehen sich gezwungen, von den alten Modellen ausgehend, neue zu basteln. Dieses Durcheinander wirkt jedoch verunsichernd, und so erklärt sich das nostalgische Schwärmen mancher Frauen für den klassischen Macho, den sie zugleich verspotten. Und die Männer sind erstaunt, es mit Frauen zu tun zu haben, die gleichzeitig traditionsorientiert und befreit sind. (Wenn der andere aus seinem angestammten Ort ausbricht und keine dauernde Bestimmung findet, macht er mich wahnsinnig.) Es gehört zur Emanzipation, aus uns verunsicherte Gestalten zu machen, Vagabunden, die zwischen verschiedenen Bestimmungen und Berufungen schwanken. Insofern bedeutet die Suche nach »echten Männern« oder »echten Frauen«, daß wir unseren Wunschträumen nachjagen, die Sicherheit eines Archetyps suchen oder versuchen, gegen das Schwindelgefühl anzugehen, das uns überkommt. Weiblichkeit läßt sich nicht mit den Kategorien Blaustrumpf, Nutte, Muse oder Mutter erfassen, ebensowenig wie Männlichkeit allein durch die Begriffe Chef, Athlet, Boß oder *pater familias* beschrieben werden kann. Der Feminismus hat unsere Wahrnehmung von Männern und

Frauen durcheinandergebracht. Sie sind weder so modern noch so rückständig, wie man allgemein annimmt. Deshalb zeigt sich auf beiden Seiten ein Bedürfnis nach Klarheit: Sag mir, wer du bist, damit ich weiß, wer ich bin. Was die beiden Geschlechter vermissen, ist nicht ihr früheres Verhältnis zueinander, sondern die Einfachheit, mit der früher die Abgrenzung voneinander vollzogen wurde. Sie möchten die Qualen der Unentschlossenheit beenden, dem anderen einen Aufenthaltsort zuweisen, ihn auf eine Definition festlegen. Eine uralte Ordnung ist erschüttert worden, ohne daß eine neue zum Vorschein gekommen wäre, und wir leiden darunter, in der Zugluft zu wohnen.

Daraus ergibt sich eine zweifache, symmetrische Versuchung: entweder, man zieht sich auf seine Besonderheit zurück und schließt sich darin ein, oder man fegt sie mit einem Handstreich hinweg. Die erste Haltung preist die Unterschiede zwischen den Geschlechtern als unabänderliche Bestimmung für das ganze Leben. Und während die Männlein sich nach dem Beispiel der Jünger Robert Blys im Walde treffen, um sich dort auf die Brust zu schlagen und unter ihren Achseln zu schnuppern, besingen die Ökofeministinnen und andere Matriarchatsanhängerinnen ohne Ende den weiblichen Körper, dessen auserlesene Sekretionen und die weibliche Sanftheit, die sie der Rohheit des auf »Opfer, Verbrechen und Krieg«[38] gegründeten Patriarchats entgegensetzen. Die Tatsache, als Mann oder Frau geboren worden zu sein, wird zum Schicksal, dem man sich nicht entziehen kann. Jedem einzelnen bleibt nichts anderes übrig, als je nach der Kategorie, in die er geraten ist, das zu verwirklichen, was Aristoteles sein *telos* nannte, seine Wesenhaftigkeit und sein Ziel, eine punktuelle Entität innerhalb einer Gattung, die ihm vorausgegangen ist und auf ihn folgen wird. Das Individuum ist gleichzeitig Erbe und Übermittler, es wird lebenslang im Ghetto seines stets gleichbleibenden Andersseins eingesperrt.

Es selbst ist nichts, seine Gruppe ist alles, und diese Zugehörigkeit legt es wie in der reaktionären Romantik wie durch ein gnadenloses Gebot fest.

Dieser Gedanke der Geschlechtlichkeit als Schicksal wird oft von einem Traum von Reinheit begleitet, in dem man aus Angst, ein geschlechtliches Mischwesen zu sein (wie man auch von Mischblut spricht) alles, was hybride ist, aus sich verbannt. Die einen finden an der Vorstellung einer von Männern befreiten Welt Gefallen; sie würden durch eine energetische Vernichtung auf zehn Prozent der Weltbevölkerung reduziert[39], weil sie dank einer monosexuellen Fortpflanzung durch Klonierung überflüssig wären. In dieser schönen neuen Welt wäre das Mutter-Tochter-Verhältnis das zentrale Modell menschlicher Beziehungen, und man könnte eine rein weibliche Sprache, ein rein weibliches bürgerliches Recht schaffen (Luc Irigaray). Dort spräche man zum Beispiel von »Ovular« statt »Seminar« und könnte von der »egotestikularen« Perspektive loskommen, die der männlichen Weltsicht entspricht. Der Profilierungswahn geht bei manchen radikalen Lesben so weit, sich Godemicheen, künstliche Phalli vorzustellen, deren Form Blumen oder Pflanzen nachempfunden wäre und die in keiner Hinsicht mehr an den verhaßten Penis erinnerte. Auf der anderen Seite werden die Männer, die von der Kastration bedroht sind, dazu aufgefordert, sich von Müttern, Schwestern und Geliebten zu trennen, sich von der weiblichen Anziehungskraft fernzuhalten, die sie verweichlicht und pervertiert. (Die Jünger Robert Blys schließen Frauen aus ihren Versammlungen aus.) Die Frau wird als Freundin und als Gegenstand der Lust abgelehnt. Dies drückt der englische Schriftsteller Philip Larkin auf brutale Weise so aus: »Ich habe keinerlei Lust, mit einer Frau auszugehen und fünf Pfund auszugeben, wo ich mir doch zu Hause umsonst einen runterholen und den Rest des Abends in Ruhe verbringen kann.[40]«

Eine finstere Utopie, die zwischengeschlechtliches Zusammenleben unmöglich macht: die sexuelle Zugehörigkeit erhält den Status einer Rasse, sie verbietet jeden Austausch. Jedes Geschlecht ist eine in sich geschlossene Menschheit: Männer und Frauen bilden zwei große Stämme, die auf den gegenüberliegenden Seiten eines Flusses ihre Lager aufschlagen und sich weder sehen noch verstehen und sich erst recht nicht begegnen können.[41]

Umgekehrt gibt es eine Strömung, die alle zwischen dem Männlichen und Weiblichen bestehenden Schranken negiert. Danach gibt es keine sexuellen Identitäten, es sind künstliche Konstrukte, die sich aus einer historischen Beherrschung ergeben haben. Geben wir diese Unterteilung auf, vergessen wir die völlig unwesentliche Tatsache, daß wir unterhalb des Bauchs ein Glied oder ein Vulva haben, und kämpfen wir gemeinsam für ein einziges Credo: was ein Mann kann, das kann auch eine Frau und umgekehrt! Ein solches Denken, das konsequent zu Ende geführt wird (man hat es zu Unrecht oft Sartre und Simone de Beauvoir vorgeworfen), macht aus den Geschlechtsunterschieden eine so unwesentliche Sache wie »die Augenfarbe oder die Länge der Zehen«.[42] Es gibt keine Männer und Frauen mehr, sondern nur noch einzigartige Wesen ohne Vergangenheit oder Wurzeln, die ihrer biologischen Beschaffenheit gegenüber gleichgültig sind und sich jeden Morgen neu erfinden können. Deshalb gilt es, die absurde Trennung, die vormals die Beziehungen zwischen den beiden Geschlechtern bestimmte, aufzuheben. Dies reicht vom Zugang der Frauen zu allen bisher den Männern vorbehaltenen Berufen (inklusive der brutalsten) bis zur Reinigung der Sprache von allen Spuren männlicher Vorherrschaft. So will man im Englischen sorgfältig alle Begriffe, die das Wort *man* enthalten, aufspüren. Es soll dann nicht mehr »chairman«, sondern »chairperson«, nicht mehr »policeman«, sondern »policeofficer« heißen und nicht mehr von »no man's land«, sondern von neutralem Territorium gesprochen werden. Im Französischen sollen alle Berufsbezeichnungen feminisiert und der grammatikalischen Regel, nach der das männliche sich gegenüber dem weiblichen Geschlecht in allen Fällen durchsetzt, abgeschworen werden. Anders gesagt sollte die alte, ungerechte Teilung in Männlich und Weiblich sich so schnell wie möglich im Einheitsgeschlecht auflösen. Das Ganze ist ein gewaltiger Reduktionismus, der die Spannungen zwischen Männern und Frauen dadurch aufheben will, daß er verkündet, es gäbe letztere eigentlich gar nicht oder nahezu nicht.

Im einen Fall werden die Geschlechter wie zwei hermetisch voneinander abgeriegelte Parteien definiert; im anderen fegt man die alte Abgrenzung der Geschlechter hinweg und legt fest, daß die Menschlichkeit ohne Rücksicht auf die lächerlichen Attribute, die uns die Natur von Geburt an mitgibt, allen zugänglich ist. Einmal ist die geschlechtliche Differenz radikal und Trägerin unvereinbarer Lebensweisen, ein andermal ist sie eine künstliche Grenze, die man schleunigst vergessen sollte, um zur universellen Gleichheit zu gelangen. Sie ist eine zweifache Sackgasse, die unüberwindliche Festungsmauern errichtet oder sie mit einem Federstreich umwirft. Doch daraus, daß die traditionelle Trennung in ihren Festen erschüttert wurde, kann man nicht schließen, daß die sexuelle Identität ein Köder ist, ein Produkt unserer ungut verlaufenen Geschichte. Die Teilung hat die Liberalisierung der Sitten, die weder Geheimnisse noch Schrecken zerstreut hat, bestens überstanden. Der schwer lastende Unterschied wird um so prägnanter, als er alle Züge einer falschen Ähnlichkeit trägt (dies gilt auch für Berufe, in denen eine vollständige geschlechtliche Durchmischung herrscht). Das eine wird nicht zum anderen, was nah ist, bleibt weit entfernt. Wie früher sind die zwischengeschlechtlichen Beziehungen weiterhin mit Vorurteilen durchsetzt, die gleichzeitig dementiert und bestätigt werden und die Grundlage gegenseitiger Feindseligkeit bilden. Die Männer verbreiten über ihre Gefährtinnen weiterhin archaische Vorurteile und sehen ihre Sexualität nach wie vor mit einer Mischung aus Schrecken und Faszination, wenn nicht gar Abscheu. Die besorgniserregende Nähe des zweiten Geschlechtes in unserem Kulturkreis treibt sie manchmal dazu, sich gegenseitig in Rüpelhaftigkeit zu überbieten und sich die Solidarität einer gegen unberechtigte Eindringlinge gerichteten Horde zu eigen zu machen.

Seine Zugehörigkeit vergessen

Eine Rückkehr zum *status quo ante* ist unvorstellbar. Die Männer der postfeministischen Ära, so machoartig sie noch sein mögen, haben keinen männlichen Patriotimus mehr zu verteidigen und lassen sich nicht mehr auf einige Archetypen reduzieren. In dieser Frage ist es schwer möglich, sich einzureden, daß die vergangenen Jahrhunderte dem unseren überlegen waren. Die aufgegebenen Privilegien konnten auch Halseisen sein, an denen unsere Vorfahren schwer zu tragen hatten. Die finsteren Histrionen unter ihnen, die den Haushalt mit eiserner Hand regierten und Frauen, Kinder und Tiere terrorisierten, sind keine verführerischen Gestalten. Wo war der Reiz eines Daseins, das zwischen Freudenhaus und Ehebett hin und her schwankte und dort nur Betrug, hier nur vorgetäuschte Hingabe vorfand? Innerhalb gewisser Grenzen haben auch die Männer dazugelernt. Wenn man alles, was sie der Emanzipation der Frauen allein im intellektuellen, beruflichen und kulturellen Bereich verdanken, zusammenzählte, würde man zahlreiche unverzichtbare Zugewinne entdecken, ohne die unsere Zeit weder Würze noch Geist hätte. Jenseits der Gefechte und des Mißtrauens sprechen vor allem diese wesentlichen Beiträge für die jetzige Bewegung. Dank der Ausbildung und der Arbeit haben die Frauen an Intelligenz, Subtilität, Tiefe und Freiheit des Ausdrucks und Denkens gewonnen; sie bieten jetzt vielseitige Facetten, wo sie gestern durch Konventionen, Sitten und Religion auf die Rolle der Hausfrau und Mutter beschränkt waren, vor allem wenn sie den unteren Schichten angehörten. Mit seiner Gattin, seiner Geliebten oder seinen Freundinnen sinnliche und geistige Vergnügen genießen zu können, in ein und derselben Person Geist, Charme und Humor zu erleben, ist ein unschätzbarer Segen unserer Zeit, dem das geniale 18. Jahrhundert mit seinen freigeistigen Frauen, die samt und sonders Personen von Hofe und hohen Ranges waren, den Weg gebahnt hat. Was wiegt dagegen der Verzicht auf die dürren Vorrechte früherer Zeiten, auf das traurige Glück, mit einem Hausmütterchen oder einer Puppe alt zu werden, die es der ganzen Welt übel nahm, ihr Leben versäumt zu haben und durch das Alter in eine Megäre oder Harpyie verwandelt wurde. Wie kann man nur einen Augenblick lang dem Gejammere der Propheten der Männlichkeit, den Seufzern griesgrämiger Junggesellen Achtung schenken? In ihrer Suche nach einem Schuldigen für ihren Seelenschmerz, ihrer Art, wegen ihres Kummers und ihrer Herzenswunden der Frau an sich den Prozeß zu machen, liegt etwas Groteskes und sogar Abstoßendes. Die männliche Vorherrschaft war in erster Linie auch eine Verstümmelung der Männer selbst, und hier läßt sich mit Charles Fourier sagen, daß »die Ausweitung der Rechte der Frauen das allgemeine Prinzip alles sozialen Fortschritts ist«.

Wenn die Beziehungen zwischen den beiden Flügeln der Menschheit sich nicht gebessert haben – denn Befreiung bedeutet nicht Gelassenheit – sind sie immerhin komplexer geworden; sie haben sich nicht vereinfacht, sind aber interessanter geworden, da sich zwei einander (fast) gleichwertige Kräfte gegenüberstehen. Viel eher als Männer oder Frauen sind wir Privatpersonen, die derselben Maxime unterworfen sind: uns zu entwickeln, uns ohne die Krücken von Glauben und Bräuchen zu verwirklichen. Die Notwendigkeit, uns als autonome Individuen zu verstehen, die für ihre Handlungen und Niederlagen verantwortlich sind, schweißt uns mit allen Ängsten und aller Einsamkeit, die dies zugegebenermaßen mit sich bringt, aneinander. Nur mit der Definition »Frau« zu sein, wird man einer Person noch nicht gerecht: wenn der Unterschied zum anderen einmal erkannt ist, muß der andere nicht auf diesen Unterschied reduziert werden. Wenn ich nicht in die Gemeinschaftlichkeit zurückfallen will, werde ich nur zum Individuum, indem ich meine Wurzeln vergesse und eine neue Geschichte anbrechen lasse, die nur mir gehört: »Man nennt *den* einen Freigeist, welcher anders denkt, als man von ihm auf Grund seiner Herkunft, Umgebung, seines Standes und Amtes oder auf Grund der herrschenden Zeitansichten erwartet.«, sagt Nietzsche.[43] Frei sein bedeutet mit anderen Worten, sich von seiner Geburt loszureißen und sie gleichzeitig anzunehmen. Wir kommen nicht aus dem Nichts, doch haben wir die Möglichkeit, unser Leben zu erfinden, ihm einen Lauf zu geben, der nicht genau den Vorgaben des Ererbten entspricht. Unsere Handlungen sind nicht die einfache Folge unserer Herkunft, sie gleichen uns, weil wir niemand anderem gleichen. Wenn Allan Bloom der Frauenbewegung vorwirft, »nicht in der Natur begründet zu sein«[44], hat er vollkommen recht, doch vergibt er, daß die gesamte Menschheit in einem Prozeß der Emanzipation von der Natur entstanden ist.

Ein Mann oder eine Frau zu sein schafft also noch keine Klärung. Die Begriffe männlich und weiblich bestehen weiterhin, ohne daß wir genau wüßten, was sie bezeichnen. Allgemeine Aussagen über diese Begriffe mögen vielleicht einmal eine gewisse Richtigkeit gehabt haben; künftig sind sie weder wahr noch falsch, sondern unbeweisbar. Da wir nicht in der Lage sind, ohne Zögern Aussagen zu treffen, sehen wir uns gezwungen, unser Urteil auszusetzen. Eine gewisse Anzahl von Tugenden und Mängeln verteilt sich wie ein endlich gemeinsames Erbe gleichmäßig auf die Geschlechter. Die klassischen Modelle sind nicht verschwunden, sie haben sich relativiert und ihre Autorität eingebüßt (daher die ironische Wiederkehr des Vamps und des Machos, der Sexbombe und des durch Bodybuilding aufgeblasenen Rohlings, die diese Stereotypen mit deren eigenen Insignien parodieren). Kurz, der Weg ist nicht mehr vorherbestimmt, das ist das neue, und das ist sehr viel. Für die Frauen gibt es also keinen Grund, auf ihre Weiblichkeit zu verzichten, da es ihnen ganz im Gegenteil freisteht, neue Lebensweisen zu erfinden (falls nötig durch Übertreibung der alten Rollen). *So begrenzt der Innovationsspielraum sein mag, so schwer die historischen Lasten sein mögen, so ist doch innerhalb der uralten Polarität künftig eine Vielzahl von Schicksalen möglich.* Die neue Eva wird noch lange der alten ähneln, doch wäre es kurzsichtig, nicht zu erkennen, was sie bei aller Gleichartigkeit schon von einander unterscheidet. Zwar vollzieht sich diese Revolution im kleinsten Maßstab, doch ist sie von entscheidender Bedeutung. Anstatt wieder einen identitätsstiftenden Raum zu schaffen, um diese leichte Veränderung fernzuhalten, sollte man in ihr lieber die Chance sehen, bisher unbetretene Wege zu beschreiten. Da a priori nichts einen Sinn hat – darin liegt die Größe und der Fluch der Moderne – muß sich jeder in Verworrenheit und Verzückung selbst schaffen. Dabei dürfen die Lebensweisen früherer Zeiten nicht als etwas Anderes gesehen werden als ein Rückhalt oder ein Ausgangspunkt, nie jedoch als Versteck oder Zuflucht.

Die Femmes-fleurs und die Pornokraten

Alles ist Vergewaltigung, die Vergewaltigung ist überall: sie schwebt im Blick der Passanten, ihrem Gang, ihren Gesten und in der Atemluft über jeder Frau wie eine riesige und ständige Bedrohung. Diese Botschaft erreicht uns aus den Vereinigten Staaten (die in Europa durch Deutschland und England vertreten werden), wo die gemeinsame Fürsorge der Radikalfeministinnen und Neokonservativen eine erneute Überwachung der Sexualität ermöglicht. Da die Vergewaltigung nach dem neuen Kanon fortan in vier Formen eingeteilt wird, die legale Vergewaltigung in der Ehe, die Vergewaltigung im engsten Bekanntenkreis, die Vergewaltigung beim Rendezvous und die Vergewaltigung auf der Straße, scheint sie mehr und mehr mit jeder Form von Sexualität gleichgesetzt zu werden. Während in Frankreich der Gesetzgeber die Weisheit hatte, das Delikt der sexuellen Belästigung auf die berufliche Sphäre zu beschränken, um in erster Linie Machtmißbrauch zu bestrafen[44], erstreckt sich in den Vereinigten Staaten die Strafandrohung bis hin zu den kleinsten alltäglichen Handlungen. Als Begleiterin der Vergewaltigung, der sie vorangeht, entsteht die Belästigung in einer angeblich »feindseligen Umgebung«, einer Grauzone, wie sie von der Juristin Catherine McKinnon, einer fanatischen Gegnerin der Pornographie, bezeichnet wird. Im weiten Feld menschlicher Ausdrucksmöglichkeiten muß jedes zweideutige Verhalten, jede unpassende Geste, jeder schlüpfrige Witz, jeder zu ausdrucksvolle Blick beanstandet werden. Eine Venus mit schönem Hintern, eine Passantin mit schlanken Formen und Geschöpfe mit aufgeworfenen Lippen zu bewundern kommt nicht mehr in Frage, denn das ist hassenswerter Rassismus, »lookism«, eine krankhafte Neigung zu Äußerlichkeiten.[46] Das Hinterherpfeifen von Arbeitern, wenn ein schönes Mädchen vorbeigeht, müßte ebenfalls verboten und bestraft werden. Auch die Grundschulklassen darf man nicht vergessen: Mädchen zu ärgern, sie zu kneifen, ihnen an den Haaren zu ziehen wäre zwar Vergewaltigung in Kinderformat, aber doch Vergewaltigung. Die kleinste Bewegung oder Zuwendung zu einer Person des anderen Geschlechts wird schon eines bösartigen Hintergedankens verdächtigt, den man an der Wurzel ausrotten muß. Sogar manche Kunstwerke beleidigen das Auge, stellen Aggressionsakte dar und müßten vor allen Blicken verborgen werden. Hierbei ist der Feind das bestialische Verlangen, jedenfalls sobald es männlich ist. Selbstverständlich ist die sexuelle Belästigung ein Vergehen, das nur in einer Richtung ausgeübt werden kann, sich auszumalen, daß Frauen es Männern gegenüber begehen könnten, kann nur die Vorstellung eines kranken Hirns oder genauer die eines potentiellen Nazis sein. So schreibt eine Redakteurin des *Sunday Telegraph*, Jessica Manu, über das 1994 erschienene Buch *Das Verhängnis* von Michael Crichton, das die Geschichte der sexuellen Belästigung eines Angestellten durch die Direktorin seiner Firma erzählt: »*Das Verhängnis* ist ein bösartiges Buch, das auf der zur Zeit sehr modernen antifeministischen Welle reitet. Als ich es las, habe ich mich in die Lage eines Juden versetzt, der in der Weimarer Republik ein antisemitisches Buch liest.«

Es ist unnötig zu betonen, welche Gelegenheiten zur Erpressung dieses Verständnis von Belästigung eröffnet. Doch das schlimmste an dieser uneingeschränkten Jagd auf Vergewaltiger – die praktisch das ganze sogenannte starke Geschlecht ins Auge faßt – ist, daß sie im Begriff ist, die wirklichen Vergewaltiger zu entlasten. Wenn man die kleinste Berührung, den kleinsten Annäherungsversuch schon als kriminellen Akt wertet, verharmlost und annuliert man auch die echte Vergewaltigung, den eigentlichen Kern der allgemeinen Empörung, die so weit geht, daß man den Fall, wenn er auftritt, nicht mehr wahrnimmt. Dies ist unseren Zelotinnen jedoch egal, da es ihnen nicht darauf ankommt, dieses oder jenes Delikt zu bestrafen, sondern eine grundlegende menschliche Haltung anzuprangern: den gewöhnlichen Geschlechtsverkehr. Dieser ist das auszurottende Monster, das abscheuliche Verbrechen, das für immer vom Angesicht der Erde verschwinden soll: »Vergleichen Sie die Äußerungen eines Vergewaltigungsopfers mit denen einer Frau, die gerade den Liebesakt ausgeführt hat. Sie ähneln sich sehr«, sagt Catherine McKinnon. »Im Lichte dieser Tatsache ist der Hauptunterschied zwischen dem normalen Geschlechtsverkehr und der anomalen Vergewaltigung, daß das Normale so oft geschieht, daß man niemanden findet, der etwas dagegen sagt.«[47] Andrea Dworkin überbietet sie noch: »Physikalisch gesehen ist die Frau während des Beischlafs ein erobertes Gelände, ein im wahrsten Sinne des Wortes besetztes Gebiet, besetzt auch dann, wenn es keinen Widerstand gab, wenn die besetzte Frau gesagt hat: Ja, bitte, beeil' dich, mach's noch mal!«[48] Und wie nennt man eine Frau, die mit solchen Dingen einverstanden ist? Natürlich Kollaborateurin, weil sie den Feind hereingelassen hat! Daraus folgt: *Die Heterosexualität ist eine schlechte Angewohnheit, die man ausmerzen sollte.* So kann man, ohne rot zu werden, behaupten, daß die Mehrzahl der Frauen vergewaltigt wird, ohne es zu merken und jeden Mann als Vergewaltiger ansehen, der mit einer Frau geschlafen hat, »die eigentlich gar keine Lust dazu hatte, selbst wenn sie es ihrem Partner nicht deutlich gemacht hat«.[49] Der Beischlaf ist also immer eine Vergewaltigung, selbst wenn die Frau in ihn einwilligt: um sich zu einem derart schändlichen Akt herablassen zu können, muß sie vorher indoktriniert und einer Gehirnwäsche unterzogen, also geistig vergewaltigt worden sein. Eine Frau, die sich dem mit Hoden ausgestatteten Despoten hingibt, ist eine Sklavin, da die Sklavin von ihrem Herrn dazu angehalten ist, ihre Versklavung zu begehren.

Das Ziel einer solchen Auffassung besteht darin, die Frauen aufzufordern, ihre heterosexuellen Beziehungen einzustellen, einen Modus geschlechtlicher Beziehungen, der nicht ihrer tiefen Empfindsamkeit entspricht, aufzugeben, kurz gesagt, sich auf längere Sicht ganz von den Männern zu trennen.[50] Es ist zwingend erforderlich, sich von der männlichen Kultur zu entgiften, indem man ihre solideste Grundlage in Verruf bringt: man muß sie als gemeine Hurerei darstellen, welche die Unterwerfung unter dem Deckmantel, Vergnügen zu bereiten, fortsetzt. Man muß das Normale als Niedertracht brandmarken, weil es schon an sich eine scheußliche Perversion, »eine Abweichung vom Normalen«[51] ist. Indem die Feministinnen mit manischem Eifer die kleinsten libidinösen Anwandlungen verfolgen und das zweite Geschlecht auf die Angst vor der Vergewaltigung einschwören, kehren sie zum Paradoxon des Asketen zurück, das Hegel erwähnt: um sich vom Fleisch und seinen teuflischen Versuchungen zu befreien, konzentriert sich der christliche Asket darauf und überwacht es Tag und Nacht. Er glaubt dabei, sich von ihm zu befreien, gelangt jedoch lediglich unter die Fuchtel einer wahnhaften Überwachung seines eigenen Körpers. Kurz gesagt, er siegt nur, wenn er gleichzeitig zusammenbricht, er bleibt hoffnungslos Gefangener dessen, dem er entfliehen wollte. Außerdem setzen sie in den Frauen Angst und Argwohn fest, fordern sie dazu auf, von vornherein die Gesellschaft von Männern abzulehnen und in ihren einschmeichelnden Worten, ihren honigsüßen Komplimenten und ihren verliebten, einnehmenden Blicken ein aggressives Vorhaben zu sehen. Wie Katie Roiphe sehr treffend anmerkt, wird der Sex wieder zu dem, was er im viktorianischen Zeitalter war: eine Sünde, ein Trauma, eine Abscheulichkeit.[52] Eine solche Haltung setzt voraus, daß es nur männliche Sexualität gibt und die Frau sich damit zufriedengibt, die Überfälle eines bestialischen Monsters zu erdulden, das sie ihrerseits niemals begehren kann, außer sie wurde auf subtile Weise dazu gezwungen. Die Konsequenz ist, daß die Zahl der Opfer schwindelerregend steigt, die Statistiken über Vergewaltigungen von der Wirklichkeit abheben und wir alle zu sexuell Belästigten werden. (In der *New York Times* vom 23.12.1993 wird eine Studie zitiert, nach der 75 Prozent der weiblichen Ärzte angeben, von ihren männlichen Patienten sexuell belästigt worden zu sein.)

Doch das Paradoxon dieser *lüsternen Prüderie* besteht darin, daß die enthirnte Jagd auf das Zweideutige den gegenteiligen Effekt hat, nämlich alles zu sexualisieren, alles mit einer Aura von Perversion und Anstößigkeit zu umgeben. Seit Michel Foucault weiß man, daß der Puritanismus nicht so sehr in der Angst oder dem Ekel vor der Sexualität als vielmehr in der Bereitstellung der Sexualität als statthaftes gesellschaftliches Gesprächsthema, in der Liebe zu schlüpfrigen Themen und pornographischen Situationen besteht. Wenn es sich wenigstens um Prüderie handelte! Aber ganz im Gegenteil wühlt und stöbert man herum, leckt sich den Mund nach rohen Ausdrücken und Zoten, taucht mit dem Genießertum eines Inquisitors die Hände bis zu den Ellenbogen in Obszönitäten, stellt Unterhöschen und weibliche Unterwäsche im Gerichtssaal aus und wälzt sich in Schweinereien, um sie dann um so gründlicher anzuprangern. So behauptete Paula Jones, die Frau, die Bill Clinton zu seiner Zeit als Gouverneur von Arkansas wegen sexueller Belästigung verfolgte, »in der Genitalregion Clintons kennzeichnende Merkmale« erkennen zu können. Wozu haben Amerika die Affäre um Anita Hill und der Prozess Lorena Bobbits gedient? In allen Medien Tag und Nacht völlig unbeschwert über Sex reden zu können.

Der gefesselte Eros

Da sie jedoch keinen sofortigen vollständigen Bruch zwischen den Geschlechtern durchsetzen können, versuchen die extremistischen Kämpferinnen zunächst, die Beziehungen so weit wie möglich vertraglich zu regeln. Das erste Gebot lautet: keine Paarung, ohne sich an einen vorher festgelegten Kodex zu halten. So hat das Antioch College in Ohio einen Kodex verkündigt, der den Geschlechtsakt reglementiert, indem dieser künftig Gegenstand einer möglichst schriftlichen Übereinkunft sein soll. Die Warnung, die an Weiberhelden, Schürzenjäger und andere noch unerfahrene Casanovas ausgegeben wird, ist klar formuliert: »Bei jedem Schritt des Vorgangs müssen sie die Zustimmung einholen. Wollen sie ihr den Büstenhalter abnehmen, müssen sie sie fragen, wollen sie ihre Brüste berühren, ebenfalls.«[53] Dabei bleibt also kein Raum mehr für die Improvisation, die freie Entfaltung der Lust und des Procedere, alles muß detailliert genaustens festgelegt werden. Wann wird es notariell[54] beglaubigte Liebesgespräche geben, die den Kanon erlaubter Phantasien und die Anzahl der Orgasmen (mit Strafe bei Versagen) festlegen? Wozu dient dieser Zustand »vertraglicher Kriegsführung«[55] (François Furet), der zwischen den Geschlechtern herrscht wie zwischen zwei verschiedenen sozialen Gruppierungen, die um gesellschaftliche Macht eifern? Er soll ein Mittel gegen die Unterdrückung sein und die perversen Lasten, die die Minderheiten und besonders die Frauen bedrängen, beseitigen. Es handelt sich hier um den Traum von einer vollständig erneuerten Gesellschaft, die mit dem Prinzip der Gerechtigkeit bis in ihre kleinsten Zusammenhänge hinein neu gestaltet ist und alte Bräuche, das heißt unfreiwilliges Erbe, beseitigt, Traditionen und die jahrhundertelang durch Unterwerfung bestätigten Herrschaftsverhältnisse umwirft. Die Neigung, alles vertraglich zu regeln, ist in der Ehe völlig legitim und auch als »prenuptial agreement« noch gerade akzeptabel, jener bei den amerikanischen Stars gepflegten Sitte, vor der Eheschließung mit Hilfe von Anwälten einen Vertrag zu schließen, der garantiert, daß der Reichere der beiden im Scheidungsfall nicht ausgenommen wird. Die vertragliche Regelung des Lebens, eine Folge des prozeßwütigen Charakters der amerikanischen Gesellschaft, wird problematisch, wenn es darum geht, den unscharfen Bereich von Affekt und Leidenschaft zu reglementieren. Es besteht nicht nur die Gefahr, einen starren Rechtsbegriff einzuführen, wo harmonische Verhältnisse herrschen, und das Verhältnis zweier Partner zu trüben, da diese ständig bereit sind, bei der kleinsten Schwierigkeit ihren Gesetzestext zu zücken: privater Zwist und Ehestreit sollten im Rahmen des Möglichen von selbst ohne die Intervention der Staatsmacht gelöst werden. Das Recht ist weder überall kompetent noch willkommen. Doch vor allem benötigt der Bereich der Liebe ein gegenseitiges Wohlwollen, das den Liebenden die völlige Hingabe, das Spiel, die Entdeckung und die Erfindung eines ihnen eigenen Vorgehens ermöglicht.

Die Frau bringt dem Mann im Liebesakt Langsamkeit und Raffinesse bei; sie bekämpft Eile und Einfachheit. Sie lehrt ihn den Wert der Zeit, die Verbindung von Geduld und Empfindsamkeit wahrzunehmen und zeigt ihm, wie er seine Lust verfeinern und über die einfache, zu einfache phallische Mechanik hinausgehen kann. Dauer und Langsamkeit begleiten die Entfaltung einer Lust, die Zeit und Sorgfalt benötigt, um sich zu entwickeln und auszubreiten. Der junge Mann lernt in einem Reifungsprozeß, sich zurückzuhalten, das heißt seine Natur zurückzudrängen. Als Zivilisations- und Komplexitätsfaktor hält die weibliche Erotik die Gewalttätigkeit des Haudegens und das Drauflosgehen der Jugend zurück. Es steht jedem Menschen frei, sich nicht sofort hinzugeben und den anderen schmachten zu lassen. Genauso ist es das gute

Recht eines Paares, zwischen dem Verlangen und seiner Erfüllung vielfältige Hindernisse aufzustellen, nicht etwa, um
die Lust abzutöten, sondern um sie zu steigern. Hat man aber
je gesehen, daß daraus eine allgemeine Regel gemacht oder ein
Gesetz erlassen werden müßte? In diesem Bereich ist die individuelle Laune König und nichts, aber auch gar nichts darf
sie einschränken, sobald zwischen zwei Erwachsenen darin
Übereinstimmung herrscht. Die Liebenden dürfen sich gewissen Regeln zufolge vollkommen hingeben und ihr eigenes
Drehbuch inszenieren. Übereinkünfte, an die beispielsweise
sadistisch orientierte Libertins, Fourieristen oder die Helden
Sacher-Masochs gebunden sind, sind rein private Vorkehrun-
gen, die nach den Mikrostrategien der Wollust getroffen wurden. Bis zum Beweis des Gegenteils geht man nicht zum Advokaten, bevor man sich seiner Mätresse als Sklave ausliefert,
eine Sexparty organisiert oder den Freuden des flotten Drei-
ers frönt. Außerdem bedeutet schriftlich geregelter Geschlechtsverkehr, wie ihn der Kodex mancher amerikanischer
Universitäten fordert, die geschlechtliche Vereinigung einer
allmächtigen Autorität zu unterstellen, die ein uneinge-
schränktes Kontrollrecht über die Erregung und ähnliche
Gefühle hat. Wenn es sich wenigstens um subtile Erotik handelte, um ein Spiel mit dem Verbotenen wie einst in den
Handbüchern der Beichtväter, die den Frauen einige eng um-
schriebene Zugeständnisse an die fleischliche Lust machten.
Diese erlaubte Unzüchtigkeit machte es leichter, die Last der
Tabus zu tragen, die die Kirche durch ihre Verdammung des
Fleischlichen schaffte, die sie bis heute aufrechterhält.

Doch der Pointillismus der amerikanischen »sexuellen
Korrektheit« engt die Liebe auf die Alternative »ja« oder
»nein« ein und mißachtet das Zögern und die Unentschlossenheit. Er verkennt die Bedeutung des »Vielleicht« (Georg
Simmel), die zwischen Zustimmung und Ablehnung
schwankt, er vergißt, daß das Begehren verschlungene Pfade

nimmt und eine Vorliebe für Zwiespältigkeit und Unsicherheit hat und daß man sich seines Verlangens vor dessen Umsetzung nicht immer ganz sicher ist. Von Studentinnen zu verlangen, im voraus alles zu planen, was sie tun wollen, sie aufzufordern, »zu denken, was sie sagen, und zu sagen, was sie denken« bedeutet, in aller Naivität davon auszugehen, man könne *sein Verlangen eindeutig bestimmen* und es wie einen Computer programmieren. Die Regel ist nur dazu da, um uns zu sagen, was zu tun ist, und uns die Bürde einer Freiheit, die uns quält, zu erleichtern. (Vielleicht verraten die Regelwerke des Eros die Unfähigkeit der jenseits des Atlantiks lebenden Männer und Frauen, anders als durch zwanghafte Regeln miteinander zu kommunizieren.) Niemand zweifelt daran, daß unsere Umarmungen stillschweigenden Vereinbarungen gehorchen, doch die sinnliche Lust besteht auch darin, diese Gesetze zu vergessen, sie zu übertreten und mit ihnen zu spielen, um sie leichter zu überwinden. Eros muß ein Kind der Phantasie bleiben, sonst verkümmert er.

Auf keinen Fall dürfen wir der staatlichen Ordnungsmacht die Sorge um unsere Schandtaten überlassen und ihr die Erlaubnis geben, sich ins Gemach der Liebenden zu legen und ihre Gespräche zu belauschen. Wenn wir im Laufe des letzten Jahrhunderts etwas erreicht haben, dann das Ende der gesellschaftlichen Einmischung in unsere Liebesangelegenheiten. Sie durch das richterliche Urteil wieder einzuführen würde einen erschreckenden Rückschritt bedeuten, allen wäre die Erlaubnis gegeben, sich um jeden zu kümmern, es würde die Herrschaft einer gegenseitigen Überwachung bedeuten. Unsere Zeit, und darin liegt ihr Charme, gestattet alle Formen der Liebe, sogar die rätselhafteste von allen: die Entsagung. Es steht uns nicht zu, für diese oder jene Form der Erotik, für Ausschweifung oder für eheliche Treue zu kämpfen, sondern für eine Welt, in der alle Neigungen befriedigt werden können, eine Welt, die den zarten Seelen Wonne schenkt und den

Perversen Glückseligkeit. (Die Entscheidung, enthaltsam
oder jungfräulich zu bleiben, ist völlig legitim, wenn sie in
aller Freiheit getroffen wird, wenn sie ein individueller Entschluß und kein kollektiver Zwang ist.) Die Lust muß der
letzte Richter ihrer Exzesse und ihrer Grenzen bleiben: denn
sonst hätten wir Eros nur den Priestern und Ärzten entrissen,
um ihn um so besser unter das Joch der Rechtsanwälte zu
bringen und so der juristischen Sachverständigkeit ein neues
Feld zu öffnen.

Daß man sich in der liebeserfüllten Umarmung genüßlich
erniedrigen kann und sich Höchstes und Niedrigstes verbinden können, ist das, was die Heuchlerinnen, Griesgrame und
neuen Führerinnen der Frauenbewegung abstößt. Es ist ganz
normal, die Gesetze gegen die Vergewaltigung verschärfen
und sie als das bestrafen zu wollen, was sie ist, nämlich ein
Verbrechen. Doch die neuen Prüden und die alten Klerikalen
stehen am Eingang zum Schlafgemach Wache und führen ihren Kreuzzug zwischen die Laken, um Geilheit und Ausschweifungen zu verhindern. Die einen wie die anderen haben ungeachtet ihrer Unterschiede das alleinige Ziel, die
Frauen im Zustand der Unterlegenheit zu halten, selbst auf
die Gefahr hin, die abgedroschensten Argumente des Sexis-
mus wiederaufzunehmen.[56] Als Opfer ihrer eigenen Schwächen, ihrer Köder und der niederträchtigen Verführer könne
die Frau nie ohne Beschützer überleben. Das ist ein ähnlicher
Paternalismus wie jener, der von Fall zu Fall erklärt, sie sei
zur Selbstbeherrschung unfähig, als weißes Gänschen die
Zielscheibe rüpelhafter Freier und ein kleines Ding ohne
Hirn, das man in Schutz nehmen müsse (etwa auf Festen gegen den Mißrauch von Alkohol), um ihre Zerbrechlichkeit,
ihren Mangel an Reife zu kompensieren. Diese Art von Rat-
schlägen geht von einer einzigen Voraussetzung aus: Wir wissen besser, was gut für euch ist, als ihr es je wissen werdet. Die
unerträgliche Seite eines bestimmten Feminismus (ähnlich

dem männlichen Chauvinismus, dessen Spiegelbild er oft nur ist) besteht darin, der Frau Befehle zu erteilen, denen ein emanzipatorischer Wert beigemessen wird und für sie eine Wahrheit zu definieren, die sich in der Befreiung als ebenso zwanghaft erweist, wie sie es gestern in der Unterdrückung war. Wem soll man nun den Palmenzweig für die beste Zensur überreichen? Den diversen Verfechtern des Schamgefühls, die beabsichtigen, das zweite Geschlecht im Zaum zu halten, oder den vorgeblichen Befreierinnen, die die Frau nur schätzen, wenn sie elend und niedergedrückt ist, um sie besser beherrschen zu können? Es liegt etwas ungeheuer Verdächtiges in ihrer liebevollen Fürsorge, die vor allem darin besteht, ihre Schützlinge in Angst und Schrecken zu versetzen, als sollten sie in einem kindlichen Angstzustand gehalten und es ihnen verboten werden, sich aus ihrer Situation zu befreien. Und man spürt die brennende Ungeduld jener Ratgeberinnen, nach den Vätern, Müttern und Pfaffen endlich die Vorherrschaft über das zweite Geschlecht zu übernehmen. Schließlich kann man dieser »sexual correctness« noch vorwerfen, nicht nur Unsinn über Unsinn anzuhäufen, sondern auch dem Zweck, dem sie zu dienen vorgibt, zu schaden und nur eine aggressive Form der Resignation darzustellen, die behauptet, das Los der Frau bestünde darin, stets zu erdulden, immer zu leiden. »Sexual correctness« bedeutet außerdem, in Bezug auf fleischliche Genüsse zwischen lächerlichster Prüderie und abstoßendster Vulgarität hin und her zu schwanken, darüber Reden von verblüffender Niederträchtigkeit zu führen und aus Mangel an Kultur unfähig zu sein, die symbolische und poetische Dimension der Erotik zu begreifen. Liebe zu lernen heißt, erst einmal zu lernen, von Liebe zu sprechen. Und das lernt man nirgends so gut wie bei Dichtern, Schriftstellern und Philosophen.

Das Herz von sich selbst heilen

Im großen Spiel der Leidenschaft beschuldigen sich Männer und Frauen öfter, als es ihnen zusteht, jeweils allein die Bürde der Trauer zu tragen, und behaupten, das andere Geschlecht habe die Zuwendungen, die man ihm gewährt, nicht verdient. Jeder gibt vor, bestimmte Qualen zu erleiden, erklärt sich zum großen Verlierer und wirft dem anderen vor, nichts vom Unglück der Liebe zu verstehen. Diese völlig umkehrbare Argumentationsweise spricht dafür, sich der Liebe, die durch Jahrhunderte der Ungerechtigkeit belastet ist, zu enthalten oder sie neu zu gestalten. Die »Frauen, die zu sehr lieben« (nach dem Titel des Bestsellers von Robin Norwood) liegen nach Susan Faludi falsch, wenn sie ihren Verdruß mit persönlichen Gründen erklären.[57] Denn die emotionalen Mißerfolge haben eine politische und soziale Ursache, und jene, die dieses grundlegende Gesetz nicht beachten, verdammen sich selbst dazu, zu »Beziehungssüchtigen« zu werden, allein zu bleiben, trübsinnig zu werden und ihrem Kummer nachzuhängen.[58] Dieser Warnung liegt eine Vorstellung zugrunde, die seit Charles Fourier bei allen Reformatoren der Leidenschaft wiederkehrt: Es gäbe eine politische oder juristische Lösung der Liebesleiden. Anstatt daß jeder für sich in seinem Eckchen über sein Unglückt weint, soll es möglich sein, daß alle zusammen dem System das Unrecht zurückzahlen und eine neue idyllische Welt hervorbringen. Ein ähnlicher therapeutischer Wahn brachte in den sechziger Jahren die Propheten der sexuellen Revolution dazu, sich über die Liebe lustig zu machen und sie aufs Altenteil zu schieben, von wo sie durch das freie Spiel der Sinne und die Blüte der Fleischeslust der finsteren Vergangenheit anheimfallen sollte. Auch heute verleitet die gleiche Furcht vor Abhängigkeit in der Liebe einige Feministinnen dazu, die emotionale Bindung zu verurteilen. Wie soll man Gleichheit predigen, wenn die einzelnen sich unbedingt verirren und demütigen wollen, anstatt sich zum gemeinsamen Kampf aufzumachen? Mit Herablassung und Mitgefühl betrachtet man jene, die zugeben, manchmal der Gewalt des Ausgeschlossenseins oder der Eifersucht nachzugeben, man beschuldigt sie, sich in ihrem Mißgeschick zu gefallen und bedrängt sie, wieder zu ihren Schwestern und Freundinnen im Kampf hinzuzustoßen.

Wie groß auch immer in einem Land die Gleichheit und Gerechtigkeit der Gesetze aussehen mag, man kann das Leid nur um den Preis abschaffen, bald auch die Glückseligkeit zu Grabe zu tragen. Vor allem fügt die Liebe der Lebensfreude das Privileg einer unbegründeten Erwählung hinzu. Daß ein Mensch mich liebt und ich ihn im Gegenzug gern habe, sagt nichts über die Tugenden des einen oder anderen aus. In ihrer Wahl kann sich die Liebe mit derselben Begeisterung einen Mistkerl, einen Feigling oder einen Helden aussuchen, wobei weder bestimmte Eigenschaften noch Edelmut eine Rolle spielen. Außerdem kann selbst die demokratischste Gesellschaft nicht die grundlegende Unsicherheit beseitigen, die im Bereich der Leidenschaft darauf beruht, daß man allen anderen aus ganz willkürlichen Beweggründen vorgezogen wird. In dieser Hinsicht stellt die Liebe allen Gerechtigkeitsutopien ein schreiendes Dementi entgegen. Sie kennt glanzvolle Gipfel und schändliche Abgründe und ist mit Wertbegriffen wie Fortschritt oder Verdienst nicht zu fassen. Ich verdiene es nie, geliebt zu werden, diese mir entgegengebrachte Zuneigung wird mir als Dreingabe wie eine unaussprechliche Gnade geschenkt. Dieses Gefühl von sich selbst, von seiner Schattenseite heilen zu wollen bedeutet, es abzutöten. Durch seine Fähigkeit, einen jeden Menschen in ein »Fluchtwesen« (Proust) zu verwandeln, verleiht das Herz der geliebten Person, sei sie noch so einfach, eine Vollendung und Würde, die sie von den gewöhnlichen Sterblichen abhebt. Das geliebte Wesen wird durch die Flamme, die wir ihm weihen, zu einer freien und fürchtenswerten Macht, die wir umsonst zu zähmen versuchen. Je mehr ich mich an es binde, desto mehr entfernt es sich von mir, verdunkelt und entfernt sich, und erhält eine ungeheure Größe.

Zu lieben bedeutet, aus freien Stücken dem anderen volle Macht über uns zu geben, sich von seinen Launen abhängig zu machen und sich unter das Joch eines ebenso unberechenbaren wie bezaubernden Despoten zu begeben. Mit einem Wort, einer einfachen Geste kann mich die Geliebte in den Himmel erheben oder in den Staub werfen. Sich an den oder die zu ketten, über den man vor lauter Verehrung kein Urteil mehr hat, bedeutet, sich in einen Zustand der Verletzlichkeit zu begeben und nackt, wehrlos und gefangen zu sein. Der geliebte Mensch wird in dem Maße, in dem sich die Beziehung vertieft, nicht nur immer fremder, sondern stellt vor allem gleichzeitig die Möglichkeit zur Ekstase und zur Zerrüttung dar. Ihm zuzuhören, ihn zu verehren und auf ihn zu warten bedeutet, sich einem ausweglosen Urteil zu beugen: Entweder werde ich angenommen oder weggestoßen. Von der Person, die uns am teuersten ist, haben wir also das Schlimmste zu befürchten: Ihr Verlust oder ihre Flucht bedeutet die Verstümmelung eines wesentlichen Teils des eigenen Ich. Die Liebe erlöst uns von der Sünde unseres Daseins. Wenn sie scheitert, bürdet sie uns die Willkür dieses Lebens auf. Das Unerträgliche am Liebesleid besteht darin, dafür bestraft zu werden, für den anderen durch die Liebe alles Menschenmögliche getan haben zu wollen; es ist keine Bestrafung für einen Fehler, sondern für eine abgewiesene Gabe. Das Nein, das den zurückgestoßenen Liebenden entgegenschallt, ist unwiderruflich. Sie können niemanden verklagen und sind mit ihrem Verlassensein allein.

Selbstverständlich gibt es ein Glück in der Liebe, das Glück, seine Vorstellungen ruhen zu lassen und sich in tiefem Vertrauen dem anderen hinzugeben, doch dieses Glück trägt in sich den Keim seiner eigenen Zerstörung, falls es zu häuslicher Ruhe verkommt. Es ist sicher immer möglich, den anderen seiner herausragenden Position zu entheben und ihn durch langes gemeinsames Leben vorhersehbar und damit ebenso vertraut zu machen wie ein altes Möbelstück oder eine Pflanze. Doch das ist ein trauriger Vorgang, und in unseren Beziehungen schwanken wir zwischen der Angst, den anderen nicht zu verstehen und der Verzweiflung, ihn zu gut zu kennen. Eine erste Wunde fügt uns der geliebte Mensch zu, wenn er uns mit einer intensiven, faszinierenden Energie begnadet erscheint und wir vergeblich versuchen, ihr zu folgen oder sie einzufangen. Eine zweite Wunde entsteht aus der übermäßigen Durchschaubarkeit eines zu menschlichen, zu berechenbaren Gegenübers, das beim Schwinden seines Außergewöhnlichen, seiner Wildheit auch jeden Reiz verliert. In diesem Bereich unterscheiden sich Sieg und Niederlage kaum, und man schwankt beständig zwischen der Gewalt des Unbekannten und der Abstumpfung durch das zu sehr Vertraute. Im einen Fall entkommt mir der andere, und ich bemühe mich verzweifelt, ihn einzuholen, im anderen Fall entrinne ich ihm in dem Maße, in dem er erreichbar geworden ist, sich in den gewöhnlichen Lauf meines Lebens eingepaßt hat. Ich war von mir selbst begeistert, hin- und hergerissen; jetzt finde ich zu mir zurück und sammle mich. Doch indem ich Schwäche gegen Sicherheit vertausche, verliere ich auch ein notwendiges inneres Aufgewühltsein. Denn der schrecklichste der Schrecken liegt darin, zu zweit in einem ruhigen Trott vor sich hin zu leben. Wenn das berauschende Rätsel, das der andere darstellt, einmal gelöst ist, wird er banal. Um nicht mehr unter seiner exzessiven Ferne zu leiden, habe ich ihn so gut gezähmt, daß mich nun seine sperrige Nähe bedrückt. Gestern noch blieb er mir inmitten der innigsten körperlichen Verschmelzung fremd, und ich lebte in der Angst, verlassen zu werden. Jetzt ist er vorhersehbar geworden, auf den Funktionsablauf eines »Schatz(es)« reduziert, der jede Fähigkeit, mich zu überraschen, verloren hat.

Zwar sind nicht alle unsere Liebschaften unglücklich, doch alle sind vom Schreckgespenst ihres Erlöschens bedroht. Es gibt also keine Lösung für das Liebesleid: Schlaflosen gleich begnügen wir uns damit, uns hin und her zu wälzen, zwischen dem Unglück der Zerrissenheit und dem der Eintönigkeit oder dem Glück der Spannung und dem der Beruhigung zu schwanken. Leidenschaftlichen Schwung, der nicht von Unsicherheit genährt wird, gibt es nicht, und Liebe ist nichts anderes als ein Zustand euphorischen Schmerzes, der ebenso unerträglich wie himmlisch ist. Das ist ihr Paradox: sie ist eine glückspendende Angst, eine herrliche Versklavung, ein erquickliches Leid, dessen Verschwinden uns niederwirft.[59] Wer kein Risiko eingeht, kann also auch nicht lieben. Und war nicht ein Mann, Marcel Proust, der sorgfältigste Analytiker der Katastrophen der Liebe und der Nichtliebe? Kein Geschlecht hat das Wunderbare und die Verzweiflung für sich allein gepachtet; die scharfe Ausrichtung der Sensibilität auf einen einzigen Menschen hat in gleicher Weise Zweifel und Genüsse zur Folge. Lieben bedeutet, die unentwirrbare Verknüpfung von Schrecken und Wunder zu erleben.

Man kann behaupten, es sei besser, die Leidenschaft und ihren falschen Zauber, ihr archaisches Leid zu vergessen, als einen Status der Unterwerfung zu verlängern, der die Frauen in einem Zustand der Verzweiflung gefangenhält und sie an ihrem gerechten Kampf für die Emanzipation hindert. Denn die Liebe ist der Ort des Verrats, der Wandlungen und der Unbeständigkeit schlechthin, und einem italienischen Sprichwort zufolge »herrschen unter der Gürtellinie weder Glaube noch Gesetz«. Indes ist nicht klar, ob der Wunsch, jede Zweideutigkeit, jede Enteignung abzuschaffen, nicht eine furchterregendere Utopie darstellt als die Anwandlungen von Melancholie und Entwürdigung, in die Liebende manchmal geraten. Diese Sklaverei, die häufig einen Quell des Grams darstellt, ist der Herzensruhe vorzuziehen. Und man sieht, wie viele Menschen, die gerade aus einer schmerzhaften Beziehung kommen, sich auf die Suche nach einer neuen Qual begeben und sich mit Leidenschaft in sie hineinwerfen. Ihre vernunftwidrige Bindungswut widersteht den überzeugendsten Einwänden. Zwar kann man auf der Liebe herumtrampeln und sie verfluchen, doch das ändert nichts an der Tatsache, daß sie und nur sie allein uns das Gefühl gibt, im Höhenflug zu leben, und sich in den kurzen Momenten, in denen sie uns mit ihrem Fieber umfängt, die wertvollsten Augenblicke unseres Daseins verdichten. Eine fordernde Freiheit nimmt sich nicht zurück, sondern gibt sich bis zur Verbrennung hin. Vielleicht ist die Leidenschaft zum Unglück verdammt; doch niemals leidenschaftlich zu sein ist ein noch größeres Unheil.

»Nach der Zeit der Liebe vegetiert die Menschheit nur noch und berauscht sich; die Frauen haben zu wenig Zerstreuung, und bitter empfinden sie diese Wahrheit, und wenn ihre Jugend zur Neige geht, werden sie fromm und suchen Halt bei dem Gott, der sich mit ihrer begehrten Leidenschaft von ihnen entfernt zu haben scheint. Den Männern gelingt es, die Liebe zu vergessen, aber sie setzen nichts an ihre Stelle. Der Rausch des Ehrgeizes, die Zärtlichkeit der Vaterschaft können die wahrhaft göttlichen Illusionen, die einem die Liebe im jungen Alter schenkt, nicht ersetzen. Jeder Mann in den Sechzigern vermißt die Freuden, die er in seiner Jugend genossen hat, und kein Jüngling würde seine Liebe gegen die Vergnügungen eines Greises eintauschen.«[60]

Verführung oder Aufrichtigkeit?

Wenn es im Gegensatz zu den Vereinigten Staaten in Europa eine Herausforderung gibt, dann ist es die Versöhnung der Moderne mit einer vorsichtigen Wahrung der Traditionen. Dieser Feststellung liegt zugrunde, daß nicht alle überkommenen Sitten unterjochend wirken und nicht jede Innovation befreiend ist. Manche im Lauf von Jahrhunderten entwickelten Bräuche verdienen es, fortgeführt zu werden, da in ihnen ein zivilisatorischer Prozeß, der Geist und das Gedächtnis zahlreicher Generationen zusammenkommen. Die außerordentliche Vielfalt der in Europa vorhandenen Sitten und Gebräuche kommt wahrscheinlich daher, daß man hier einen intelligenten Konservatismus praktiziert und es versteht, dem heutigen Egalitarismus einen Teil der Lebensart von gestern hinzuzufügen. In vielerlei Hinsicht ist die französische Vergangenheit emanzipatorisch, und bis heute ist sie die Voraussetzung für Veränderung: die höfische Liebe, die poetische Tradition der Familienwappen, das in jeder Hinsicht einzigartige Werk einer Louise Labé, die Preziosen, die Salons und die Freizügigkeit waren für die Frauen Phasen der Freiheitlichkeit, in denen das, was später entstanden ist, vorgezeichnet wurde. Sie waren wenigstens im Bereich der Leidenschaften souverän und nahmen so den Weg ihrer Befreiung zu autonomen Persönlichkeiten vorweg. Wollte man nach dem Prinzip der tabula rasa ganz neu anfangen, würde man in vielerlei Hinsicht die jetzige Situation unverständlich machen.

Während in den Vereinigten Staaten die Koexistenz der Geschlechter stets am Rande der Explosion zu stehen scheint, ist Europa von diesen Feindseligkeiten durch eine echte Kultur der Verführung offenbar besser geschützt. Vielleicht ist die Verführung eine Erbin »der Erotik der Troubadoure« (René Nelli), die zwischen dem Ritter und seiner Dame ein ganzes Ritual von Treuepflicht und Unterwerfung webte. Als solche ist sie nicht nur eine Propädeutik der Höflichkeit, sondern sie bändigt auch die Begierden und zwingt sie dazu, maskiert vorzugehen. Sie bildet das beiden Geschlechtern eigene Gefallen am Gespräch, am Austausch und der Schöngeistigkeit aus, das ihren Begegnungen die Tiefe und Leichtigkeit eines echten Vergnügens verleiht. Zu ihr gehört auch der Genuß zu gefallen, mit dem anderen zu spielen, zuzulassen, daß der andere mit einem spielt und ihn mit seinem Einverständnis zu täuschen, falls er uns nicht an der Nase herumführt. Dem stellt sich der puritanische und häufig auch der protestantische Wille entgegen, aus deren Sicht Ehrlichkeit und Transparenz des Gewissens mit der Einfachheit der Sitten einhergehen muß. (Das sinnliche und emotionale Element des römischen Katholizismus und sein jahrhundertelanges Arrangement mit den menschlichen Schwächen erklärt vielleicht, warum die romanischen Länder besser als andere die Erschütterungen der Moderne mit ihrer Kultur in Einklang gebracht haben.) Doch der Versuch, sich schon bei der ersten Begegnung alles zu sagen, sich dem anderen zu entdecken, damit er sich einem entblößt, ist gleichzeitig naiv und enttäuschend. Er unterstellt – was für eine Illusion –, daß man sich kennt, gewissermaßen aus einem Stück ist und der Kontakt mit dem anderen uns nicht verändern, sondern uns in unserer Identität bestätigen wird. Wenn man dem anderen nach dem Motto »So bin ich, so werde ich immer sein« gegenübertritt, bedeutet das nicht, sich zu offenbaren, sondern sich zu entziehen, sich auf ein Bild zu versteifen. Durch einen seltsamen Widersinn wird eine solche extreme Aufrichtigkeit zum Gipfel der Lüge. Entweder man belügt den anderen, weil man sich, ohne es zu wollen, verändert, oder man belügt sich selbst, weil man sich weigert, die Veränderung anzuerkennen. Wenn die Kunst, dem anderen den Hof zu machen, auf eine gegenseitige Beichte beschränkt wird, auf das, was der Volks-

mund einen Herzenserguß nennt, verkommt sie zu einem
platten Bekenntnis und tötet die in der Begegnung liegende
Möglichkeit, eine sich langsam vor uns öffnende Welt zu
erwecken, deren Wahrnehmung umwerfend ist.

In der Politik ist die Pflicht zur Erhellung heilsam, doch in
der Liebe tödlich. Sie bedarf des Unscharfen, des Subtilen,
des Heimlichen, denn nur so können Mitteilungen verfeinert,
kann der uns erschütternden Neuheit des anderen besser begegnet werden. Das Geheimnis, das der andere in sich birgt,
hat einen Glanz, es gibt innere Landschaften, die eine zu grel-
le Erhellung nicht vertragen, weil sonst das Gefühl entweiht
werden kann, bevor es erwacht. Die Liebe will maskiert geboren werden, will mit einem Mantel aus Licht und aus Dunkelheit ausgestattet sein. Das Hell-Dunkel ist ihre bevorzugte
Färbung, sie verbirgt sich und zeigt sich, sie verwendet Anspielungen. Zu ihrer Entfaltung benötigt sie – möglicherweise
rein fiktive – Hindernisse, um sich zu kräftigen und die Auflösung, die allzu simple Eindeutigkeit der Herzen und Körper hinauszuzögern. Jede List und Intrige dient der Sache der
Gefühle weitaus besser als krude Ehrlichkeit. Jagd und Beute,
Gefahr und Glück, Fall und Verklärung werden stets zum
Arsenal der Leidenschaft gehören. Im Frivolen und Vorge-
täuschten liegt eine Tiefe, ein Schillern der Erscheinungen,
das sehr viel bewegender ist als die unmittelbare, nackte
Preisgabe der Intimität.

In Europa leben wir darüber hinaus in einer urbanen Zivilisation, und die städtische Kunst ist besonders die des Thea-
ters, die Fähigkeit, sich darzustellen und das von den anderen
Dargebotene zu schätzen. Sich anzusehen, seinen Wert abzu-
schätzen, sich zu bewundern ist vor allem in den Mittelmeer-
ländern ein wichtiger Aspekt des öffentlichen Lebens. Von
den Terrassen der Cafés aus junge Frauen beim Spazieren zu
beobachten ist ein herrlicher Zeitvertreib, und auch sie schätzen es, betrachtet, angeschaut und gleichzeitig stumm begehrt

zu werden, und sie fixieren ebenfalls ihre Betrachter und schätzen sie ein. Dies alles schafft zwischen dem weiblichen und männlichen Lager eine Atmosphäre des Einverständnisses, das aus Blicken, Lächeln und Anspielungen besteht. Es handelt sich um eine Art oberflächlicher Erotisierung ohne klare erotische Absichten, die selbst den nüchternsten Beziehungen eine gewisse irritierende Nähe verleiht. Was auch die extreme Koketterie mancher Europäerinnen erklärt, ihre Kunst, sich ohne viel Aufwand herauszuputzen, ihre Lust, sich selbst hervorzuheben und dabei doch völlig unabhängig zu bleiben, die Liebe zum Künstlichen und zum Make-up – das Gegenstück zur Natürlichkeitsideologie –, die unsere großen Städte in ein faszinierendes Schauspiel verwandelt. Die Vielzahl der Gesichter, die dort auftauchen, bildet so etwas wie Zufahrten zur Schönheit: nicht alle sind hinreißend, doch jedes bezaubert durch ein Detail, eine Besonderheit in seinem Auftreten, die für das Auge ein wahres Fest darstellen. Anders gesagt: Der Wille zur Verführung zieht Verbindung der Trennung vor, leidenschaftliche Anziehungskraft abweisender Stummheit, kunstvoll-irreführende Gespräche der Einfachheit; für ihn ist das Unglück, als Sexualobjekt behandelt zu werden, nichts gegen das Unglück, gar nicht begehrt zu sein. Er ist eine aus Nachsicht und Ironie gewobene Weisheit, die nicht versucht, die Liebe von ihren Schlacken zu befreien, sondern es versteht, ihre Mängel in den Dienst ihrer Entfaltung zu stellen und sie von ihren Unreinheiten her zu bändigen.

Einverständnis oder Taubheit?

Mit den Frauenbewegungen ist es noch nicht vorbei, vor allem in einer Zeit, in der in Europa die Versuchung groß ist, die Frauen an den Herd zurückzuholen und sie vom Arbeitsmarkt auszuschließen. Der alte Kampf um Gleichheit wird sich fortsetzen, und es gibt keinen Grund, ihn aufzuhalten oder zu tadeln. Was man vom Feminismus bewahren muß, ist eine kritische Haltung gegenüber Vorurteilen und Ungleichheit im Zentrum unserer Gesellschaft. Wieder einmal stehen sich zwei Denkansätze unversöhnlich gegenüber: eine amerikanische Auffassung, die gleichzeitig argwöhnisch und prozeßwütig ist, und eine französische Denkweise des Einverständnisses, der wohlwollenden Vernunft, die eher auf Gemeinschaftswerten als auf Teilung besteht. (Hierbei ist von den dominierenden Strömungen die Rede, da sich beide Haltungen in verschiedenen Abstufungen in beiden Ländern finden.) Für die nordamerikanische Gesellschaft ist und bleibt es bezeichnend, daß sie durch den Geist der Trennung behindert wird, was noch bei den fanatischsten Gegnern des Establishments zum Ausdruck kommt. Feministische Studien für die Frauen, afro-amerikanische für die Schwarzen, jüdische für die Juden und männliche für die Männer: Jeder wird dazu aufgefordert, bei sich und bei den anderen der Gruppe seiner Herkunft zu bleiben. Die Minderheiten sind dermaßen mit sich selbst beschäftigt, daß sie nicht mehr in der Lage sind, miteinander zu kommunizieren. So nützlich die ethnische oder geschlechtsspezifische Verbrüderung für ihre Mitglieder auch sein mag, im multikulturellen Europa ist es nicht verboten, das Interesse eines Juden für die afrikanischen Kulturen, das eines Mannes für feministische Studien oder das eines Heterosexuellen für die Homosexualität zu wecken, kurzum von diesen Besonderheiten her Wege zum allgemeinen zu finden. Die »Politik der Identitäten« wie Edmund White sie nennt, degeneriert bei der Absicht, ausgegrenzten Gruppen ihre Würde zu beschaffen, schnell zum Mikronationalismus, zu einem Gewimmel zusammengewürfelter Grüppchen, die nach gesetzlichen Ausnahmeregelungen gieren.

Wie viele Feministinnen versuchen zum Beispiel, in der Literatur und im Film ein positives Bild der Frau durchzusetzen? (Eine Person dieses Geschlechts als bösartig oder perfide darzustellen wird sofort rassistisch genannt.) In diesem Zusammenhang muß erneut darauf hingewiesen werden, daß Gewalttätigkeit und Grausamkeit keineswegs rein männliche Vorrechte sind. Zum Teil konnten die Frauen aufgrund ihrer gesellschaftlichen Unterdrückung diese Eigenschaften bisher nicht zeigen. Und so hat man sie für tugendhaft gehalten, wenn sie eigentlich nur daran gehindert wurden, Böses zu tun. Und es ist nicht einzusehen, durch welche engelhafte Eigenschaft eine Frau für immer vor Dummheit und Boshaftigkeit bewahrt bleiben sollte. Als Frau geboren zu werden, schützt keineswegs vor dem Makel und der Engstirnigkeit des Menschseins[61]. Was ist mit einem Mann, der keinerlei Wesensverwandschaft zu seinen Gattungsbrüdern verspürt, oder einer Frau, die ihrer Schwesternschaft keinen Gehorsam leisten will? Was ist mit den Millionen von Männern und Frauen, die vor allem anderen das Recht auf Ähnlichkeit und ihre Treue nicht als Machos oder Feministinnen ausleben, sondern in der Ehe, der Familie oder als Liebende? In wessen Namen sollte man das »alte Gebäude der Ungleichheit« (Hegel), das alte Verhältnis der Geschlechter aufrechterhalten? Allein im Namen des Glücks zusammenzusein, weil der bekämpfte Feind auch das geliebte Wesen ist und sie zu trennen, würde bedeuten, jedem ein unabdingbares Stück seiner selbst zu nehmen.

Daß die beiden Seiten des Menschengeschlechts sich mit Hilfe von Zugeständnissen und Gesprächen vertragen und durch einige republikanische Prinzipien in Harmonie miteinander leben können, ist nicht wahr: die Arbeitsteilung, die körperlichen Anlagen, die den einen Fähigkeiten ermöglichen und den anderen verwehren (zum Beispiel die Fähigkeit, Kinder zu gebären, die unterschiedlichen Empfindungsformen der Lust) beeinträchtigen für immer die reibungslose

Kommunikation, das idyllische Einverständnis. Jedes Geschlecht bleibt seinem Gegenüber unergründlich, weder so fern noch so nah, wie es sich zu sein wähnt. Doch dieses Urteil muß man sogleich umkehren: gegenüber der anderen Hälfte der Menschheit entspringen Furcht und Entzücken aus einer Quelle. Das trennende Tor ist zugleich die verbindende Brücke. Denn entscheidend ist, daß Annäherung weder Distanz zerstört noch Distanz Sympathie verhindert. Und so gibt es in jeder Beziehung eine Zweideutigkeit, die aus der unauflösbaren Aufspaltung in Anziehung und Schrecken besteht. Die Gleichheit ist ein unersättliches Monster, das immer dazu neigt, die einen wie die anderen in eine gnadenlose Spirale von Neid und Rivalität zu ziehen. Die Forderung nach Parität muß durch das Verlangen nach dem Beischlaf gebändigt werden, der Wunsch nach Nivellierung durch die gemeinsam erlebte Lust. Wenn man das Fortbestehen einer gemeinsamen Welt fordern, gibt man damit zu, daß man das Verbindende für stärker hält als das Trennende. Ein Ende der Uneinigkeit der beiden Geschlechter werden wir nicht erleben. Aber es hängt von uns ab, ihre Vereinnahmung durch die Fanatiker beider Seiten, die stets bereit sind, die Fahne des Martyriums zu ergreifen, zu verhindern. Wir müssen auch die Ausbrüche von Haß und Häßlichkeit, die die amerikanische Öffentlichkeit regelmäßig überfluten, unterbinden. Und wir müssen dafür sorgen, daß die Uneinigkeit neue Verhältnisse hervorbringt und uns in einem Zustand beständiger leidenschaftlicher Spannung hält.

Das Leid und die Fehlschläge, die seit einem halben Jahrhundert der langsame Zerfall des patriarchalischen Systems hervorbringt, die daraus folgende Krise der Männlichkeit und der schmerzhafte Lernprozeß der Frauen angesichts ihrer neuen und empfindlichen Freiheit sind nicht zu unterschätzen. Dennoch ist es fesselnd, diesen Augenblick des Schwankens der geschlechtlichen Identitäten mitzuerleben. Daß einige sich darob grämen und das Gesindel von Verräterinnen und Niederträchtigen verfluchen und andere umgekehrt von einer apokalyptischen Rache am sogenannten starken Geschlecht träumen, kann man sich gut vorstellen. Doch über die Feigheit der einen und die Verbitterung der anderen kann man nur lachen. Trotz aller Taubheit und aller unvermeidbaren Enttäuschungen muß man mit aller Kraft die Atmosphäre erotischer und verliebter Freundschaft erhalten, die das heutige Europa nicht etwa zu einem Kontinent der Ausschweifung, sondern der hohen Zivilisation macht. In dieser Hinsicht ist es vorstellbar, daß die Alte Welt die Zukunft der Neuen bedeutet.

Zensur oder Gegenseitigkeit?

Zur Korrektur der schreiendsten Ungleichheiten zwischen den Geschlechtern gibt es zwei Vorgehensweisen: Verbot oder Umkehrbarkeit. Nehmen wir die Schönheit: Sie lastet auf den Frauen wie ein Gebot, und physische Häßlichkeit bedeutet für sie häufig metaphysische Häßlichkeit. Was kann man gegen diese ästhetische Erpressung, diese »neue Theologie der Gewichtsbeschränkung« (Naomi Wolf) tun? Den einen zufolge muß man die Frauen dazu anstiften, die Vorgaben der Mode, der Unterwäsche und des Flitters zu mißachten, dieser Kultur des Blickes, die ebenso willkürliche wie exklusive Vorschriften erläßt, nicht zu gehorchen; nach den anderen, die den Traditionen des mediterranen Europas näherstehen, ist es hinreichend, von den Männer zu fordern, bei der Pflege ihrer körperlichen Erscheinung dem schönen Geschlecht nachzueifern. Früher war der Mann alleiniger Richter, die Frau wurde betrachtet. Warum sollte man sie nicht bei-

de zu Betrachtern und Betrachteten machen? Warum
sollte der Mann nicht auch in die erschöpfende Askese
der Schau einsteigen und seinerseits den Genuß und die
Furcht des Sich-Kleidens, Parfümierens und Selbstbe-
trachtens entdecken? Dieser gemeinsame Narzißmus
begründet für alle dieselbe Wachsamkeit: die darauf
verwendete Sorgfalt, sich in Form zu halten, würde bewirken, daß die einen wie die anderen weniger in ihren
Körper verliebt und mehr um ihr Auftreten bemüht
wären. Wie Reiche hätten sie einen Schatz zu verlieren,
müßten ein Kapital erhalten, das Alter und Zeit zu zersetzen nicht müde werden. Gibt es einen anderen Weg,
das Diktat der Äußerlichkeit abzumildern, als es auf die
Männer auszudehnen, so unvollkommen dieses Verfahren auch sein mag? Jedenfalls ist es weit weniger abzulehnen als die Religion des Natürlichen, des Sich-
Gehen-Lassens, die in den demokratischen Ländern
floriert und jeden dazu einlädt, sich ohne Scham zu zeigen und auszuziehen. Wäre es nicht heilsamer, wenn
keiner sich mit seinen Unförmigkeiten und kleinen
Unvollkommenheiten zufrieden gäbe und sie mit allen
erdenklichen Kunstgriffen zu verbessern oder abzumildern suchte? Zumindest hat die Forderung nach einem Mindestmaß an Eleganz den Vorteil, unter den
Leuten, die um Anmut und Einfälle konkurrieren, einen Wettstreit zu entfachen.

Außerdem hat der Mann die Frau zu allen Zeiten als
seine Beute angesehen. Jetzt ist es Zeit, daß auch er gejagt, eingeschätzt, beurteilt und zum großen Vergnügen
der Betrachterinnen (vgl. den Erfolg der *Chippendales*)
sogar zum *Go-go-Boy* in Nachtclubs gemacht wird. Er
ist jetzt dran, nackt, als schönes Tier wie ein vulgäres
Lustobjekt in Zeitschriften ausgebreitet zu werden. In
diesem Zusammenhang stellt sich auch die Frage, wann

wir Bordelle für Frauen, tariflich bezahlte Gigolos und heiße Straßen kriegen, auf denen Männer die vorbeigehenden Frauen zu bar bezahlbaren erotischen Handlungen auffordern. Wann kommt die Ausweitung der Prostitution auf beide Geschlechter? Das wird nicht ohne Rüpelhaftigkeit, ohne indezentes Verhalten abgehen. Natürlich nicht, aber die Erschließung der Gleichheit für die Frauen bedeutet auch das Recht auf Grobheiten und Gewalt gegen die Männer. Keine Sorge, die Frauen schaffen das genauso gut wie wir. Ganz im Gegenteil: Werden die Frauen auch massiv in den Markt der Verführung einsteigen, die Initiative ergreifen und Männer anmachen, die ihnen gefallen? Damit setzen sie sich der Gefahr der Zurückweisung aus. Alles, was zur Ausstattung eines der Geschlechter gehörte, wird zum Privileg und zum Fluch beider. Sicherlich begnügt man sich damit, herrschaftliche Tendenzen auszuweiten und nicht etwa abzuschaffen; doch diese Strategie der Gegenseitigkeit taugt mehr als das utopische Ansinnen, die Liebe reparieren und ihre Amoral korrigieren zu wollen, Anmache abzuschaffen und den Flirt zu verbieten. Diese subtilen Veränderungen verkünden keine zauberhafte Zukunft. Sie sind vielleicht aber maßgeblicher als der Tugendabsolutismus, von dem viele Reformatoren träumen, die bereit sind, zu zensieren und zu verbieten, um der Menschheit gegen ihren Willen das Heil zu bringen.

Anmerkungen:
1 Andrea Dworkin, *Pornographie. Männer beherrschen Frauen*, Frankfurt am Main 1992.
2 Andrea Dworkin, *Letters From a War Zone*, London 1988, S. 14, zitiert nach Katie Roiphe, *The Morning After*, New York S. 179.
3 Marilyn French, *Der Krieg gegen die Frauen*, München 1992, S. 229.

4 Catherine McKinnon, zitiert nach Katie Roiphe, *The Morning After*, a.a.O., S. 141: »Selbst Hitler konnte die Sexualität nicht in dem Maße in eine tödliche Waffe verwandeln, wie es die pornographische Industrie tut.«

5 Andrea Dworkin, zitiert von Lynn Segal in: *Dirty Looks, Women, Pornography, Power*, London 1993, S. 12.

6 Marilyn French, *Der Krieg gegen die Frauen*, a.a.O., S. 165f.

7 Susan Brownmiller, *Against our Will, Men, Women and Rape*, New York 1975, S. 5, zit. in Katie Roiphe, *The Morning After*, a.a.O. S. 55f.

8 Andrea Dworkin, zit. von Charles Krauthammer, »Defining Deviancy up«, *The New Republic*, 22.11.1993, S. 24

9 Marilyn French, *Der Krieg gegen die Frauen*, a.a.O., S. 7ff.

10 Susan Faludi, *Backlash, La guerre froide contre les femmes*, Paris 1993, S. 88.

11 Idem, S. 106.

12 Marilyn French, *Der Krieg gegen die Frauen*, a.a.O., S. 184.

13 Idem, S. 10.

14 Georges Glider, zit. von Susan Faludi, *Backlash*, S. 317.

15 Times Literary Supplement, Juni 1993, S. 14.

16 Pat Robertson, zit. von Robert Hughes, *Culture of Complaint*, New York 1993, S. 31.

17 Peter Lilley, damals Sozialminister in England, zit. nach *Courrier International*, Nr. 161, Dezember 1993.

18 Zit. von Robert Hughes, *Culture of Complaint*.

19 Zit. von Susan Faludi in einem Gespräch mit Allan Bloom, *Backlash*, S. 323.

20 Yves Roucaute, *Discours sur les femmes qui en font un peu trop*, Paris 1993.

21 Idem, S. 13.

22 Idem, S. 141ff.

23 Idem, S. 270-308.

24 Warren Farrel, *Why Men are The Way They Are*, zit. in Susan Faludi, *Backlash*, S. 329, 332.

25 Robert Bly, *Eisenhans. Ein Buch über Männer*, München 1991.

26 John Stoltenberg, *Refusing to be a Man*, New York 1992.

27 Als Land äußerster Prüderie sind die Vereinigten Staaten auch ein Ort hochentwickelter pornographischer Industrie und einer Freizügigkeit der Sitten, die an bestimmten Orten einen unvergleichlichen Umfang erreicht. Éric Fassin hat gut dargestellt, wie der Vergleich zwischen Frankreich und Amerika sich, wenn er nicht in beiderseitigen Chauvinismus ausarten will, eine kritische Sicht bewahren muß, weil jede Kultur es erlaubt, die andere in einem auswärtigen Blickwinkel zu betrachten: »Le féminisme miroir transatlantique«, *Esprit 4*. November 1993.

28 1981 betrug die Differenz zwischen männlichen und weiblichen Gehältern 33% und soll 1993 bei gleicher Qualifikation bei 30% gelegen haben. L'Express zufolge (5.8.1993) arbeiten die Männer zwar täglich eine Stunde mehr, müssen aber zwei Stunden weniger Haushaltsarbeit verrichten. Zwar sind in Frankreich 60% der Richter Frauen, doch in der Nationalversammlung haben sie nur einen Anteil von 5,7%, im Gegensatz zu Dänemark, wo sie 33% ausmachen.

29 Nach dem Bericht von A. Spira und N. Bajos über das Sexualverhalten der Franzosen, *La Documentation française*, 1990, S. 217-18, beklagt jede zwanzigste Frau, das Opfer von erzwungenen sexuellen Handlungen gewesen zu sein. Das am meisten gefährdete Alter wird mit 13-15 Jahren angegeben. Außerdem wurden nach Antoinette Fouque, die 1987 in Frankreich eine Beobachtungsstelle für Frauenhaß eröffnet hat, 1991 zwei Millionen Frauen geschlagen, jeden Tag eine Frau oder ein Mädchen ermordet, und auf fünf Schwurprozesse kam ein Inzestfall. 1992 wurden in Frankreich 5000 Vergewaltigungen registriert, 1982 hingegen 2200.

30 Georg Simmel, *Vom Wesen der Moderne*, Hamburg 1990.

31 Seit zwanzig Jahren neigen die Franzosen zunehmend zu einer von der Mutter beherrschten Familie, aus der der Vater ausgeschlossen ist. Nach *SOS Papa* und dem *Nouveau Mouvement de la condition paternelle* leben 1,7 Millionen Kinder ohne ihre Väter, 600 000 sehen sie gar nicht mehr. In 85-90% der Fälle sprechen die Gerichte der Mutter das Sorgerecht für die Kinder zu. Dieses Frauenbevorzugungssystem wird nur sehr langsam aufgegeben, die Gerichte neigen mehr und mehr dazu, die Aufteilung zwischen Vater und Mutter gerechter vorzunehmen, um die Kinder weniger zu belasten. (Siehe dazu auch die sehr differenzierte Analyse von Irène Théry, *Le Démariage*, a.a.O., S. 226ff.)

32 Das Männliche, sagt zutreffend François de Singly, kann eine neutrale Erscheinungsform annehmen, wenn es sich als Allgemeininteresse verkleidet. Die Niederlage des sichtbaren Machismus bedeutete nur die Aufgabe oberflächlicher Vorrechte, um dem Angriff der Frauen besser Widerstand leisten zu können: *Esprit*, November 1993, S. 59f.

33 Naomi Wolf, *Der Mythos Schönheit*, Reinbek 1991. In ihrem neuesten Buch, *Fire with Fire*, New York 1993, hat Naomi Wolf nicht ohne Mut die Opferrhetorik aufgegeben. Es ist ein Plädoyer für einen positiven Feminismus, der sich darum bemüht, mehr zu sein als nur Nörgelei.

34 Zitiert von Guy Bechtel, *La Chair, le Diable et le Confesseur*, Paris 1994, S. 184.

35 *Newsweek*, 7.3.1960.

36 Der Jurist Owen Fiss erläutert, daß der Kampf gegen die Diskriminierung eine rhetorische Formel, eine Strategie für mehr Posten und Jobs ist: *What is feminism?*, 14.11.1992, S. 7.

37 »In der Tat scheint es so, als sei die Männlichkeit ein sehr empfindliches
Gewächs, eine Gewächshausorchidee, die man beständig pflegen und
ernähren muß [...], nichts beschädigt scheinbar stärker die männlichen
Blüten als ein leichter feministischer Regenguß, denn er wird sogleich
als Unwetter wahrgenommen.« Susan Faludi, *Backlash*, a.a.O., S. 91.

38 Luce Irigaray, *Le Temps de la différence*, Paris 1989, zitiert von Elisa-
beth Badinter, *XY. Die Identität des Mannes*, München 1993.

39 Sally Miller Gerhart, zitiert von Naomi Wolf, *Fire with Fire*, op. cit.
S. 151. Inzwischen soll Sally Miller Gerhart ihre Auslöschungsgelüste
abgemildert haben und friedfertigere Modelle zur Begrenzung der
männlichen Vormacht ins Auge fassen.

40 Times Literary Supplement 25.6.1993

41 Der weibliche Pionier des französischen Feminismus, Simone de Beauvoir, hat diese Verabsolutierung der Differenz stets mit Abscheu von
sich gewiesen: »Ich bin eine absolute Gegnerin der Idee, die Frau in
einem Weiberghetto einzusperren [...] Es geht für die Frauen nicht darum, sich als Frauen zu bestätigen, sondern als »ganze« menschliche Wesen anerkannt zu werden.« *Alles in allem*, Reinbek 1976, S. 464.

42 Susan Okin lehnt in *Justice, Gender and the Family*, New York 1992,
die sexuelle Teilung als Vorwand für Hierarchien und Ungerechtigkeit
ab. Zu diesem Punkt vergleiche die Einwände von Martha Nussbaum,
Esprit, Mai 1993, S. 64f.

43 Friedrich Nietzsche, *Menschliches, Allzumenschliches, Ein Buch für
freie Geister*, Frankfurt am Main 1982, S. 164.

44 Gespräch mit Susan Faludi, *Backlash*, S. 323.

45 Zu dieser Frage vergleiche den Artikel von Alain Ehrenberg, *Esprit*,
November 1993, S. 73ff. 1990 wurde in Frankreich der Tatbestand der
Vergewaltigung in der Ehe eingeführt, der das Eindringen in die Vagina
voraussetzt, aber auch Fellatio und anale Praktiken einschließt.

46 Siehe die Sonderausgabe von *Partisan Review*, »The Politics of Political
Correctness«, 1993, Nr. 4

47 *Towards a Feminist Theory of the State*, Harvard 1989, S. 146. Zit. von
Katie Roiphe, *The Morning After*, a.a.O., S. 81.

48 Zit. von Robert Hughes, *Culture of Complaint*, S. 10.

49 Zit. von Pascal Dupont, *La Bannière étiolée*, S. 213.

50 Der von gewissen Feministinnen gepriesene sexuelle Separatismus
stößt innerhalb der Frauenbewegung auf vielfachen Widerstand. Vielen
ist die Prüderie der Extremistinnen und ihr hochgradig verdächtiges
Bündnis mit den Bigotten der moralischen Mehrheit im Kampf gegen
die Pornographie zutiefst zuwider. Der amerikanische Feminismus ist
keinesfalls eine monolithische Ideologie. Siehe dazu Michel Feher
»Érotisme et féminisme aux États-Unis: les exercices de la liberté«, *Esprit*, November 1993.

51 Charles Krauthammer, »The New Republic«, abgedruckt auf französisch in *Le Débat*, 1994, Nr. 81, S. 168: »Im breit angelegten Projekt der moralischen Nivellierung reicht die Normalisierung der Abweichung nicht aus. Das Normale muß als Deviation angesehen werden.«

52 Katie Roiphe beschreibt mit Ironie die wahnhaften und verrückten Formen, die die Angst vor der Vergewaltigung in den Universitäten angenommen hat: Kein Professor traut sich noch, die Tür seines Büros zu schließen, wenn sich bei ihm eine Studentin aufhält, weil er befürchtet, angeklagt zu werden; in manchen Lokalen werden Listen von Vergewaltigern oder als solche Verdächtigten an sogenannten »Schandwänden« aufgehängt, ohne daß die Angeklagten die Möglichkeit hätten, sich zu verteidigen oder ihre Unschuld zu beweisen (*The Morning After*, S. 19). Zahlreiche Vergewaltigungsanschuldigungen sind frei erfunden, doch wird um der guten Sache willen und weil jeder Mann a priori als Verdächtiger gilt dazu ermutigt (a.a.O., S. 41). Solche Praktiken erinnern nicht von ungefähr an die während der chinesischen Kulturrevolution durchgeführten kollektiven Demütigungssitzungen.

53 Sunday Times, 31.10.1993, zit. von *Le Canard enchaîné*. Der NOW (National Organisation of Women), die wichtigste amerikanische Feministenorganisation, soll aus dem Kodex von Antioch die Norm aller sexuellen Beziehungen des Landes gemacht haben wollen. Die überwältigende Mehrheit der Amerikanerinnen lehnt diesen Kodex ab.

54 François Furet weist auf diese Möglichkeit in einer kritischen Analyse der political correctness hin. *Le Debat*, März/April 1992, Nr. 69, S. 83.

55 François Furet, *La République du centre* (in Zusammenarbeit mit Pierre Rosanvallon und Jacques Julliard), Paris 1988, S. 21, über Kommunisten und Gaullisten.

56 Nach Katie Roiphe (*The Morning After*, S. 66, 149 und 151) ähneln die feministischen Pamphlete über die Vergewaltigung den Benimmbüchern des Viktorianischen Zeitalters, die junge Mädchen als passive, jeglicher Sexualität entbehrende Wesen beschreiben, deren Tugend man mit allen Mitteln bewahren muß.

57 Susan Faludi, *Backlash*, a.a.O., S. 381.

58 Ebd., S. 376 und 383.

59 Nicolas Grimaldi hat diesen Prozeß wohltuender Angst bei Proust glänzend analysiert: *La Jalousie*, Arles, 1993, S. 34ff.

60 Charles Fourier, *Le Nouveau monde amoureux* (1808-1814), Genf 1986, S. 14.

61 Nach der *Washington Post*, zitiert von *Le Monde* (14.1.1994), waren zwischen 1975 und 1985 die Opfer ehelicher Gewalt in den Vereinigten Staaten mehrheitlich männlich. Als Gefangene ihrer phallozentrischen Vorurteile beschweren sich Gatten und Liebhaber selten, weil sie nicht zugeben wollen, von ihren Frauen geschlagen worden zu sein.

Teil III

Rivalität der Opfer

Kapitel 6

Die Unschuld des Henkers[1]

(Der Verfolgtenstatus in der serbischen Propaganda)

*»An dem Tag, an dem das Verbrechen sich mit dem Mantel der Unschuld
umgibt, wird durch eine seltsame Verkehrung, die für unsere Zeit
typisch ist, die Unschuld gezwungen sein, sich zu rechtfertigen.«*
Albert Camus, Der Mensch in der Revolte

*»Wir konnten den Gerechten nicht stark machen, und so haben wir
den Starken gerecht gemacht.«*
Blaise Pascal, Gedanken

»Die neuen Juden der Welt am Ende dieses Jahrhunderts sind
wir. Unser geliebtes Jerusalem wird von den Ungläubigen bedroht. Die ganze Welt haßt uns, ein Gegner, der jede Gestalt
annehmen kann, eine hundertköpfige Hydra hat uns den Untergang geschworen. Schon jetzt tragen alle unsere Kinder einen unsichtbaren gelben Stern auf ihren Kleidern. Denn wir
haben einen Völkermord erlitten, der schlimmer war als der
der Nazis an den Juden und Zigeunern. Und wie die Hebräer
treten wir nun unsere Durchquerung der Wüste an, selbst
wenn sie 5000 Jahre dauert.« Wer redet so? Irgendein über-
spannter messianischer Führer, irgendein Vorsteher einer radikalen protestantischen Sekte, der mit dem Judentum um Bi-
beltreue konkurriert? Von wegen! Solche Äußerungen
werden in dieser oder ähnlicher Form seit vielen Jahren von
den Anhängern der Regierung Milosevic in Belgrad vorgebracht. So schreibt etwa der Schriftsteller Dobrica Cosic, der
wichtigste geistige Vater des serbischen Nationalismus und
bis 1993 Präsident Restjugoslawiens (Serbien und Montenegro), der Serbe sei »der neue Jude am Ende des 20. Jahrhunderts, das Opfer der gleichen Ungerechtigkeiten, sogar der
gleichen Verfolgung: das neue Märtyrervolk.«[2] Doch die Ser-

ben sind noch jüdischer als die Juden, da sie »Opfer eines Genozids waren, der in seinen Methoden und seiner Bestialität
den der Nazis übertraf«, sagt Dobrica Cosic über die Ver-
nichtungspolitik, die von 1941 bis 1944 von der kroatischen
Ustascha an seinem Volk verübt wurde.[3]

Ein grundlegender Irrtum

Der Krieg, der seit 1991 vier Jahre lang das Gebiet Restjugoslawiens verwüstet hat und von Belgrad geplant worden war, begann auf der Grundlage eines unsäglichen Widersinns. Der
Henker stellte sich als Märtyrer dar, Europa stimmte ihm zu
und machte die Angegriffenen (Kroaten, Bosnier und Kosovo-Albaner) für die Tragödien, in die sie gerieten, selbst verantwortlich. Wenn ihnen ein Unheil zugestoßen ist, dann nur,
weil sie es selbst gesucht haben, also selbst daran schuld sind,
hieß es damals. Wie kam dieser furchtbare Irrtum zustande,
warum hat fast ein Jahr lang die Mehrheit der Intellektuellen,
der Politiker und der westlichen Journalisten die Sichtweise
der Serben übernommen? Wie konnte ein so besonnener
Mann wie François Mitterand noch am 29. November 1991,
als die Stadt Vukovar schon zerstört und ein Viertel des kroatischen Gebietes in die Hände der Armee Restjugoslawiens
geraten war, in einem Interview mit der FAZ feststellen:
»Kroatien verbündete sich mit den Nazis, Serbien hingegen
nicht.« Weil Milosevic und seine Leute so gewitzt waren, der
öffentlichen Meinung ihre Sichtweise glaubhaft zu machen. Er
rechtfertigte im voraus den Krieg, den er zu führen gedachte,
indem er in seiner Propaganda unaufhörlich das Leiden des
serbischen Volkes im Laufe seiner Geschichte ausbreitete. Im
Rahmen dieser Propaganda wurden überall Photos und Filme
von ermordeten, gesteinigten und gefolterten Frauen, Kindern und Greisen gezeigt, bei allen Debatten und Konferenzen

wurde an die Toten von Jasenovac erinnert. (Dies war eines der schrecklichsten Todeslager des kroatischen Regimes von Ante Pavelic, einem Anhänger der Nazis. Es kamen dort Tausende von Juden, Zigeunern, Serben und kroatischen Partisanen ums Leben.) Durch diese Propaganda gelang es, eine moralische Vorrangstellung zu erreichen und gegen eventuellen Einspruch ein gewaltiges Einschüchterungspotential zur Verfügung zu haben: Betrachte meine Leiden und wage ja nicht, dich damit zu vergleichen! Wir haben hier einen klassischen Fall, der unser Verständnis des Konflikts vernebelt hat und alles weitere zur Folge hatte: Gleichgültigkeit, Zögern und abwartende Haltung in Europa und Amerika.

So hatte die serbische Vormacht, noch bevor sie die Offensive in Kroatien und Bosnien begann, den Kampf in den Köpfen schon gewonnen und sich schon eines gewissen Wohlwollens der internationalen Gemeinschaft versichert. Dies erklärt, warum in der jüngeren Geschichte nur wenigen Eroberern mit solcher Rücksicht begegnet wurde wie Belgrad, warum nur wenige erleben durften, daß ihre Thesen mit solcher Vorsicht kommentiert, angehört und abgewogen wurden und man so nachsichtig mit ihnen war. Seit 1991 sind unzählige Dokumentationen, Artikel und Reportagen über die Verbrechen, die die Kroaten, Bosnier und Albaner als Verbündete der Nazis während des Zweiten Weltkrieges begangen haben, erschienen, als sollte die berechtigte Erinnerung an diese Greueltaten in gewisser Weise die zur selben Zeit von den Milizen Belgrads begangenen kompensieren. Gewiß, man hat sich nach etwa einem Jahr von dieser Bevorzugung der Serben gelöst; doch um sich nicht zu drastisch zu verleugnen, erfanden die Regierungszentralen ein neues Märchen: daß alle Parteien in ihren Greueltaten gleich schlimm sind. So siegte das Gleichheitsprinzip: Die Dinge wurden nicht adäquat beurteilt, man stufte die Taten aller Kriegsparteien ohne Unterschied als Brutalitäten ein, die bei Auseinandersetzungen zwischen Stämmen vorkommen. Warren Christopher durfte im Mai 1993 vor dem Kongreß die folgenden entsetzlichen Worte gebrauchen: »Es wäre leicht, dies alles mit dem Holocaust zu vergleichen, aber ich habe nie von einem Genozid gehört, den die Juden am deutschen Volk begangen hätten.«[4] Noch heute fahren viele fort, für die serbischen Nationalisten mildernde Umstände zu fordern. Üben sie die geringste Kritik an ihnen, schütten sie gleichzeitig über Kroaten, Bosnier, Slowenen, Albaner oder Mazedonier Karren von Mist aus.

Der Betrug ist nämlich gelungen. Der serbische Hypnotiseur, der für seine Verbrechen Entlastung suchte, brauchte sich nur als Gemarterter zu verkleiden, um Absolution zu erhalten. Was wurde bei der jugoslawischen Krise wiederholt? Derselbe alte Fehler, der schon gegenüber dem Kommunismus und der Dritten Welt begangen wurde: sich durch das Gerede vom Verfolgtenstatus erpressen zu lassen. Eine der schrecklichen Lektionen dieses Jahrhunderts ist jene Umkehrung der Rollen, die, wenn sie einmal an die Macht gelangen, Unterdrückte zu Diktatoren, Proletarier zu Tyrannen und Kolonialisierte zu neuen Herren macht. Ehemals Verfolgte verlieren ihre Unschuld, die, von denen man Gerechtigkeit und Erlösung erwartete, gründen neue Willkürherrschaften, die deshalb so furchtbar sind, weil sie einst Freiheit und Gerechtigkeit auf ihre Fahnen geschrieben hatten. Eine solche Kehrtwendung können wir uns nur schwer vorstellen. Die Tatsache, in der Vergangenheit Opfer gewesen zu sein, prädestiniert offenbar dazu, für immer als ein Gepeinigter dazustehen, der Gewalt und Totalitarismus für sich beanspruchen darf. Darin lag die große Stärke der Propaganda Milosevics (abgesehen von oder gerade wegen ihres berauschenden Elements, das von slawischer Folklore herrührt): an das von seinem Volk erlittene Leid, besonders zwischen 1941 und 1945, zu erinnern, um für sich selbst *ewig währende Immunität* zu verlangen und sich ganz legal außerhalb des Gesetzes bewegen zu können. Nichts war entmutigender als anzusehen, wie dieser Schwindel von der Mehrheit angenommen und geschluckt wurde, und das sehr oft im Namen besonderer demokratischer Wachsamkeit. Zumindest am Anfang verstanden nur sehr wenige, daß die, welche sich als vorbildliche Widerständler gegen den Faschismus präsentierten (die Serben), schon dessen Methoden anwendeten, daß der Wolf sich in den Schafspelz gekleidet hatte. Und nur sehr wenige erinnerten sich daran, daß die Opferideologie zum Faschismus dazugehört, daß er nicht nur die Ideologie der überlegenen Rasse, sondern der gedemütigten überlegenen Rasse ist.[5] Mit großer Geschicklichkeit ist es den serbischen Extremisten gelungen, ihre Eroberungsgelüste als Sorge um Minderheiten darzustellen, ihren Kriegswillen als Friedensliebe und die ethnischen Säuberungen als brennenden Wunsch, die jugoslawische Föderation zu erhalten. Es ist wie im Sprichwort: »Auch der Teufel zitiert gerne die Heilige Schrift.«

Der Rausch der Niederlage

Was bedeutet den Serben der Opferstatus? Zunächst handelt es sich dabei um eine von der orthodoxen Kirche und der Literatur genährte Tradition, die in einer langen, bewegten Geschichte wurzelt. Die Geschichte der türkischen Kolonialherrschaft und der habsburgischen Bevormundung sind Ursachen eines übertriebenen Patriotismus, der sich gern mit Heldentum und explosiven Taten schmückt.[6] Aus den ständigen Migrationen und Grenzveränderungen ist ein permanentes Unsicherheitsgefühl enstanden, eine Angst vor Entwurzelung und Exil der zum eigenen Volke gehörigen Gruppen in feindseligen Gebieten. Schließlich ist der Patriotismus auch ein tradiertes Erbe, das seit der Niederlage des Fürsten Lazarus vom 15. Juni 1389 gegen die Osmanen in der Schlacht auf

dem Amselfeld im heutigen Kosovo als identitätsstiftendes
Ereignis im Gedächtnis des Volkes von Jahrhundert zu Jahrhundert weitergegeben wird. Die Serben waren verdienter-
maßen zu Hohem bestimmt, es war ihnen jedoch nicht ver-
gönnt, Begründer des neuen Byzantinischen Reiches zu sein.
Bis heute sind sie untröstlich, nicht die Erben eines Reiches
geworden zu sein, das beinahe existiert hätte. Es liegt Stolz
und sogar eine gewisse Schönheit in dieser Art, die eigenen
Niederlagen zu feiern, als ob Gott genau dieses Volk erwählt
hätte, um es dem Unheil zu weihen und es zum Werkzeug
seiner Pläne zu machen, als verwandele die irdische Niederlage sich sogleich in einen himmlischen Sieg über die Kräfte des
Bösen. Die Serben scheinen sich bis zur Extase an dem Unrecht, das man ihnen zugefügt hat, zu berauschen und kultivieren, besonders in ihrer epischen Dichtung, dem Rausch
der erlittenen Prüfungen und dem felsenfesten Glauben an
die Schicksalhaftigkeit ihres Martyriums. Ein ganzes Volk badet in der sicheren Überzeugung, dem Leiden geweiht zu
sein, und leitet daraus eine aristokratische Würde ab: Wenn
dieses Volk seit Urzeiten dermaßen verhöhnt und gekränkt
wurde, kann es nur göttlicher Herkunft sein!

Seitdem er die Macht innehat, versteht Milosevic es sehr
geschickt, die Angst seiner Landsleute wiederzuerwecken,
diesen altüberlieferten Bodensatz aufzurühren, um sie in den
Dienst seines politisch-militärischen großserbischen Plans zu
stellen. (Großserbien, daran soll erinnert werden, umfaßt
nicht nur die Vereinigung aller Serben in einem Staat, sondern
auch und vor allem den Ausschluß aller Fremden aus diesem
Staat.) Diese Angst vor Trauer, Tod und Verschwinden, die an
sich ehrenwert sein mag, wird hochgradig verdächtig, wenn
sie von der Staatsgewalt als ideologische Waffe zur Legitima-
tion eines Krieges genutzt wird. So hat das Serbien Milosevics
am Ende der 80er Jahre nicht etwa entdeckt, daß es Ungerechtigkeiten ausgeliefert ist, die in weiterem Zusammenhang

zu sehen sind und mit dem Zweiten Weltkrieg und der terri-
torialen Umgestaltung Jugoslawiens zusammenhängen, sondern einer essentiellen, metaphysischen Ungerechtigkeit, deren Wurzeln in einer jahrtausendealten Geschichte liegen. In
dieser Hinsicht ist der serbische Nationalkommunismus ein
interessantes Gebilde: vom extremen Nationalismus entlehnt
er den Wahn der Rassenschande (der in den Romanen Dobrica Cosics durchgängig zu finden ist), die Angst vor Verunrei-
nigung und die zwanghafte Notwendigkeit, zu trennen und
wissen zu wollen, wer wer ist: »Unsere Seele und unsere
Identität«, so Karadjic, der Führer der bosnischen Serben,
»können nur durch Trennung überleben. Sie können Wasser
nicht mit Öl mischen. [...] Der Balkan ist nicht wie die
Schweiz oder die USA. Der Melting-Pot hat nie einer Aufein-
anderfolge fremder Besatzer die Stirn bieten müssen ...«[7]
Vom Kommunismus entlehnt er seinen Stil, seine Kultur der
Lüge, seinen Anspruch, für Gerechtigkeit zu kämpfen, einen
Anspruch, der, wie wir gesehen haben, einem alten kulturellen Vermächtnis aufgepfropft wird. Dieser Betrug hat selbst
den klarsichtigsten Antifaschisten den Blick getrübt: es handelt sich weder um Nationalsozialismus – Milosevic ist nicht
Hitler, ethnische Säuberung ist nicht gleich Endlösung – noch
um reinen Stalinismus, sondern um ein Abraumprodukt ihrer
verspäteten Heirat, kombiniert mit einer pluralistischen Fas-
sade und einer mafiosen Ökonomie. In dieser Hinsicht kann
der serbische Cocktail anderen jüngst vom Kommunismus
emanzipierten Völkern als Vorbild dienen; seine Überzeu-
gungskraft leitet er aus der Vereinigung zweier ehemals ent-
gegengesetzter Bewegungen gegen ihren ewigen Feind her:
der liberalen Demokratie. Er verdoppelt die stalinistischen
Methoden durch eine irrsinnige Verherrlichung der in ihrer
Reinheit[8] gepriesenen und erhöhten Identität, die sich gegen
Mischungen und Rassenbastardisierung richtet. Vor allem
aber verleiht er Ländern, die sich nicht als ihre eigenen Her-

ren fühlen und die ihre Unabhängigkeit zunächst als Verwirrung erleben, die Grundlage für eine Politik des Ressentiments. Er zeigt ihnen, wie sie sich im Namen früher erlittenen
Unglücks aus verschiedensten Elementen einen Freibrief der
Unangreifbarkeit verschaffen können, der sie davon befreit,
Rechenschaft abzulegen und es ihnen außerdem erlaubt, in
aller Einfachheit zu hassen und zu bestrafen.

Doch hinter dem kleinen Serbien zeichnet sich der riesige
Schatten Rußlands ab, das diesem durch ethnische, affektive
und religiöse Bande verbunden ist. Es ist der Schatten einer
neuen panslawischen und orthodoxen Gemeinschaft. All jenen, die in Moskau und anderswo in den Trümmern des so-
wjetischen Reiches davon träumen, am Westen Rache zu
üben, und sich erniedrigt fühlen, bietet das Serbien Milosevics ein erfolgreiches Modell für die Nachfolge des Kommunismus. Darin liegt die wahre Ansteckungsgefahr. Das Verbrechen des Regimes von Belgrad liegt weniger darin,
möglicherweise berechtigte Beschwerden geäußert zu haben
– alle Republiken Exjugoslawiens waren mit ihrem Los unzu-
frieden – als darin, die Bewältigung der Probleme mit Gewalt
und ethnischen Säuberungen angestrebt zu haben. Dadurch
wurde das Gelöbnis, auf dem das heutige Europa beruht, die
Ächtung des Krieges, lächerlich gemacht. Nie wieder Eroberung, massive Zerstörung und Vernichtung auf unserem
Kontinent, lautet das Bündnis, das seit 1945 die westlichen
europäischen Nationen miteinander verbindet und die
deutsch-französische Aussöhnung ermöglicht hat. Künftig
sollen unsere Differenzen durch Verständigung und Schlich-
tung geklärt werden, nicht mehr durch Waffen. Das jugoslawische »Laboratorium« (Roland Dumas) hat die Büchse der
Pandora der gewaltsamen Grenzveränderung wieder geöffnet: Während Europa glaubte, sich durch Duldung der Zer-
fleischung Bosniens seine Ruhe zu erkaufen, ermunterte es
nur dazu, den Krieg als ein Mittel der Konfliktlösung anzuse-

hen. (Ohne Vukowar und Sarajevo wäre Moskaus brutale Intervention in Tschetschenien nicht möglich gewesen.) Europa läßt es wieder zu, daß Verbrechen gegen die Menschlichkeit als Mittel der Eroberung auf eigenem Boden geschehen.

Der Genozid als rhetorische Figur

Es soll hier nicht darum gehen, das Ausmaß der von der Ustascha zwischen 1941 bis 1945 begangenen Massaker und die daraus resultierende Angst in der serbischen Volksseele herunterzuspielen. (Diese Verbrechen waren entsetzlich, doch erhielten sie lediglich die Zustimmung einer Minderheit der kroatischen Bevölkerung.) Pavelics Kroatien ist weiterhin nach dem nationalsozialistischen Deutschland das »blutrünstigste Regime des Hitlereuropas. Weder das faschistische Italien, noch Vichy-Frankreich, die Slowakei, Ungarn oder Rumänien haben Vergleichbares gekannt.«[9] In diesem Zusammenhang war es einer der entscheidenden Fehler Präsident Tudjmans, die Serben nach der Unabhängigkeitserklärung der Kroaten nicht feierlich für die Verbrechen des Pavelic-Regimes um Vergebung zu bitten. Er versäumte es beispielsweise, in Jasenovac niederzuknien (wie es vor ihm Willy Brandt am Warschauer Ghetto getan hatte) und den Serben zu versichern, daß es im neuen Kroatien derartige Greuel nicht mehr geben würde. Eine solche Geste hätte die Aggressivität Belgrads nicht gemildert, hätte jedoch eine große symbolische Reichweite gehabt und bewiesen, daß die junge Republik, die gern zu Europa gehören möchte, eine Haltung der Versöhnung und des Rechts einnimmt. (Franjo Tudjman wartete bis zum 15. Januar 1992, um in einem Brief an Edgar Bronfman, den Präsidenten des Weltjudenrats, die Massentötungen von Juden durch die Ustascha zu verurteilen. Als Autor eines zumindest zwiespältig zu nennenden

Buches über den Genozid soll Tudjman andererseits während seines Wahlkampfes mehrfach gesagt haben: »Glücklicherweise ist meine Frau weder Serbin noch Jüdin.« Im Februar 1994 entschuldigte er sich beim amerikanischen Präsidenten des B'nai Brith brieflich für sein »revisionistisches« Buch. Wie so oft ist er zur richtigen Tat fähig, doch kommt seine Einsicht zu spät und kann Ungeschicklichkeiten nicht ungeschehen machen.)

Denn der von den extremistischen Serben ständig wiederholte Hinweis auf den Genozid ist eine unerschöpfliche Goldgrube, aus der sie Haß, Rachegelüste und Wut schöpfen. Die Extremisten legen größten Wert auf ihr Unglück, denn es verleiht ihnen Einzigartigkeit, und so übertreiben sie maßlos: Sie nehmen für dieses Jahrhundert nicht einen, sondern gleich drei Völkermorde in Anspruch. So meint Petar Milatovic Ostroski, ein serbischer Schriftsteller, der sein Land gegen ein »internationales Komplott« verteidigt, »daß das serbische Volk im Laufe des 20. Jahrhunderts dreimal Opfer eines kroatischen Genozids war. Das erste Mal von 1914 bis 1918, das zweite Mal während des Bestehens des unabhängigen kroatischen Staates und das dritte Mal seit der Einsetzung (sic) Franjo Tudjmans, der General bei Tito und Historiker bei Pavelic war. Zur großen Schande der Serben dauert dieser Völkermord an.«[10] Doch war Petar Milatovic Ostroski offenbar zerstreut und vergaß einen weiteren Völkermord: denjenigen der Kosovo-Albaner an den Serben. »Der physische, politische und kulturelle Genozid an der serbischen Bevölkerung Kosovos und Metojas ist die schlimmste Niederlage, die Serbien in seinen Freiheitskämpfen von 1804 bei der Schlacht von Orasac bis zum Aufstand von 1941 erlitten hat.« Daran erinnert das 1986 erschienene Memorandum der Akademie der Wissenschaften, ein grundlegendes Dokument, das von den Vorstellungen Dobrica Cosics geprägt ist und als Inspirationsquelle für die »Kulturrevolution« Milosevics gilt.[11] Ausgehend vom echten Völkermord, dem der Ustascha, wendet der offizielle Sprachgebrauch in Bausch und Bogen diesen Begriff auf jede Art von Zurechtweisung und Widerspruch gegen die serbische Politik an. Im Januar 1994 zieh ein gewisser Daniel Schiffer, ein angeblicher Philosoph und westeuropäischer Propagandist der serbischen Regierung, einige französische Intellektuelle eines neuen Verrats der Intellektuellen wegen ihrer Haltung gegenüber Serbien: »Die große Mehrheit der französischen Intellektuellen hat an den Serben einen moralischen Genozid verübt, beinahe so etwas wie kulturelle, wenn nicht geistige Lynchjustiz, als sei jeder Serbe tatsächlich oder potentiell ein Nazi!«[12] Der Antiserbismus kann nur die heutige Version des Antisemitismus sein, auch dies sagt Daniel Schiffer, und dabei schnauzt er seine Gesprächspartner an: »Durch Ihre oft heftige Art, unaufhörlich allein die Serben anzuklagen, in dem Glauben, sich über Verbrechen zu empören, haben Sie nichts anderes getan, als vor den Augen der internationalen Öffentlichkeit einen neuen Typ von Rassismus zu erfinden: einen echten Antiserbismus, wie den Antisemitismus in den 40er Jahren, der sich gegen unsere Väter richtete.« Bereits 1991 hat der Schriftsteller Milorad Pavic geschrieben: »Jetzt stehen die Serben in Jugoslawien wieder auf den Todeslisten des Genozids wie auch schon Serben und Juden während des Zweiten Weltkrieges. Doch zum ersten Mal ist die Serbenfeindlichkeit in Europa und sogar weltweit heftiger als der Antisemitismus.«[13]

Was ist für die Serben eigentlich nicht Genozid? – frage ich mich. Die geringste Kritik, der kleinste geäußerte Vorbehalt wird zum Verbrechen erklärt: eine drastische Übertreibung, die den Gehalt des Wortes zunichte macht, indem sie ihn ins unendliche verwässert. Wenn Milosevic zu kritisieren bedeutet, sich des »Genozids« schuldig zu machen, dann hat dieses große Wort, mit dem äußerst vorsichtig umgegangen werden sollte, keinerlei Bedeutung mehr. Die Serben sind freilich nicht allein an der Entwertung dieses Begriffes schuld. Dieser Sprachmißbrauch ist nicht nur allen Parteien des Balkans eigen, wo man dazu neigt, mit seiner Hilfe die nationalen Spannungen auszudrücken, sondern wird auch im Westen, wie wir gesehen haben, völlig falsch verwendet.[14] Stellen wir hier nur folgendes fest: Aus der Sicht der Adepten Milosevics ist jeder, der sich ihnen widersetzt, ein »Nazi«, und alles, was ihnen Unwohlsein bereitet, kann als »Genozid« qualifiziert werden. Am 9. Dezember 1993 protestierte Milosevic in Genf vor den Repräsentanten der EG gegen die Fortsetzung der Wirtschaftssanktionen gegen Restjugoslawien und verkündigte: »Ich weiß nicht, wie Sie an dem Tage, an dem Ihre Kinder die Wahrheit erfahren, diesen erklären werden, warum Sie unsere Kinder getötet und gegen drei Millionen Kinder Krieg geführt haben und mit welchem Recht Sie zwölf Millionen Einwohner Europas zur Zielscheibe des, wie ich hoffe, letzten Genozids dieses Jahrhunderts gemacht haben.« So wird aus einem entsetzlichen Fluch durch einen tragischen Verformungsvorgang ein rhetorisches Füllwort, eine Figur, die eventuelle Kritiker zum Schweigen bringen und vor allem die folgende Schlußfolgerung ermöglichen soll: Wegen der erduldeten Leiden stehen alle in unserer Schuld, nichts darf uns verwehrt werden! Diese Vorstellung, nach der die ganze Welt in der Schuld einer Gruppe oder eines Landes steht und verpflichtet ist, allen ihren Launen nachzugeben, findet sich bei dem rechtsextremen Russen Jirinowski wieder:

»In der Vergangenheit hat Rußland die Welt durch die Aussendung seiner Armeen vor den Türken bewahrt. [...] Ohne Rußland wäre vielleicht ganz Europa osmanisiert worden, die Türken hätten Budapest eingenommen, Wien belagert, und es wäre nicht mehr weit bis Berlin, Paris und zum Ärmelkanal gewesen. Vor siebenhundert Jahren haben wir die Mongolen gestoppt.

Wir hätten sie durchlassen oder uns ihrer Herrschaft unterwerfen können. Was wäre dann von Europa übriggeblieben? Wir haben es schon oft gerettet: Im Süden, Osten und Norden, als in Deutschland, Italien, Portugal, Spanien und Griechenland die faschistische Pest ihren Siegeszug hielt. Dank der Russen wurde Europa vom Faschismus befreit. [...] Deshalb müssen die anderen Völker den Russen dankbar sein.«[15]

Die verstorbene griechische Kultusministerin Melina Mercouri, der es darauf ankam, den wohletablierten Widerstand Athens gegen die Anerkennung Mazedoniens zu festigen, betonte am 6. Januar 1993 ebenfalls, Europa »muß seine Schulden bei Griechenland abgelten.« Sie sagte auch »die Europäer sind uns verpflichtet« und Griechenland habe [uns] »die Idee der Demokratie und die Wurzeln der kulturellen Entwicklung« verliehen.[16]

Kurz gesagt erinnert eine Nation oder ein Volk immer dann, wenn es guten Gewissens die Gesetze übertreten will, an die bitteren Fakten und Leiden der Vergangenheit, um in aller Ruhe hinzuzufügen, daß es diesen kleinen Verstoß gegen internationale Normen wohl verdient hat!

Mißbräuchliche Annäherung

Völkermorde anzuhäufen wie andere Diplome ebnet den Serben den Weg, sich mit den Juden zu vergleichen, was sie auch aus dem gemeinsam erduldeten Los in den Konzentrationslagern der Ustascha ableiten. Doch eine einfache historische Recherche genügt, um das Räderwerk dieser Gleichsetzung zum Stehen zu bringen. Beispielsweise kann man daran erinnern, daß es 1941 im besetzten Jugoslawien eine serbische Regierung gab, die mit den deutschen Besatzern kollaborierte (die Regierung Milan Nedics, des »serbischen Pétain«). Oder daran, daß seit dem 5. Oktober 1940, weit vor der Ankunft der Wehrmacht, Gesetze den Juden an Gymnasien und Universitäten einen Numerus clausus auferlegten und ihnen verboten, in gewissen Geschäftsbereichen zu arbeiten, also ihre Rechte bereits eingeschränkt waren; daß es vor dem Krieg die faschistische Partei Ljotics gab, die später ein serbisches Freiwilligencorps organisierte, dessen Aufgabe darin bestand, Juden, Zigeuner und Partisanen zusammenzutreiben, um sie zu ermorden; daß am 22. Oktober 1941 in Belgrad, das zu diesem Zeitpunkt dem Joch der Nazis unterworfen war, eine große Ausstellung gegen die Freimaurer eröffnet wurde, die die Juden und Freimaurer eines Komplotts zur Erringung der Weltherrschaft bezichtigte. Diese Ausstellung hatte großen Erfolg. Oder erinnern wir daran, daß während der Besatzungszeit hohe orthodoxe Würdenträger (wie auf der anderen Seite der katholische Klerus Kroatiens) die Zwangsbekehrung der Katholiken und Moslems anordneten, aber gleichzeitig die Bekehrung der Juden verhinderten, um sie so der deutschen Vernichtungsmaschinerie auszuliefern; daß die Endlösung (und die ersten Vergasungen jüdischer Frauen und Kinder) in Serbien dank der aktiven Kooperation der lokalen Behörden, des Klerus, der Nationalgarde und der serbischen Polizei begonnen und sauber durchgeführt wurde, was zur vollständigen Vernichtung der jüdischen Gemeinschaft Serbiens führte; daß schließlich im August 1942 Doktor Harald Turner, der Direktor der zivilen Naziverwaltung Serbiens, verkündete, das Land sei das einzige, in dem »die Juden- und Zigeunerfrage« restlos gelöst sei.[17] Dies ändert weder etwas an der Tatsache, daß die Serben die allerersten waren, die an Titos Seite Widerstand leisteten, was er öffentlich gewürdigt hat, noch beseitigt oder mildert es in irgendeiner Weise die Verbrechen des Ustascha-Staates, die sich zur gleichen Zeit ereigneten, aber es macht die automatische Gleichsetzung mit den Juden, die die belgradischen Nationalisten betreiben, zweifelhaft, wenn nicht gar verdächtig. Es gab in Serbien wie überall sonst in Europa eine starke antisemitische Tradition, die heute zumindest im orthodoxen Klerus latent fortdauert[18], selbst wenn während des Krieges zahlreiche Serben unter den Nazis das Los der Juden geteilt haben, selbst wenn die kleine jüdische Gemeinde, die heute noch in Belgrad lebt, überhaupt nicht bedroht ist (genausowenig wie die in Zagreb), weil beide Parteien über genügend Sündenböcke verfügen, um nicht auf diese einprügeln zu müssen.

Der Jude als Konkurrent und Vorbild

In gleicher Weise wie der Antisemitismus sein Objekt überlebt, indem er bei Bedarf »gojim« judaisiert, wo es keine oder nur noch eine Handvoll Juden gibt, steht das Bestreben zahlreicher Völker oder Gruppen, anstelle der Juden Jude sein zu wollen, in Zusammenhang mit einem scharfen Wettkampf um das Prestige der Erwähltheit. Man unterscheidet gewöhnlich zwei Typen von Antisemitismus: den religiösen Typ christlicher Herkunft, der das Volk Mose beschuldigt, Jesus Christus getötet zu haben und nach der Offenbarung des Neuen Testaments auf seinem Irrglauben zu beharren, und den nationalistischen Typ, der die staatenlose Minderheit beschuldigt, ein der Volksgesundheit abträgliches Ferment darzustellen. Diesen beiden klassischen Vorwürfen muß seit einem halben Jahrhundert ein dritter, unerwarteter hinzugefügt werden: Neid gegenüber den Juden, weil sie Opfer und Inbegriff des Unglücks sind. So werden sie zum Modell und Hindernis, maßen sich eine Position an, die eigentlich den Schwarzen, Palästinensern, Serben, Russen, Polen und Urfranzosen zukommt. Traditionellerweise haben sich der Panslawismus und der Pangermanismus – im allgemeinen gegen die Juden gerichtet – einen göttlichen Ursprung zugeschrieben, einen besonderen, mit der Vorsehung in tiefer Not geschlossenen, Bund, was ihnen zahlreiche periphere Nationalismen nachahmten. Sich als erwählt zu bezeichnen bedeutet für wenig starke oder verarmte Völker, ihrer Benachteiligung Größe zu verleihen und zu glauben, eine messianische Berufung zu haben. So erklärte Dostojewski in seiner militanten Slawophilie das Heilige Rußland zum Christus der Nationen, das nur vorübergehend am Boden liege, um morgen um so besser in all seinem Ruhm wiedererstehen zu können.[19] Und Radovan Karadjic ruft heute aus: »Serbien ist eine Schöpfung Gottes. Seine Größe mißt sich am Haß seiner Feinde.« (März 1994)

Dabei scheint es keine Rolle zu spielen, daß eine solche Stammesmystik auf einen Fehler gegründet ist, da in der Bibel Gott Moses und die Seinen erwählt, um Menschlichkeit in die Welt zu bringen. Die Erwähltheit ist aus der Sicht des Judentums eine »moralische Souveränität«, »die Verantwortung, der ein Volk sich nicht entziehen kann«.[20] In den beschriebenen Ideologien hingegen wird sie zu einer neuen Variante radikalen Denkens, zu einem Mittel, um die Überlegenheit eines Volkes über das andere zu beweisen. »Die Serben«, so Radovan Karadjic, »sind auf dem Balkan ein überlegenes Volk.«[21] Wenn ein Volk von sich glaubt, von Gott bemerkt und anerkannt zu sein, ist es berechtigt, sich als das Menschengeschlecht schlechthin und seine Nachbarn als minderwertig zu betrachten, da sie nicht dazugehören, also weniger wertvoll sind. Doch in ihrer metaphysischen Überspanntheit treffen diese nationalistischen Bewegungen auf ihrem Weg unvermeidlich auf den uralten Anspruch der Juden[22] (Hannah Arendt). Einerseits hatte ihr Anspruch auf göttliche Erwähltheit als einzigen ernsthaften Rivalen die Juden, ihre Konkurrenten, die glücklicher waren, weil die Juden von ihrem Standpunkt aus einen Weg gefunden hatten, eine eigene Gesellschaft aufzubauen, eine Gesellschaft, die deshalb, weil sie keine sichtbare Repräsentation noch eine normales politisches Ziel hatte, Teil einer Nation werden konnte. Andererseits verstärkte sich dieser Anspruch um eine abergläubische

Befürchtung, eine Angst, daß Gott vielleicht die Juden und nicht sie erwählt hatte, sie, deren Erfolg durch die göttliche Vorsehung garantiert war. Da war ein Element absurden Ressentiments gegen ein Volk, das, so fürchtete man, die rational unverständliche Garantie erhalten hatte, eines Tages entgegen aller Wahrscheinlichkeit als endgültiger Sieger der Weltgeschichte dazustehen.[23] Und nichts verdeutlicht diese Art neiderfüllten Hasses besser als die berühmte Aussage Hitlers gegenüber Hermann Rauschning, es können nicht zwei erwählte Völker geben, die Deutschen seien das Volk Gottes.[24]

Doch seit dem Zweiten Weltkrieg gibt es für Völker oder Minderheiten, die sich in Schwierigkeiten befinden, einen weiteren entscheidenden Grund, die Stellung der Juden einnehmen zu wollen: weil das jüdische Leid zum Maßstab geworden ist und die Shoah das grundlegende Ereignis darstellt, von dem aus man das Verbrechen gegen die Menschlichkeit denken und verurteilen kann. »Die Opfer von Auschwitz sind«, so sagt sehr treffend Paul Ricoeur, »in unserem Gedächtnis die Vertreter aller Opfer der Geschichte schlechthin.« Doch durch einen grundlegenden Widersinn sehen diejenigen, die für sich die Funktion der neuen Träger des gelben Sterns in Anspruch nehmen, im Genozid nicht die höchste Stufe der Barbarei, die »blendende schwarze Sonne« (Claude Lanzmann), sondern eine Gelegenheit, sich durch ihr Unglück von anderen abzuheben, möglicherweise auf immer Immunität oder Freiheit von Verantwortung zu genießen. Daher rührt der durchschlagende und entsetzliche Erfolg dieses Begriffs seit 1945: sich als Objekt eines neuen Holocausts bezeichnen zu können heißt in erster Linie, auf die eigene Situation den hellsten Scheinwerfer zu richten. Es bedeutet auch, das tiefste Unglück für sich zu beanspruchen, sich zum einzig legitimen Besitzer zu erklären und die anderen Menschen davon auszuschließen.[25]

Statt einer Katastrophe und Warnung für die ganze

Menschheit wird der Genozid so durch Vereinnahmung zur Quelle unbegrenzter moralischer und politischer Vorteile, zu einem Zauberschlüssel, der jeglichen Mißbrauch ermöglicht und schlimmste Irrtümer rechtfertigt. Sich in dieser Weise zu judaisieren (wenn nötig durch die Behauptung, man sei jüdischer als der Jude, der der Rolle, die er sich zubilligt, künftig nicht mehr würdig sei), bedeutet für die serbischen Extremisten, sich einer uneinnehmbaren Position, einer Art Immoralitätsrente auf Lebenszeit zu versichern. Daher auch die Zwiespältigkeit jener mit Identifizierung operierenden ethnischen Theologie, jenes leidenschaftlichen Philosemitismus, der, indem er sich den Juden selbst einverleibt, wie ein Handschuh in sein Gegenteil verkehrt werden kann.

Die weltweite Aversion gegen das serbische Volk

Die Serben beklagen sich oft darüber, verteufelt und von den anderen Staaten geächtet zu werden, und sehen in diesem weltweiten Abscheu eine Rechtfertigung ihres Kampfes *a posteriori*. Sie sind im Recht, weil sie allein gegen alle stehen. Dabei vergessen sie, daß die Propaganda Belgrads seit 1986 darauf versessen war, die Völker, mit denen es im Konflikt stand, zu beschmutzen – in erster Linie die Kosovo-Albaner, nach den eigenen Worten des weiter unten zitierten Memorandums »verkleidete« Faschisten, aber auch Vergewaltiger serbischer Frauen und »bestialische Terroristen«:

Über den Krieg, den die Kosovo-Albaner seit 1981 gegen die Serben führten, schreiben die Autoren des Memorandums: »Der kurz vor dem Ende des Krieges in Zusammenarbeit mit Nazieinheiten organisierte Aufstand im Kosovo und in Metochien wurde 1944/45 zwar mit militärischen Mitteln niedergeschlagen, doch es zeigt sich, daß er politisch nicht besiegt wurde. In seiner jetzigen Ausprägung, die sich in neue Inhalte kleidet, entwickelt er sich erfolgreicher und nähert sich dem Sieg.

Wir haben unsere Rechnung mit der faschistischen Aggression noch nicht beglichen, die getroffenen Maßnahmen haben lediglich die äußeren Zeichen dieser Aggression unterdrückt, während ihre ausdrücklichen Ziele, die vom Rassismus getragen werden, [...] sich verstärkt haben.« (Zitiert in der Zeitschrift *Dialogues*.)

V.K. Stojanovic, der Präsident der serbischen Vereinigung der Universitätslehrer und Wissenschaftler schreibt in einem offenen Brief an die Tageszeitung *Politika* vom 8. Februar 1990: »Heute wüten im Kosovo und in Metochia bestialische albanische Terroristen. Sie zerstören und greifen alles an, was serbisch ist, indem sie in serbische Häuser eindringen und die wenigen Menschen, die dort geblieben sind, terrorisieren.« (Zitiert in: Mirko Grmeck, Marc Djidara, Neven Simac, *Le nettoyage ethnique*, Fayard, Paris 1993, S. 286)

Dem serbischen Historiker Vasilje Krestic[26] zufolge handelt es sich bei den Kroaten um ein Volk, das seit vier Jahrhunderten den Genozid ausübt, das »verfault« ist, wie der ultranationalistische Führer Sesjel sagt. Er empfahl im serbischen Fernsehen, den Kroaten »nicht mit einem Messer, sondern mit einem rostigen Löffel« die Kehle zu durchtrennen, ein Rat, den die Milizen in Bosnien und Kroatien wörtlich umsetzten. Schließlich sind die bosnischen und sandjakischen Moslems nach den starken Worten des Psychiaters Jovan Rascovic, eines weiteren Theoretikers des serbischen Nationalismus, »Opfer ihrer analen Frustration, die sie dazu zwingt, Reichtümer anzusammeln und sich in fanatische Haltungen zu flüchten.«[27] Übrigens ist der Islam nichts anderes als ein »sexueller Terror«, der auf der Vergewaltigung gründet und nach Bijana Plavic, einer Ratgeberin des serbischen Regimes in Bosnien, einen »genozidalen Charakter« hat:

»Leider besteht die Kriegsstrategie der Moslems und gewisser Kroaten gegen die Serben in der Vergewaltigung. Der Islam ist der Ansicht, es handle sich dabei um einen normalen Vorgang, da diese Religion auch die Polygamie erlaubt. Historisch gesehen war es während der 500 Jahre türkischer Besetzung völlig normal, daß die moslemischen Herren an den christlichen Frauen das *ius primae noctis* ausübten. Es muß betont werden, daß die islamische Religion davon ausgeht, daß die Volkszugehörigkeit durch den Vater festgelegt wird. [...] Dieser sexuelle Terror wird ebenfalls an Männern verübt und hat einen genozidalen Charakter.«

(*Borba*, 8. September 1993) Es ist recht bemerkenswert, daß diese serbische Führerin den Moslems eben die Verbrechen vorwirft, welche die Serben in großem Maßstab an den Bosniern und Kroaten verübt haben, nämlich die Massenvergewaltigung als Instrument der ethnischen Säuberung!

So wie es die erbliche Weitergabe des Opferstatus gibt, überträgt sich auch das Henkertum vom Vater auf den Sohn. Der Faschismus ist eine ansteckende Krankheit, deren Gen sich von einer Generation zur nächsten vererbt, er ist eine unwandelbare Eigenschaft eines Volkes, die die Geschichte unabhängig von allen Ereignissen nicht mehr verändern kann. Diese Propaganda hat etwas von einer Farce, etwas Pathologisches, interessant für die Psychoanalyse, wenn diese Farce nicht die direkte Quelle von Terror wäre. Weil die serbische Rhetorik zwischen kindischer Arroganz und moralischem Delirium schwankt, wurde sie nicht immer ernstgenommen: zu Unrecht, da sie stets gesagt hat, was sie zu tun gedachte und tat, was sie gesagt hat. Je verrückter sie für unsere westlichen Ohren klang, desto ernster mußte man sie nehmen. Denn diese Worte haben als staatliche Doktrin gedient. Sie haben nicht nur den Zorn in die Gemüter gesät, sondern das Feuer entzündet. Diese Worte waren Waffen und haben getötet.

Im übrigen ist es keineswegs so, daß die Welt die Serben dämonisiert hat, vielmehr haben die Serben damit angefangen, alle ihre Nachbarn und dann nach und nach die ganze Welt (außer einigen wenigen befreundeten Ländern, nämlich Griechenland, Rußland und Rumänien) zu verteufeln, indem sie sich ein gegen sie gerichtetes Komplott ausdachten. Dieses Komplott umfaßt den Islam, den Vatikan, die Komintern, Deutschland (das »Vierte Reich«), die Freimaurer, eine gewisse Anzahl westlicher Geheimdienste und kein bißchen weniger. Eine Konstante dieses paranoiden Wahns ist seine Paarung mit Größenwahn, die es ermöglicht, das eigene kleine Land zum Weltmaßstab aufzuwerten. Denn die Serben geben sich als »kosmisches Volk«, das in der Lage ist, Weltkriege auszulösen, und sie sind der Überzeugung, daß sie Objekt eines weltweiten Hasses sind, der die Menschen dazu treibt, ihnen ohne Unterlaß zu schaden. »Die ganze Welt hat sich in die Verteuflung des serbischen Volkes hineinziehen lassen, das ist ein Fall, wie es ihn in der Geschichte der Zivilisation noch nie gegeben hat.«[28] »Das Komplott gegen die Serben ist in erster Linie ein Komplott gegen die Wahrheit, [...] gegen das menschliche Gewissen, wie auch das Schicksal der Welt an die serbische Frage gebunden ist.«[29] Diese Nationalisten, unter denen sich namhafte Literaten, Professoren und Wissenschaftler befinden, sind vom Größenwahn ergriffen und kultivieren die Idee einer Verschwörung, die es ihnen ermöglicht, sich für unersetzlich zu halten. »Falls die ganze Welt Krieg gegen Serbien führt, wird eine weltweite Katastrophe, eine Sintflut die Welt ertränken, mit Ausnahme des kleinen Großserbien!«[30] Das Hirngespinst von einer »hitlerisch-vatikanisch-islamischen« Umzingelung, der wahnwitzige Glaube an einen »wahrhaft höllischen Haß gegen die Serben [...], der uns Serben in die Diaspora der wirklich Verdammten treibt«, diese »monströsen antiserbischen Rituale«, die Teil einer »unglaublichen Symphonie des Bösen sind« (Komnen Becirovic), nähren einen radikalen Manichäimus. Serbien steht allein gegen das gesamte Universum!

Die Völker, denen man den Krieg zu erklären gedenkt, abzuwerten bedeutet, ihr Exil oder ihren Tod im voraus zu entdramatisieren und ihr Verschwinden zu einem unbedeutenden Zwischenfall herabzuwürdigen. Es handelt sich um eine Mißachtung, die sich der tiefsten Abscheu vor dem anderen versichern muß, um in Erregung zu geraten und sich auf seine Kosten zu überhöhen. Je ungeheuerlicher die Schandtat ist, die man auf das zukünftige Opfer projiziert, desto mehr muß es als Ungeheuer erscheinen. Die Verbrechen, deren man es verdächtigt, sind in Wahrheit programmatische Äußerungen, die all das ankündigen, was man am Opfer begehen will. Wie die extreme Rechte dem internationalen Judentum immer eine übermenschliche Kraft, ein Streben nach der Weltherrschaft zugeschrieben hat, unterstellen die Serben ihren Gegnern die finstersten Absichten und eine phantastische Allmacht, die ihre sofortige Auslöschung notwendig macht (dabei waren im Kampf die Serben, Meister der Artillerie und der Feuerkraft, immer am stärksten). Die gegen den anderen gerichtete Beschuldigung bereitet den üblen Anschlag vor, den man gegen ihn plant. Ihn der ethnischen Säuberung zu beschuldigen bedeutet nichts anderes, als zuzugeben und vorwegzunehmen, was man an ihm vollziehen will. Es genügt also, dem künftigen Gemarterten den Fehler vorzuwerfen, dessen man sich ihm gegenüber schuldig machen wird. (Fast noch quälender als solche Verleumdungen war deren Wiederholung ohne jede Modifizierung in den westeuropäischen Medien. So wurden dort beispielsweise Kroaten mit der Ustascha und Bosnier mit Fundamentalisten gleichgesetzt. Die solches schrieben, hätte man für besonnener gehalten.)

Inzwischen kann sich die Aggression ins Gewand der Arglosigkeit hüllen. Als ein Volk von Erzengeln, das bis zum Ende der Zeiten durch seine erduldeten Qualen von jeder Schuld reingewaschen ist, sind die Serben niemals Aggressoren, sondern stets nur Verteidiger. Selbst wenn sie töten, sind sie Gerechte, sie sind durch einen unangreifbaren Panzer völliger Unschuld geschützt, der allen Missetaten, die sie begehen könnten, trotzt. Sie kennen weder Gewissensbisse noch Reue, weil sie keine Massaker durchführen, sondern lediglich Ungeziefer zerquetschen, Flöhe, die nur der äußeren Erscheinung nach Menschen sind. Und so konnte ein Veteran des Zweiten Weltkriegs, der im Februar 1994 nach Bjelina (Bosnien) kam, um Jirinowski zu empfangen, in aller Unbefangenheit einem amerikanischen Journalisten gegenüber ausrufen: »Die Albaner, Kroaten und Moslems verdienen es nicht mehr

weiterzuleben.«[31] Diese »tragische Ehrlichkeit des Mörders«
(Gaston Bouthoul) treibt ihn dazu, seinen Gegner zu ent-
menschlichen, um ihn guten Gewissens auszulöschen und
sich jeder Schuld zu entziehen (mit der bemerkenswerten
Ausnahme der demokratischen serbischen Opposition, die
öffentlich für die Zerstörung Vukovars, Sarajevos und Du-
brovniks und die Belagerung der bosnischen Enklaven um
Vergebung gebeten hat).[32]

Das Recht auf Rache

Die Mörderhorde schöpft die Gewißheit ihrer Rechtfertigung aus der wiederholten Beschwörung des Vergangenen.
So überhöhten zu Ende der achtziger Jahre der orthodoxe
Klerus und der Staat das Gedenken an die Toten und gingen
sogar soweit, die Leichen des Zweiten Weltkriegs auszugra-
ben, um aus ihnen die Energie für den Rachefeldzug zu
schöpfen.

»Wir werden die Gebeine unserer Märtyrer ausgraben und
ihnen eine würdige Stätte geben. Die Gebeine müssen dem
Himmel näher sein, da Serbien stets das Volk des Himmels
und des Todes gewesen ist«, schrieb Doktor Raskovic Ende
der achtziger Jahre.[33]

Mit dieser riesigen Armee Verstorbener griffen sie dann die
Lebenden an, um all die erduldeten Kränkungen in Blut zu
waschen. In dieser Propaganda liegt ein Grabeston, ein Kult
der Massengräber und Skelette, eine kaum verhüllte Nekro-
philie, die auf ihre Weise in dem berühmten Slogan »Wo ein
Serbe stirbt, ist Serbien« zum Ausdruck kommt.

So zitiert der Patriarch Paul von Belgrad in seiner höchst
doppeldeutigen Osterbotschaft vom März 1991, deren Absicht es ist, »die Geistes- und Gebetsgemeinschaft mit unseren heiligen, [...] in den letzten 50 Jahren unschuldig gestor-

benen Opfern wieder mit Leben zu füllen«, den »großen Erz-
bischof Nikolai seligen Angedenkens«: »Wenn die Serben
sich für alle in diesem Jahrhundert an ihnen verübten Verbrechen rächen wollten, was müßten sie tun? Sie müßten Menschen bei lebendigem Leibe begraben, rösten oder ihnen die
Kehle durchschneiden und ihre Kinder vor den Augen der
Eltern in Stücke hacken. Derartiges haben die Serben niemals
jemandem angetan, nicht einmal wilden Tieren und erst recht
keinem Menschen.«[34] An diesem Text ist verblüffend, daß er
genau die Grausamkeiten beschreibt, die die serbischen Truppen gleich bei Kriegsbeginn im Juni 1991 begingen. Wenn die
Tragödie nach Claudel »der lange Schrei vor einem schlecht
verschlossenen Grab« ist, schreit der ganze, von den Opfern
der Märtyrer blutgetränkte, serbische Boden nach Rache.[35]
Aus der Sicht dieses Stammesnationalismus stehen ihre Wurzeln sozusagen im Blut der während sieben Jahrhunderten
unschuldig Gestorbenen. Und dieser Boden ist heilig, da er
einen »großen Friedhof voller Toter ohne Begräbnis« darstellt.[36] Deshalb brachen ab Juni 1991 die serbischen Soldaten
zur Front auf, sozusagen begleitet von den Verstorbenen von
1914-18 und 1941-45, die ihrerseits von allen Toten der letzten Jahrhunderte eskortiert werden, um eine unvollendete
Aufgabe zu erfüllen und ein Jahrtausend von Schmähungen
in einer Orgie von Erlösungsmorden zu ertränken. Dieser
riesige Trauerzug wurde von den Gebeten der Pfaffen und
den Gesängen der Rhapsodier begleitet. Denn diese Mörder
sind auch Dichter, Karadjic selbst bemüht in seinen freien
Stunden die Muse. In diesem Konflikt kommt das Verbrechen auf den Schwingen epischer Dichtung daher, und noch
der übelste Schlächter ist zwischen zwei Blutbädern in der
Lage, einen kleinen Vierzeiler voller Düsternis und Raserei
auszufeilen. Als gutes Beispiel einer Allianz von Lyrik und
Verbrechen, wie sie Milan Kundera schon im Stalinismus
nachgewiesen hat, »wurde dieser Krieg von Schriftstellern

angezettelt, vorbereitet und begonnen und von ihrer Hand geführt« (Marko Vesovic). Diese Rachsucht erklärt auch den entsetzlichen Charakter des Konflikts, der zumindest am Anfang die Konfrontation einer professionellen Armee mit unbewaffneten Zivilisten war. Sie erklärt die Tötungskampagnen und die Folterung, Verstümmelung und Ermordung der Gefangenen, die unzähligen sadistischen Verbrechen, die im UNO-Bericht lang und ausführlich beschrieben werden und den Willen bekunden, den anderen auszulöschen und selbst die Erinnerung an ihn von der Erdoberfläche zu tilgen.[37] Und noch eine Geschichte am Rande: Der Führer der bosnischen Serben, Radovan Karadjic, ein ehemaliger Psychiater, arbeitete vor dem Krieg mit seinen Patienten in Sarajewo über die Wahnvorstellung eines in Stücke zerlegten Körpers, von der er annahm, daß sie bei allen Menschen vorhanden ist.[38] In ihrer gutartigen Version ist die eigene Stilisierung zum Opfer eine paradoxe Form des Snobismus. In ihrer wahnhaften Version ist sie die aktive Verneinung jeglicher Vorstellung von Menschlichkeit, ein offener Aufruf zum Mord.

Wirre Verschwörungstheorien

Um ein Gesetz zu verteidigen, das seit 1993 die Angabe der Religionszugehörigkeit auf griechischen Personalausweisen vorschreibt, warf der Sprecher des Heiligen Synod der »jüdisch-amerikanischen Lobby« vor, die nationale Einheit Griechenlands zersetzen zu wollen, da sie dieses Gesetz, das für die orthodoxe Kirche in hohem Maße wünschenswert war, ablehne (9. April 1993).

Als der Film *Do the right thing* 1990 nur knapp die Goldene Palme von Cannes verpaßte, verwies der

schwarze amerikanische Regisseur Spike Lee sofort
auf den weißen Rassismus, um sein Scheitern zu erklären.

Der Vorsitzende der politischen und juristischen
Abteilung der GIA (Bewaffnete Islamische Gruppe),
einer der wichtigsten terroristischen Vereinigungen in
Algerien, Saif Allah Jaafar, erklärt: »Wir greifen Juden,
Christen und Abtrünnige an, weil sie Ausgeburten eines kolonialistischen Komplotts gegen den Glauben
sind. Sie sind sowohl in Algerien als auch in anderen
islamischen Ländern lebendige Symbole der Besatzung. Auf islamischem Boden sind diese Fremden nur
ungläubige Spione.«[39]

Zwiad Gamsakurdia, der verstorbene Präsident Ge-
orgiens, schrieb seine Verdrängung von der Macht einer von Washington ferngesteuerten internationalen
Verschwörung zu, die die Weltherrschaft anstrebt:
»Das Szenario des permanenten Staatsstreichs in Geor-
gien ist an anderen Orten der Welt schon mehr als einmal erprobt worden. [...] Dies alles ist uns zugestoßen,
weil wir uns nicht dem Diktat der westlichen Nationen
unterwerfen [...] und keine Kolonie werden wollten.
Nur eine servile Regierung ist dem Westen recht. Dies
ist einer der Gründe für den militärischen Staatsstreich,
der Schewardnadse an die Macht gebracht hat, der ein
Agent der CIA, eine Marionette des euro-amerikani-
schen Imperialismus ist.«[40]

Leonard Jeffries, der Direktor des Instituts für Angelegenheiten der Schwarzen am City College der Universität New York, erklärte im Mai 1991 folgendermaßen die Sklaverei, unter der sein Volk gelitten hatte:
»Die Juden waren die Hauptverantwortlichen des Skla-
venhandels, da sie ihn finanziert haben. Sie sind die
Verantwortlichen einer in Hollywood geplanten und

organisierten Verschwörung, die die Zerstörung der Schwarzen zum Ziel hat ...«

Am 12. August 1994, als der Kurs der Lira einen heftigen Sturz durchmachte, beschuldigte der italienische Arbeitsminister Clemente Mastella, Mitglied der rechtsextremen Partei der Nationalen Allianz, die »internationale jüdische Lobby«, die im Verdacht stehe, die italienischen Neofaschisten nicht besonders zu mögen.

Ebenfalls im Sommer 1994 prangerte die zweimal wöchentlich erscheinende ägyptische islamistische Zeitung *El Schaab* im Hinblick auf die UNO-Konferenz für Bevölkerung und Entwicklung, die im September stattfinden sollte, amerikanische und europäische Versuche an, »Zügellosigkeit und Abtreibung« vorzuschreiben und »unterdrückte Völker, darunter die Moslems, ohne Blutvergießen auszulöschen.«

Ivan Czurka, der Führer der ungarischen populistischen und nationalistischen Rechten, betont das Bestehen einer weltweiten kosmopolitischen Verschwörung »gegen die ungarische Ökonomie« damit, daß die Verwalter der internationalen Geldfonds den Exkommunisten, die immer noch Funktionen im Staatsapparat innehaben, weiterhin Kredite zur Verfügung stellen. Darüber hinaus wirft er den Juden vor, wichtige Positionen in der alten Nomenklatura besetzt zu haben.[41]

Für Alexander Sinowjew, einen ehemaligen Dissidenten und Anhänger der Wiederherstellung des Kommunismus in Rußland, hat der Westen Rußland den Untergang geschworen, indem er Jelzin und Gorbatschow dafür bezahlte, ein für allemal das Heilige Rußland zu vernichten und den Kommunismus zu zerschlagen. »Sie repräsentieren die fünfte Kolonne des Westens, der sie aus seiner Ideologie heraus gekauft hat, damit sie Rußland ein für allemal ein Ende bereiten.«[42]

Das Beruhigende an Verschwörungstheorien ist, daß sie alle Geschehnisse mit der Wirkung finsterer Mächte erklären. Die Hervorhebung eines großen Missetäters kann sich jedoch in zwei Richtungen bewegen: entweder ist sie eine Form der Resignation (Warum sollte man kämpfen, wenn eine überlegene Intelligenz finstere Pläne gegen uns hegt?) oder sie benennt einen Sündenbock, einen Feind, den man vernichten muß, um die verlorene Harmonie wiederzuerlangen (wie heutzutage in Serbien oder Algerien). Verschwörungstheorien sind unwiderlegbar, da die Argumente, die man ihnen entgegensetzt, als Beweis der Allmacht der Verschwörer gewertet werden. (Das ewige Lamento des Paranoikers lautet: Was kann ich dafür, daß ich immer recht habe?) Sie ersparen denen, die sich für die Opfer halten, den Schmerz von Kritik und Infragegestelltsein. Und schließlich bieten sie einen wunderbaren Trost: Man ist so wichtig, daß Bösewichte, die irgendwo lauern, danach trachten, einen zu vernichten. Mit Sicherheit ist die schlimmste Verschwörung die Gleichgültigkeit: Wie viele von uns würden die Vorstellung ertragen, daß andere sie weder genug lieben noch hassen, um auch nur die geringste Feindseligkeit zu rechtfertigen?

Den anderen ihr Leid rauben

Bei der großserbischen Rhetorik muß man alles umgekehrt verstehen, jeden Satz entgegen seinem Sinn interpretieren. Man muß sich daran gewöhnen, daß Gewalt die Sprache des Friedens spricht, Fanatismus die der Vernunft, man muß sich damit vertraut machen, daß die Ablehnung des Völkermords dazu dienen soll, neue Verbrechen gegen die Menschlichkeit zu begehen. Nichts faßt das Verhalten der Großserben besser zusammen als der folgende Satz, den Georg Steiner in einem seiner Bücher Hitler sagen läßt: »Ihr werdet meine Methoden übernehmen, obwohl ihr mich verleugnet.«[43]

Durch einen riesigen Betrug stehen nun diejenigen, welche auf der Angeklagtenbank sitzen müßten, am Pult des Anklägers. So gipfelt der serbische Nationalismus, der es brillant versteht, seine Schandtaten unter dem noblen Mantel des antifaschistischen Kampfes zu verbergen, im schändlichsten Revisionismus. In Belgrad nannte man den Krieg in Bosnien eine »Freiheitsbewegung gegen Völkermord«, man verurteilte in den Gefangenenlagern (die auch serbische Vernichtungslager waren) die bosnischen und kroatischen Gefangenen wegen »Völkermords am serbischen Volk«, wo ihr einziges Verbrechen darin lag, als Kroaten oder Bosnier geboren zu sein. 1992 wurde in Belgrad ein Buch mit dem Titel *Sarajevo, das Konzentrationslager der Serben* veröffentlicht. Mitte August 1993, als die Belagerung Sarajevos bereits mehr als ein Jahr andauerte und sich 70% des bosnischen Territoriums in serbischem Besitz befanden, rief die Föderale Republik Jugoslawien (Serbien und Montenegro) den Gerichtshof in Den Haag an, um die offizielle Regierung von Sarajevo zu zwingen, den »genozidalen Handlungen gegen die Volksgruppe der Serben« ein Ende zu setzen.

Serbische Ausflugsunternehmen organisierten Touren nach Vukovar, um sich vor Ort des von der »Ustascha« verübten »Völkermords« zu vergewissern. Und schließlich wurde als Gipfel der Niederträchtigkeit im Januar 1992 im jugoslawischen Kulturzentrum in Paris (und gleichzeitig in Belgrad) eine Ausstellung mit dem folgenden Titel angekündigt: *Vukovar 1991, Genozid am serbischen Kulturgut* (diese Ausstellung, die eine ungeteilte Welle der Empörung auslöste, wurde in Frankreich nie gezeigt). Obwohl die wunderschöne österreichisch-ungarische Stadt Vukovar 1991 von der

serbischen Armee dem Erdboden gleichgemacht und ihre
Einwohner ermordet oder vertrieben wurden, behauptete der
Aggressor schamlos, daß ihre Verteidiger und Einwohner sie
Stück für Stück zerstört hätten!

Wir haben bereits gesehen, in welchem Maße diese Propaganda das Wort Genozid entstellt hat. Immerhin hat sie
es um eine neue Bedeutung bereichert: Künftig kann jedes
Volk, das ein anderes massakriert oder vernichtet hat, sich
damit brüsten, einen Genozid erlitten zu haben. So werden
die meisten von den serbischen Truppen begangenen Verbrechen ihren Opfern zugeschrieben. In dieser Seelenerpres-
sung, in dieser Umkehrung der Märtyrerrolle liegt etwas
Christusartiges, aber es handelt sich um einen schmutzigen
Christus, eigentlich um einen Antichrist, der einerseits mor-
det und sich andererseits bemitleiden lassen will. Die aus-
geklügeltste Raffinesse des Schweinehunds besteht darin,
seinem Opfer das Leid, das er ihm angetan hat, zur Last zu
legen. Aus dieser Perspektive wären die Deutschen in der
Lage zu sagen, an ihnen sei in Auschwitz von Juden und
Zigeunern ein Genozid verübt worden, die Türken könnten
den Armeniern vorwerfen, sie 1915 dahingemetzelt zu haben, die extremistischen Hutus könnten gegen die Tutsis
plädieren etc. Eine bestürzende Umkehrung: der Mörder ist
das Opfer seines Opfers. Wenn ich dich töte, ist es deine
Schuld, in Wirklichkeit bringst du mich um (eine andere Variante dieser Haltung: es den bösen Opfern übelzunehmen,
daß sie einen zwingen, sie zum Märtyrer zu machen). Man
erreicht zwei Ziele mit einem Schlag, indem man sich das
Drama der Unterdrückten aneignet und gleichzeitig die Spuren seines Verbrechens verwischt. Man erfreut sich der Fürsorge, die dem Verlierer zukommt, und hält gleichzeitig die
Trümpfe des Siegers in der Hand. (In manchen Fällen ist
der Vampirismus vollständig: der Gesellschaft für bedrohte
Völker zufolge verstecken sich zahlreiche serbische Kriegs-

verbrecher im Ausland, nachdem sie die Identität derer angenommen haben, die sie ermordet haben). Als blutüberströmter Erzengel kann der Henker nun guten Gewissens inmitten eines Leichenhaufens sich selbst beweinen!

Engelgleiche Mörder

Selbstverständlich stehen sich im Konflikt in Ex-Jugoslawien nicht nur Belgrad und seine Nachbarn gegenüber, sondern zwei verschiedene Ausprägungen Serbiens. Einerseits das liberale, pluralistische, offene Serbien, andrerseits das oftmals ländliche, rückständige und auf seine barbarische Primitivität stolze Serbien. Das rassenvermischende, unreine Belgrad widert dieses Serbien an, wie überhaupt alle Städte, »diese Sauställe, in denen die Bastarde der interethnischen Ehepaare geboren werden«, wie sich ein extremistischer Serbe ausdrückt.[44] (Genauso verbissen haben sich die kroatischen Nationalisten Herzegowinas über Mostar, das Symbol des türkisch-slawischen Zusammenlebens, ereifert, dessen Zerstörung sie nach den serbischen Bombardements vollendet haben). Die »Freunde« Serbiens in Frankreich wären gut beraten gewesen, die aufgeklärte Fraktion des serbischen Volkes, die nach Frieden und der Zugehörigkeit zu Europa strebt, zu unterstützen, anstatt der finsteren Diktatur beizustehen, die das Land in Schande, Hysterie und ein jahrelanges militärisches Abenteuer hineingezogen hat.[45]

Letztlich liegt die Tragödie Ex-Jugoslawiens darin, daß durch die Unfähigkeit Europas, einen Rechtszustand durchzusetzen, das Recht des Mörders zum Recht aller Parteien geworden ist und die ethnische Säuberung der gemeinsame Nenner aller drei Lager. Die Schmutzigkeit der Krieges liegt in der unvermeidlichen Komplizenschaft, die sich schließlich unter Feinden spinnt, die glauben, nichts gemein zu haben und sich doch mehr und mehr ähneln. Die Kroaten und Bosnier hatten keinen Führer, der der teuflischen Intelligenz Milosevics gewachsen war, waren schlecht bewaffnet, wurden von den Taten, die an den ihnen nahestehenden Menschen verübt wurden, in den Wahnsinn getrieben und vor allem von denen im Stich gelassen, die sie um Hilfe baten: den Europäern und Amerikanern. So ahmten sie getreulich die von ihrem gemeinsamen Gegner erlittene Grausamkeit nach. Jeder in verschiedener Ausprägung (ohne allerdings jemals in Umfang und Ausmaß die Bestialität der Truppen aus Pale und Belgrad zu erreichen), zuerst an den Serben und dann aneinander in dem Krieg, den sie bis Februar 1994 gegeneinander führten. Das perverse Genie Milosevics brachte die Spaltung seiner Gegner zustande, indem er ihnen das Gift ethnischen Hasses einflößte. In den Ergebnissen sah er eine Art Rechtfertigung *a posteriori*: Seht her, wie abscheulich (oder fanatisch) sie sind, wir hatten doch recht, uns von ihnen zu trennen. Dabei handelt es sich um eine erschreckende Mimesis seitens des Opfers: Das Vorbild des Siegers infiziert (zum Teil) den Besiegten, und die allgemeine Konfrontation rechtfertigt den Zweck, in dessen Namen der Krieg geführt wurde, die Unmöglichkeit des Zusammenlebens der Volksgruppen. Es ist ein wahres Wunder, daß in Sarajewo und in anderen bosnischen Enklaven (oder in Kroatien, wo Hundertausende bosnischer Flüchtlinge leben) Serben, Kroaten und Moslems so lange in Frieden miteinander zu leben vermochten und trotz der Bomben, dem Mangel und der Hungersnot Würde und Toleranz wahrten. Obwohl sich offenbar unter allen Kriegsparteien der Wahn ausbreiten mußte, besteht in dieser Sache kein Zweifel an der Schuld der Regierung Milosevic (selbst wenn dieser sich aus politischem Opportunismus künftig als Friedensapostel gibt wie ein als Mahatma Gandhi verkleideter Al Capone). Wie sich der Lauf der Dinge durch Waffen oder Diplomatie auch immer gestalten mag, die Serben haben für immer den Heiligenschein des Märtyrers verloren, den ihnen ihre Vergangenheit eingebracht hat. Dies hat der serbische Oppositionelle Vuk Drakovic klar erkannt: »So ist in diesem schrecklichen Krieg, der noch andauert und dessen Ende schwer abzusehen ist, die große, heilige Grenze, die uns von unseren Henkern trennte und den Unterschied zwischen dem Buch der Schande und dem Buch des Lammes ausmachte, in jeder Hinsicht aufgehoben. Dies ist die größte Niederlage Serbiens, der einzige wirkliche Sturz seit Bestehen unseres Volkes.«[46] Nach der zutreffenden Formulierung Marek Edelmanns hat Serbien unter Milosevic »den postumen Sieg Hitlers« bekräftigt.

In diesem Konflikt hat die internationale Gemeinschaft den Angegriffenen in keinem Fall etwas zugestanden, sondern mit neurotischer Genauigkeit ihre geringste Abweichung vom Recht auseinandergenommen, während die Aggressoren wie selbstverständlich über ein Vorzugsbillet verfügten. In den Augen westlicher Diplomaten bestand der einzige Fehler der Bosnier (wie zuvor der Kroaten) darin, Widerstand zu leisten, anstatt sich zur Schlachtbank führen zu lassen. Sie warfen damit nämlich die Überlegungen der führenden Regierungen über den Haufen, die auf einen raschen Sieg Serbiens setzten, das sie als die einzige Macht ansahen, die nach dem Zerfall Jugoslawiens in der Lage wäre, auf dem Balkan Ordnung zu garantieren. Um die Angegriffenen (die gleichzeitig Separatisten sind) zu bestrafen, hat man einen mörderischen Sophismus angewandt und mißbraucht, der in jedem Opfer einen potentiellen Folterer vermutet und ihm im Namen dessen, was er anrichten wird, jede Hilfe verweigert. Kann man sich eine üblere Rechtsverdrehung vorstellen? Ein Kind ertrinkt vor Ihren Augen. Lassen Sie es ersaufen, denn später wird es mit Sicherheit ein Scheusal. Wie kann man fordern, Opfer sollten eine weiße Weste und ein reines Gewissen haben? Ist schon in Vergessenheit geraten, daß die französi-

sche Résistance und die Alliierten zum Teil entsetzliche Verbrechen begangen haben? Weder die Kroaten noch die Bosnier haben sich wie Engel aufgeführt; doch wenn man beim
Geknechteten die Reinheit eines Lammes sucht, kann man
niemandem helfen. Ein gefährdetes Volk muß sich die Hilfe
nicht verdienen!

Auf diese Weise stellt man sich darauf ein, auf große Konflikte so zu reagieren, daß man niemals eingreift, jedenfalls
nicht dann, wenn unsere Interessen nicht unmittelbar auf
dem Spiel stehen. Es ist noch nicht lange her, daß ein kleines
Stirnrunzeln Saddam Husseins ausreichte, um eine riesige
Militärarmada in Bewegung zu setzen. Um den nicht sonder-
lich demokratischen Charakter Kuweits kümmerte man sich
dabei nicht. Die Grausamkeiten der Serben jedoch oder der
Genozid an den Tutsis in Ruanda haben zu wenig mehr als
vorsichtigen, halbherzigen Maßnahmen geführt. In der dunk-
len Nacht der Unklarheit, in der alle Kriegsparteien grau sind,
verbietet man es sich, die Dinge zu begreifen, um sich nicht
engagieren zu müssen. Dieser Triumph des Gleichset-
zungsprinzips – das sind alles Barbaren – ist nichts anderes als
Verleugnung. Und beim Gedanken an eine Neuinterpretation
des Zweiten Weltkriegs nach denselben Prinzipien überläuft
einen ein kalter Schauer. Dann wird es zwischen Gut und
Böse keinen Unterschied mehr geben, die Shoah wird gemäß
der wohlgehegten These der deutschen Revisionistenschule
nur noch als Antwort auf die sowjetische Bedrohung verstanden werden. Die »Ablehnung des Manichäismus«, an der sich
einige wie an einer geistigen Errungenschaft berauschen, die
Zurückweisung der Ansprüche aller Kriegsparteien erscheint
als eine schlecht getarnte aktive Sympathiebekundung für
den Aggressor. In der Konfrontation des Starken mit dem
Schwachen nicht Partei zu ergreifen bedeutet eigentlich, für
den Starken einzutreten und ihn in seinen Unternehmungen
zu unterstützen. Diese Form der Neutralität ist nur ein ande-

rer Ausdruck für Komplizenschaft. Pech für die Opfer, denen man selbst die Achtung vor ihrem Leid verweigert, indem man sie mit ihren Folterern gleichsetzt, Pech für die Gemarterten von Prijedor, Omarska, Sarajevo, Vukowar und Gorazde, die durch unser Wegschauen ein zweites Mal ermordet und verstümmelt wurden. Als genüge es nicht, sie aufgegeben zu haben, enteignet man sie auch noch ihres Leidens, nimmt ihnen das Recht auf das Gedenken durch die Lebenden!

Drei Kapitalverbrechen beschäftigen seit 1941 die Köpfe der Südslawen: das der Ustascha, bis zum Beweis des Gegenteils das bisher schlimmste, das zu wenig bekannte Verbrechen der Tschetniks und das Verbrechen Titos und der Kommunisten, von der Befreiung bis zum Tod des roten Diktators. Infolge der vom Bolschewismus angeordneten offiziellen Wahrheit wurde keines dieser drei Verbrechen geahndet, wiedergutgemacht oder grundlegend analysiert und erklärt (von Propagandaversionen abgesehen), bis im Juni 1991 der Krieg ausbrach. Die Anstauung dieser drei schmerzhaften Ereignisse erklärt die Heftigkeit der Verbitterung auf dem Balkan und das Schwanken jeder der Volksgemeinschaften zwischen Vergessen und Rachedurst. Haß und Zorn sind auf dem irremachenden Gestank der Leichengruben neu erblüht und die Freundschaft zwischen den Völkern konnte den Blutströmen, die aus der Vergangenheit aufstiegen, nicht widerstehen. Daher ist es jetzt so dringend, das vierte Verbrechen, das von Miloseciv, zu bestrafen und die Mörder in allen Lagern zu verurteilen: Es handelt sich um eine unbedingt notwendige Voraussetzung für eine Versöhnung unter den Völkern und eine Beendigung der Racheparolen, die alle verurteilen, weil sie die eigentlichen Verantwortlichen nicht nennen.

Möge uns wenigstens das Beispiel von Jugoslawien ein Licht aufstecken. Wenn ein Volk wegen seines Leidens als heilig gelten will, wenn es seine Wunden ausbreitet, auf seine Toten verweist, seien wir mißtrauisch. Es bedeutet, daß dieses

Volk etwas Böses im Schilde führt, daß die Erinnerung, anstatt die Wiederkehr des Massenmordes zu verhindern, nur dazu benutzt wird, ihn erneut zu vollziehen. Mörder, die sich wie Engel geben, bevor sie die Messer zücken, bitten die zivilisierte Welt um Absolution, warten aber schon darauf, sich eines Tages vielleicht gegen sie zu wenden.

Die Pervertierung der Erinnerung

Die Fürstin Bibesco pflegte zu sagen: »Der Fall Konstantinopels ist ein Unglück, das mir letzte Woche zugestoßen ist«, und sie kultivierte »die Fähigkeit, zu kommen und zu gehen, das Stundenglas umzudrehen, die Uhrzeiger zurückzustellen, in anderen Körpern zu hausen …«. Es gibt tatsächlich manche Völker oder Menschen, die mit ihrer Vergangenheit in geradezu körperlicher Nähe stehen, wodurch diese ewig Gegenwart bleibt, Menschen oder Völker, die eine unerhörte Fähigkeit besitzen, Zeitgenossen vergangener Jahrhunderte zu werden, deren Umwälzungen sie unaufhörlich nacherleben wie Ereignisse ihrer Gegenwart. In dem Willen der Völker Ost- und Mitteleuropas, sich ihre Geschichte wieder anzueignen, die durch jahrzehntelange kommunistische Propaganda und Lügen zerrissenen Fäden des Gedächtnisses neu zu knüpfen, steckt weder Vergangenheitswahn noch Nostalgie. Die Wiedererlangung der Erinnerung ist der erste Schritt in die Freiheit. Sich zu emanzipieren bedeutet zuallererst, seine Traditionen zu sammeln, ganz gleich, ob man sich danach davon befreit oder sie relativiert.

Es gibt eine andere Art, mit Erinnerung umzugehen, bei der es nicht um Wiederfinden, sondern um ein Trauma geht, das Wiederauflebenlassen von Katastrophen, die ein Volk getroffen haben und um die es nicht trauern kann, weil sie nicht in die Regale der Vergangenheit hineinpassen und viele Jahre nach ihrem Geschehen noch quälend sind. Dann wird die Erinnerung zur Warnung, zum Hilfsmittel der Wachsamkeit. Erinnert euch, sagen die großen Museen, die der Völkermorde gedenken (das von Yad Vashem in Jerusalem oder das vom Tuol Sland in Phnom Penh). Vergeßt niemals, was im Namen der Rasse oder der Revolution das Naziregime und die Diktatur des Pol Pot getan haben. Diese Millionen Männer, Frauen und Kinder, die umgebracht wurden, um das Verbrechen ihrer Geburt zu sühnen, erinnern uns daran, daß etwas Entsetzliches stattgefunden hat, demgegenüber niemand gleichgültig sein kann. In dieser Hinsicht ist der Holocaust durch seine Einzigartigkeit und seine Einmaligkeit der Völkermord geworden, an dem man alles mißt, das absolute Verbrechen, von dem ausgehend es möglich geworden ist, gleichartigen Frevel zu beurteilen. Nicht die Barbarei eines einzigen Volkes, sondern das Böse an sich, dessen Gesicht viele Formen hat und das in den Juden oder Zigeunern die ganze Menschheit verunglimpft hat. Ein Verbrechen gegen »das Menschsein des Menschen allgemein« (V. Jankélévitsch), gegen die Tatsache, daß es Menschen gibt.

Aber auch die Erinnerung kann auf zwei Weisen pervertiert werden: durch Ressentiments und Unnachgiebigkeit. Wenn sie, weit davon entfernt, Märtyrertum zu beschwören, sich dem Diktat eines aggressiven Nationalismus unterwirft und zu einem Maßstab der Rache wird, oder sich wie besessen darauf beschränkt, Leid wiederaufleben zu lassen, Wunden aufzureißen, um den Willen zur Bestrafung zu legitimieren. Dann wird sie zur Sklavin des Zorns, der Rache. Sie wird wahnsinnig, rekonstruiert die Vergangenheit wie ein Gesichtschirurg, verkommt in Mythen, Märchen und gekauften Erinnerungen, die weniger der Erinnerung als vielmehr dazu dienen sollen, Lebende durch Unterdrückung zu quälen.

Eine solche Erinnerung sucht sich finsteres Leid aus, das vor Urzeiten geschah, läßt Spannungen neu entstehen, heizt Feindseligkeiten an, als sei die Geschichte nichts anderes als eine langsam glühende Zündschnur, die in der Gegenwart explodieren muß.

Deshalb steckt in dem folgenden Satz von Ernest Renan ein tiefer Sinn: »Wer Geschichte schaffen will, muß Geschichte vergessen.« Wenn alle Völker ihr jeweiliges Leid wiederkäuen müßten, gäbe es weder Frieden noch Eintracht auf der Welt. Jedes Land, jede Region, ja jedes Dorf könnte sich auf einen Schaden berufen, den es vor 500 oder 1000 Jahren erlitten hat, und das Kriegsbeil ausgraben, jede Familie könnte sich aus demselben Grund zerstreiten, aus Unfähigkeit, die gegenseitigen Differenzen zu überwinden. Sind die Schuldigen einmal gerichtet und bestraft, ist die Wiedergutmachung gezahlt, haben die Opfer den Tätern einmal verziehen, weil sie es für notwendig hielten, dann kommt ein Augenblick, in dem die Zeit ihr Werk vollbracht hat. Dann muß man einen Strich ziehen, die Toten ihre Toten begraben lassen, damit sie ihren Haß und ihren Streit mit sich ins Grab nehmen. Um mit unseren Zeitgenossen in Ruhe zu leben, müssen wir nicht alle Meinungsverschiedenheiten von früher wieder zum Leben erwecken. Das Vergessen schafft den Lebenden Raum, jenen Neuankömmlingen, die auf ihren Schultern nicht die Last früherer Ressentiments tragen wollen. Um mit Hannah Arendt zu sprechen – es gibt eine Macht des Neubeginns für die kommenden Generationen.

Es gibt auch eine unverträgliche Art, Erinnerung zu pflegen, die auf paradoxe Weise eine Verhärtung noch härter macht. Unsere Zeit erlebt, wie der Massaker von früher gedacht wird, zugleich aber eine bestürzende Gelassenheit gegenüber Massakern von heute herrscht. Je mehr wir die Gepeinigten von früher würdigen, desto weniger sehen wir die von heute. Es gibt eine Art, »den Holocaust zu sakralisieren« (Arno J. Mayer), daraus ein so in sich geschlossenes Ereignis zu machen, daß wir die Opfer anderen Unglücks weniger achten. Wir schließen die Toten von Auschwitz auf ewig in ihr Geheimnis ein und weisen alles von uns, was nicht mit ihnen identisch ist. Wir sind die Hüter des Unerträglichen, nichts, was heute geschieht, stellt uns zufrieden, nichts kommt der schönen Hölle gleich, die wir kultivieren. Die Kriege und Gemetzel von heute wischen wir mit einem Handstreich fort. Sie sind nur Kleinkram, Tändelei im Vergleich zu dem großen Drama, dessen Gralshüter wir sind. Eine solche Haltung vergrößert unsere Abneigung gegen Ungerechtigkeit nicht, sie hindert uns am Mitleid. Was zur Erkenntnis führen sollte, führt zur Distanzierung. Es besteht die Gefahr, daß die ausschließliche Würdigung von Auschwitz uns gegenüber dem Unglück von heute auf unzulässige Weise gleichgültig macht. Wir beschwören den Totalitarismus, als wollten wir im nachhinein Hitler oder Stalin ausschalten, anstatt die Despoten und blutrünstigen schlechten Schauspieler, die, so niedrig ihr Niveau auch sei, doch entsetzliche Verwüstungen anrichten. Sollen wir warten, bis ein Massenmord die Dimensionen der Shoah erreicht, damit wir eingreifen? Wahrer Mut besteht nicht darin, a posteriori den Helden zu spielen und 1995 gegen den Nazismus zu kämpfen, sondern gegen die Schändlichkeiten unserer Zeit vorzugehen. Es wäre besser, man würde die Erinnerung an Auschwitz um die an alle Massaker und Folterungen erweitern, wobei allerdings nicht ein Verbrechen mit dem anderen verwechselt werden darf und klar sein muß, daß es verschiedene Formen des Völkermords gibt, alle gleichermaßen scheußlich. Die Einzigartigkeit der Shoah, »jenes monströsen Meisterwerks des Hasses« (V. Jankélévitch), darf hierbei nicht in Frage gestellt werden.

Mit anderen Worten, man muß gleichzeitig zwei Irrtümer vermeiden: Der erste besteht darin, alles zu nivellieren, den kleinsten Frevel gleich zur Ausrottung zu erklären, ohne zu begreifen, daß es auch im Verbrechen Abstufungen gibt, daß nicht alle Morde gleich sind. Der zweite besteht darin, jede Grausamkeit, jede Art von Greueltat in Abrede zu stellen, weil sie nicht der Holocaust ist und dem Vergleich mit der Goldwährung des Schreckens nicht standhält. Man hat also nicht zwischen der Erinnerung zu unterscheiden, die jahrhundertealte Kämpfe aufleben läßt, und dem Vergessen, das Tragödien auslöscht und die Henker freispricht. *Das einzige unverzichtbare Erinnern ist dasjenige, welches die Quelle des Rechts am Leben erhält.* Es ist ein Lehrmeister der Demokratie, die Intelligenz der Empörung. Die Mahnung an die, die nach der Shoah und dem Gulag geboren sind, ist weniger, unter dem Gewicht einer belastenden Vergangenheit zusammenzubrechen, als vielmehr alles zu tun, damit sich dieser Schrecken, selbst in schwächerer Form, nicht wiederholt. Darin besteht unsere grundlegende Schuld gegenüber den Märtyrern unseres Jahrhunderts: die Wiederkehr des Abscheulichen zu verhindern, wie groß sein Ausmaß sein, wie immer seine Form sein, welches Gesicht es auch aufsetzen mag.

Um diese Aufgabe zu erfüllen, genügt die Erinnerung nicht. Erinnerung ist nicht sicher. Damit Menschen zu einem bestimmten Zeitpunkt ihrer Geschichte der Barbarei Widerstand leisten, bedarf es eines unwägbaren Elements, eines Rucks, eines Wunders, das sie vor Entehrung bewahrt und dazu bringt, »nein« zu sagen, sich gegen das Unerträgliche zu erheben. Eine Generation wird daran gemessen, ob sie diesen Sprung schafft, diese Entscheidung vollzieht, mit der die Freiheit beginnt.

Anmerkungen:

1 Dieses Kapitel erschien in ausführlicher Fassung in der Zeitschrift *Esprit*, August-September 1994.

2 Docrica Cosic, *Le Temps du réveil* (Zeit des Erwachens), Interview mit Daniel Schiffer, Paris 1992, S. 30.

3 Dobrica Cosic, Broschüre, herausgegeben vom Informationsministerium in Belgrad 1992. S. 5.

4 Zitiert von Roy Gutman, *Bosnie: Témoin du génocide*, (Bosnien: Zeuge des Genozids), Paris 1994, S. 64.

5 In einem unveröffentlichten Gespräch mit J.-C. Guillebaud betont René Girard die Naivität des Nazitums, das mit seinem Reden vom Henker und dem starken Blonden Entsetzen auslöste, während der Kommunismus seinen Expansionismus mit der Rache der Enterbten legitimierte. Eine brillante Feststellung, die allerdings in zweierlei Hinsicht angreifbar ist: Bis zu seinem Ende hat das Nazi-Regime zwei Dinge hervorgehoben: Deutschland sei durch den Vertrag von Versailles und die jüdisch-freimaurerische Verschwörung gedemütigt, und das Ariertum werde siegen. Außerdem waren Hitlers Unbefangenheit und Vulgarität sein bester Passierschein auf dem Weg zur Macht. Niemand hat ihn ernstgenommen, niemand hat geglaubt, daß dieser drittklassige politische Agitator, von derart bescheidenen und verachtenswerten Anfängen ausgehend (Hermann Rauschning), Reichskanzler werden und das in *Mein Kampf* entworfene Programm umsetzen würde. Hitler hat keine seiner Absichten verborgen, und gerade diese grobschlächtige Offenheit hat ihm die beste Tarnung verschafft.

6 Wie François Trual erläutert (*Géopolitique de l'orthodoxie*, Paris 1994), haben sich die Orthodoxen stets als von Rom, den Türken oder dem Kommunismus Verfolgte angesehen. Sie halten sich für die

Zielscheibe einer islamo-vatikanischen Verschwörung und sehen sich als die einzigen Bewahrer des Christentums, sie haben eine Leidensideologie entwickelt, die der Autor »den Komplex des leidenden Dieners« nennt.

7 Gespräch mit Robert J. Kroon, *International Herald Tribune*, 19.10.1992.

8 Vgl. B.-H. Lévy, *La Pureté dangereuse*, Paris 1994.

9 Paul Garde, *Vie et mort en Yugoslavie*, Paris 1992, S. 79. Paul Garde erinnert an das Prinzip, das in der Politik der Ustascha gegenüber den orthodoxen Serben galt: »Ein Drittel von ihnen muß auswandern, ein Drittel muß zum Katholizismus konvertieren und ein Drittel muß sterben.« S. 75.

10 P. M. Ostroski: »Nouvelle valse sur le Danube noir«, *Serbie – nouvelles, commentaires, documents, faits, analyses*, Januar 1992, S. 21.

11 Dabei muß man bedenken, daß die im Kosovo die Bevölkerungsmehrheit stellenden Albaner von Belgrad 1989 ihrer Rechte und ihres Autonomiestatus enthoben wurden und seitdem einem wahrhaftigen Apartheidsregime unterworfen werden. *Dialogues*, September 1992, S. 20.

12 Daniel Schiffer, Offener Brief an Pascal Bruckner, Alain Finkielkraut, André Glucksmann und Bernhard-Henri Lévy, *Le Quotidien de Paris*, 14. Januar 1994.

13 Milorad Pavic, Rede in Padua: Über Europa und Serbien, Belgrad 1991, S. 4.

14 Beim Festakt zur Verleihung des Golden Globes 1994 in Los Angeles dankte Tom Hanks, der für seine Rolle in einem Film von Jonathan Deme, Philadelphia, in dem er einen an AIDS erkrankten Rechtsanwalt spielt, der von seiner Firma entlassen wird, einen Preis erhielt, der Jury mit folgenden Worten: »Ich bin stolz, diesen Preis zu erhalten, da der Film vom Genozid unserer Zeit erzählt.« Bis zum Beweis des Gegenteils hat ein noch so tödlicher Virus nichts zu tun mit dem erklärten Ziel einer Gruppe, eine andere auslöschen zu wollen. Dies zu behaupten ist ungefähr so absurd wie die Aussage, AIDS sei die Strafe Gottes für unsere Sünden.

Auf der anderen Seite weist Michel Roux darauf hin, daß man auf dem Balkan das Wort Genozid ständig gebraucht: »Jede aus einer Region vertriebene Volksgruppe bezeichnet sich wegen der Schändung ihrer Kultur und ihrer Gedenkstätten als Opfer eines Genozids, selbst wenn es keinen einzigen Toten gab.« (»La Question serbe«, *Herodot* 1992, S. 54.)

15 Vladimir Jirinovski, Ein letzter Sprung nach Süden, S. 123, Französische Fassung übersetzt vom Ausschuß für äußere Angelegenheiten der Nationalversammlung.

16 *Le Monde*, 6. Januar 1993. Man könnte anmerken: falls Europa und das

heutige Griechenland jemandem etwas schulden, dann dem antiken Griechenland.

17 Ich entlehne diese Informationen einem Artikel Philipp J. Cohens, eines amerikanischen Arztes in Bethesda: »L'Antisémitisme en Serbie et l'exploitation du génocide comme moyen de propagande« (Der Antisemitismus in Serbien und die Ausbeutung des Genozids als propagandistisches Mittel), *Le Messager européen*, 1992, Nr. 6. Philipp Cohen erinnert daran, daß die Juden, die im Osmanischen Reich eine große Toleranz genossen, seit der Gründung des serbischen Staates während des gesamten 19. und 20. Jahrhunderts verfolgt wurden. Er erklärt auch, daß die Tschetniks, monarchistische serbische Guerilleros, neben ihrer Kollaboration mit den Deutschen und Italienern den größten Teil ihrer Zeit damit verbrachten, die Moslems in Bosnien und Sandjak zu massakrieren. Über die Endlösung in Serbien siehe auch Raul Hilberg, *Die Vernichtung der europäischen Juden*, Bd. II, S. 725ff., Frankfurt am Main 1993.

18 Neben der in Belgrad seit 1990 vorgenommenen Rehabilitation wichtiger Kollaborateure wie Nedic, Ljotic und vor allem Mihailovic, einer eher zwiespältigen Gestalt, dem Führer des monarchistischen Widerstandes, den Tito 1946 wegen Spionage für den Feind erschießen ließ, unterhält das jetzige Regime enge Beziehungen zu russischen, panslawistischen, antisemitischen und antiliberalen nationalistischen und exkommunistischen Kreisen. Als 1991 in Serbien die »Protokolle der Weisen von Zion« erschienen, ein im zaristischen Rußland verfaßtes, bekanntes antisemitisches Machwerk, und die jüdische Gemeinde sich darauf entrüstete, veröffentlichte der Kultusminister als Reaktion darauf ein Kommuniqué. Nachdem er daran erinnert hatte, daß die Juden in Serbien stets loyale Bürger gewesen seien und beide Völker durch ihr gemeinsames tragisches Schicksal während des Zweiten Weltkriegs miteinander verbunden, führt er weiter aus: »Heute nehmen in Frankreich und anderen westlichen Nationen gewisse Intellektuelle und Philosophen jüdischer Herkunft an antiserbischen Kampagnen teil, die genau zu dem Zeitpunkt entfacht werden, zu dem das serbische Volk gegen diejenigen, die früher den Genozid gegen die Serben und die Juden durchgeführt haben, um seine grundlegenden Rechte in seiner jahrhundertealten Heimat ankämpft. Doch dies ist kein Grund, ein antisemitisches Gefühl und eine nationale und religiöse Intoleranz zu entwickeln« (April 1994). Man beachte die Zweideutigkeit des letzten Satzes!

19 Zu dieser slawophilen Theologie siehe besonders den letzten Teil des *Idioten* und die erstklassige Einleitung Alain Besançons über die feindliche Haltung Dostojewskis dem Westen gegenüber.

20 Emmanuel Levinas, *Schwierige Freiheit. Versuch über das Judentum*, Frankfurt am Main 1992.

21 Zit. von Florence Hartmann, Le Monde, 25. Februar 1994

22 Hannah Arendt, *Elemente und Ursprünge totaler Herrschaft, Antisemitismus, Imperialismus, Totalitarismus*, München 1993.

23 Idem.

24 Zit. von François Bédarida, »La mémoire contre l'histoire«, *Esprit*, Juli 1993, S. 9. In seiner Rede vom 30. Januar 1945 betonte Hitler noch einmal: »Der allmächtige Gott hat unser Volk geschaffen. Wir verteidigen sein Werk, indem wir seine Existenz verteidigen.« (Zit. nach einem in H. Arendt, op. cit. S. 187 wiedergegebenen Artikel der *New York Times.*)

25 Innerhalb des Judentums (und auch des Christentums) tendieren zahlreiche Interpretationen des Holocausts dahin, in ihm eine Botschaft Gottes zu sehen, die sich an alle Kinder Israels richtet, damit sie ins Gelobte Land zurückkehren. In einem sehr schönen Aufsatz stellt Jean Daniel diese »Mystik des privilegierten Verfolgtenstatus« dar. Diese Haltung sieht den Sinn des Nazifluches im israelischen Wunder und behauptet, das Gedenken des Genozids sei einzig den Juden vorbehalten, während gleichzeitig allen anderen Menschen das Recht, seiner selbst als eines Dramas der ganzen Menschheit zu gedenken, abgesprochen wird. (*Le Nouvel Observateur*, 8. Juli 1993).

26 Zitiert von Ivo Banac in *Vukovar, Sarajevo*, Paris 1993, S. 169f.

27 In seinem 1990 erschienenen Buch *Pays fou* verherrlicht Rascovic die ethnische Säuberung und den Gebrauch von Gewalt zur Befreiung der Kraina vom kroatischen Joch.

28 Pavle Ivic, *De l'impression à la falsification* (Vom Eindruck zur Verfälschung), Antwort an Paul Garde, Paris 1993, S. 15.

29 Komnen Beciriovis, in *Vercenje Novosti*, 9. September 1993.

30 Mavce, ein Maler des naiven Stils und Mitglied der Nationalversammlung der bosnischen Serben, zitiert von Véronique Nahoum-Grappe in »Poétique et politique: le nationalisme extrême comme sytème d'images« (Dichtung und Politik: der extreme Nationalismus als Symbolsystem), *Tumultes*, 1994.

31 John Pomfret, *International Herald Tribune*, 7. Februar 1994.

32 Durch Persönlichkeiten wie Bogdan Bogdanovic, Ivan Djuric, Vesna Pesic, Ivan Vesselinov, Vuk Draskovic und allgemeiner der Intellektuellen des Belgrader Kreises und des Anti-Kriegs-Zentrums. Dies hat ihnen von Seiten des ultranationalistischen Lagers den Vorwurf des Verrats und einigen das Exil eingebracht.

33 Raskovic, *Le Nettoyage éthnique* (Die ethnische Säuberung), a.a.O., S. 310

34 Selbst wenn der Patriarch Paul nicht explizit zur Rache, sondern zur Erinnerung aufruft, kann man nicht umhin, über die Verwendung dieses Zitats des Erzbischofs Nikolai aus dem Jahre 1958, das von einem

Christen stammt, dessen Religion Vergebung und Nächstenliebe lehrt, in Verwunderung zu geraten, besonders im explosiven Kontext des Frühjahrs 1991, einige Monate vor Beginn der Kriegshandlungen (aus Raskovic, a.a.O., S. 277).

35 Nella Arambasin analysiert dieses Recht auf Rache der Serben in *Esprit*, Juli 1993, S. 156ff.

36 Veronique Nahoum-Grappe analysiert in einer erstklassigen Studie diesen Patriotismus, der sich auf die Zugehörigkeit des Menschen zu seiner ihn nährenden Erde und die des Sohnes zum Vater gründet. Dazu gehört eine Fixierung auf Substanzen, die diese Identität tragen, nämlich Blut, Sperma und Kraft, die nicht durch Befleckung verdorben werden dürfen. Daher die Massenvergewaltigungen, die in den Bäuchen der bosnischen und kroatischen Frauen kleine Serben hervorbringen. Aus: Ivo Banac, *Vukovar, Sarajevo*, op.cit. S. 73 u. 75.

37 Der serbische oppositionelle Schriftsteller Vidosav Stevanovic gibt in seinen Romanen dieses Grauen sehr gut wieder. *La Neige et les Chiens*, *Christos et les Chiens* (Der Schnee und die Hunde, Christos und die Hunde), Paris 1993.

38 Ich verdanke diese Information Patricia Forrestier, die Mitglied der Bürgerkommission für Bürgerrechte ist, und die sie von Narcisa Kamberovic, einer Psychiaterin und ehemaligen Kollegin Karadjics an der Universität von Sarajevo, erhalten hat.

39 Interview in *Al-Wassar*, Libanon, zit. in *Libération*, 3.2.1994.

40 Interview mit der nationalistischen Zeitung St. Petersburgs, *Narodnaia Pravda*, Oktober 1992, zitiert in *Le Monde*, 30. Oktober 1993.

41 *Politique Internationale*, Sommer 1993, S. 147.

42 *Le Point*, 27. Mai 1993.

43 George Steiner, *Le Transport de A.H.*, (Der Transport A.H.s), Paris 1981, zit. von Roy Gutman in: Bosnie: témoin du génocide.

44 Zit. von Ivan Colovic, einem serbischen oppositionellen Intelektuellen im ehemaligen Jugoslawien, in *Colloque* 1992, S. 11, November 1993, Ecole normale supérieure.

45 Siehe hierzu die der serbischen Opposition gewidmete Ausgabe von *Les Temps Modernes*, Februar-März 1994.

46 Zweiter Kongreß serbischer Intelektueller, 23. bis 24. April 1994, zit. in *Libération* vom 25. Mai 1994.

Kapitel 7

Die Willkür des Herzens[1]

Die Wechselfälle des Mitleids

»Ich liebe die Menschheit, doch wundere ich mich über mich selber: je mehr ich die Menschheit als Ganzes liebe, desto weniger liebe ich den Menschen im einzelnen, das heißt als einzelne Personen.«
Dostojewski, Die Brüder Karamasow

Ein wichtiges Dokument, das eine hochgestellte Persönlichkeit kompromittiert, wird in den königlichen Gemächern gestohlen. Der Dieb ist bekannt, es handelt sich um einen Minister, man hat gesehen, wie er sich den Brief aneignete, und man weiß, daß er immer noch in seinem Besitz ist. Der Polizeipräfekt von Paris wird mit einer Untersuchung beauftragt. Er läßt die Wohnung des Diebes durchsuchen, vergeblich. Er läßt den Mann von Gaunern überfallen, die ihm alles wegnehmen, was er bei sich trägt. Der Brief bleibt unauffindbar. Erst ein Privatdetektiv, den die Polizei beauftragt hat, deckt das Rätsel auf: das Versteck ist so gut ausgedacht, daß es nur von großer Einfachheit sein kann. Das Stück ist den Spürhunden der Polizei entgangen, weil es so selbstverständlich dalag. »Der Minister hatte, um den Brief zu verstecken, zu dem genialsten Hilfsmittel der Welt gegriffen, das darin bestand, erst gar nicht zu versuchen, ihn zu verstecken.« Mit einem Wort, der Dieb hatte das Dokument auf dem Tisch liegen lassen, vor aller Augen, damit niemand es sah.

Man könnte den Aufbau dieser Geschichte von Edgar Allen Poe, *Der gestohlene Brief*, fast wörtlich auf unsere Wahrnehmung des Leidens übertragen: in den demokratischen Ländern, in denen Informationsfreiheit herrscht, wird das Unglück der anderen für uns nach und nach unsichtbar, weil es täglich enthüllt und über den Bildschirm und durch die Zeitungen verbreitet wird.

1. Das Gesetz der unsteten Brüderlichkeit

Routine der Kränkung

Früher kam Wahrheit ausschließlich auf dem Weg der Enthüllung an die Öffentlichkeit: als Albert Londres den Franzosen das Leben im Straflager von Cayenne schilderte, als André Gide die Missetaten der Minengesellschaften im Kongo anprangerte, als die Alliierten 1945 die Todeslager entdeckten, als Solschenizyn die Existenz der Gulags in der Sowjetunion bestätigte, als die Vietnamesen die Brutalitäten der Roten Khmer ans Tageslicht brachten. Das Bekanntwerden dieser Greuel kam einem plötzlichen Übergang vom Dunkel ans Licht gleich. Das ungeheure Unwissen wurde plötzlich enthüllt und rief einen Schock hervor: Wie konnten wir nur leben, ohne all dies zu wissen? Wir werden diese Zeit nie ganz hinter uns lassen. Die meisten tyrannischen Regime leben weiterhin von der Lüge, der systematischen Desinformation, und vor den Augen eines Journalisten oder einer Kamera halten sie sich mit dem Foltern, Prügeln oder Töten zurück. Noch lange werden die großen Verbrechen geheim vollzogen werden, damit sie nicht nur unliebsame Menschen und Völker eliminieren, sondern auch die letzten Spuren ihres Verschwindens beseitigen können. Und doch gibt es eine andere Vorgehensweise, die sich neben der herkömmlichen breitmacht: eine bereitwillige Darstellung des Geschehenen, die für Ausgeglichenheit und Gewöhnung sorgt.

Es gibt, wenn man so sagen will, einen leuchtenden Moment tragischer Ereignisse, wenn sie ganz »frisch« auf dem Bildschirm auftauchen und uns das Gruseln lehren. Dies be-

wirkt einen schwindelerregenden Adrenalinstoß, der unsere
Wahrnehmung trübt. Solche Intensität im Horror (Mord,
Metzeleien und Unterdrückung) reißt uns aus unserer Starre,
verletzt uns wie eine Beleidigung, wobei andere Darstellungen die vorhergehenden verschwinden lassen: die Skelette aus
Somalia, die Massengräber in Ruanda werden in einer Flut
von Nachrichten vorgetragen, in denen hintereinander eine
Kabinettssitzung, die Vorstellung eines neuen Automodells
und eine Modeschau zu sehen sind. Kaum haben wir einen
Blick von den Vermißten in Chile, den verfolgten Kindern in
Brasilien erhascht, werden wir schon von anderen Ereignissen in Atem gehalten. Da die Nachrichten aufeinanderfolgen,
machen sie einander Konkurrenz, und nach und nach wird
der Schrecken, der uns zuerst erschüttert hat, zur Anekdote
verharmlost. Das Rotationsprinzip funktioniert, das schnelle
Vorbeiziehen der dramatischen Ereignisse auf unserem Planeten dämpft die Aufmerksamkeit, die wir jedem einzelnen
schenken. Da die Information einem zweifachen Anspruch
genügen muß, nämlich neu und originell zu sein, jagt ein
Schauspiel das andere, was danach kommt, nimmt den Platz
des vorherigen ein. Wie im Sturm und ohne jeden Zusammenhang werden Grausamkeiten oder Belanglosigkeiten vor-
geführt wie eine barocke Girlande, in der ein Element durch
das andere in seiner Wirkung geschwächt und aufgehoben
wird. Jeden Abend eine andere Episode, ein neuer Kreuzzug,
der den vom Vortag dem Vergessen anheimgibt. Die Medien
besitzen die einzigartige Fähigkeit, Ereignisse ebenso zu erfinden wie sie für ihren Zweck zu nutzen. Die Länge der
Nachrichtenflut hat eine Banalisierung des Grauens zur Folge. Da, wo vor zwanzig Jahren ein Fensehspot genügte, um
die Leute zu sensibilisieren, zwingt die Unmenge schok-
kierender Szenen heute dazu, einander zu überbieten. Keine
der gezeigten Scheußlichkeiten überlebt oder hält der Wiederholung stand. Die Darstellung des Schreckens ist weit da-

von entfernt, den Betrachter anzurühren, sie begünstigt am ehesten einen unserer Triebe: den Voyeurismus. Die anhaltende Kette der Bilder, mit denen wir täglich vollgestopft werden und die das Unglück der anderen zur Schau stellen, ist in erster Linie pornographisch. Sie gibt einem jeden das Recht, alles zu sehen, nichts darf dem indiskreten Objektiv der Kamera entgehen. (Es scheint, als sei es wichtiger, daß die Kameras jederzeit Zugang zu schrecklichen Ereignissen haben, als daß man in das Geschehen eingreift und es zu verhindern sucht.) Man kann die Darstellungen von Verstümmelung, Toten, Krankheiten vermehren soviel man will, man kann Effekte verstärken, mit manischem Eifer alle Arten von Scheußlichkeit versammeln, am Ende gewinnt die Apathie die Oberhand. Auch Übertreibung kann Saturiertheit nicht vermeiden, selbst die Hölle kann langweilig werden. Und dazu liefern uns die Medien, gewagt ausgedrückt, das Unglück in geballter Form nach Hause. All die Hungernden, an Seuchen Erkrankten, die bei uns eindringen und das zu der Zeit, in der wir uns entspannen, überwältigen uns durch ihre Vielzahl, ihr Anderssein. Die Stimmen von Arbeitslosen, die von ihrem Mißgeschick erzählen, Schwarzen aus den südafrikanischen *town-ships*, verfolgten Kurden und Kinderprostituierten vermischen sich und werden zu einem unglaubwürdigen Sammelsurium. Wie soll man sich von all diesen Tragödien, die nichts miteinander zu tun haben, eine Vorstellung machen?

All diese Gepeinigten richten sich offenbar an uns und schleudern uns ein furchtbares Ultimatum entgegen: Kümmert euch um uns! Aber die Hauptwirkung dieses Wirrwarrs aus Unglück ist, daß der Fernsehzuschauer unter der Größe seiner Aufgabe zusammenbricht. Außer einem Gefühl der Scham und leichten Ekels weiß er nicht, was er mit diesen Dramen anfangen soll, von denen er nur wenig weiß und deren Unzahl seine Kräfte übersteigt. Die Teilnahme eines jeden an den Leiden der Menschheit führt in die Ausweglosigkeit:

In einer Welt, in der alle Völker von mörderischem Wahn gepackt scheinen und in brudermörderischem Haß rivalisieren, sind wir dank unserer Sensibilität zunächst entsetzt, dann aber werden wir müde. Den Medien gelingt das Wunderwerk, in uns einen Überdruß an Dingen zu erzeugen, auf die wir keinerlei Einfluß haben (außer das Scheckheft zu zücken, was bei weitem nicht ausreicht). Sie mobilisieren uns nicht, sondern schaffen eine Atmosphäre ständiger Katastrophen. Die Angst, die daraus entsteht, ist in doppeltem Sinne angenehm: sie bleibt oberflächlich, und es läßt sich letzten Endes bequem mit ihr leben. Die schlimmsten Übel sind weit davon entfernt, unsere Ruhe zu beeinträchtigen, im Gegenteil, sie werten diese Ruhe auf, zeigen uns, wie kostbar sie ist.

Ausverkauf des Leids

Die beiden Weltkriege, die Shoah, der Gulag, der Völkermord in Kambodscha, sie alle haben unsere Sensibilität in diesem Jahrhundert auf bestimmte Tarife festgelegt. Das furchtbare Ausmaß der Gemetzel hat das Blutvergießen in einer Weise gesteigert, der nur schwer gleichzukommen ist, und eine typisch moderne Perversion hervorgebracht: die Liebe zu großen Zahlen. Da es Milliarden von uns auf dieser Welt gibt, wird der Koeffizient der Ungerechtigkeiten in unglaublichem Maß erhöht. Die Zahl von Toten ist zu einer Ziffer mit mehreren Nullen inflationiert. Damit wir noch erschüttert sind, brauchen wir mindestens ein paar Hunderttausend. Wenn es weniger sind, zappen wir. Daher kommt unsere Ambivalenz gegenüber dem Töten: Durch eine spontane Rechnung vergleichen wir die Gesamtzahl der Opfer mit der der vorangegangenen Hekatomben, skeptisch verziehen wir den Mund und wägen ab, ob sie wirklich unsere Aufmerksamkeit verdienen. Makabre Arithmetik? Wahrscheinlich. Durch die

Medien wird uns jeden Tag die Idee eingetrichtert, daß der Mensch quantifizierbar ist, daß er einer so gängigen Art angehört, daß man ihn ohne Schaden vergeuden kann. Einerseits werten wir in Amerika und Europa das individuelle Leben extrem hoch, andererseits sehen wir den Globus als übervölkerten Raum an, auf dem der Mensch sich vermehrt wie Ungeziefer. Unser Ideal von der Würde des einzelnen gerät in Konflikt mit dieser Angst vor Vermehrung. Da wo die Zahl obsiegt, kapituliert die Moral.

Seit 1945 ist die Maßeinheit für Massenmorde der Völkermord. Anstatt zu denken, daß ein Verbrechen nicht erst das Stadium der Ausrottung erreichen muß, um abscheulich zu sein, *sprechen wir ihm seine Qualität ab, weil es nicht mal die Dimension des Völkermordes erreicht!* Und wir legen die Latte so hoch, wir sind dermaßen gierig auf Vernichtungen großen Ausmaßes, daß uns Ungeheuerlichkeiten kalt lassen und wir skeptisch fragen, ob sie wirklich so wichtig zu nehmen sind. So bestanden während des Krieges im früheren Jugoslawien die bosnischen und kroatischen Gefangenen der serbischen Lager ihr Diplom nicht, sie waren nicht ausgemergelt genug, hatten noch zuviel Fett auf den Rippen – Grausamkeit: »ungenügend«. Als das Leiden in aller Welt unter die Lupe genommen wurde, schickte man die Bosnier wieder auf die Schulbank: noch gerade ausreichend, könnten sich mehr Mühe geben. Unter dem Vorwand, die serbischen Lager seien nicht Treblinka, zog man den Schluß, sie seien nicht weiter schlimm, und verzog nur ein wenig den Mund. Wenn wir mit den Worten »nie wieder« unter Shoah nur das verstehen, was zwischen 1942 und 1945 geschah, dann wird so etwas wahrscheinlich auf die wirklich gleiche Weise »nie wieder« passieren, und wir können ruhig schlafen und den Schrecken eines heutigen Unglücks an dem von früher messen, wodurch es relativiert wird. Was uns in Angst versetzen sollte, läßt uns kalt wie Stein, aber diese Gleichgültigkeit ist furchtbar, denn sie hält sich für äußerst human und kleidet sich in das Gewand großen Scharfsinns. Unsere Klarsicht macht uns blind, unser Mißtrauen mißtraut allem außer sich selbst und schirmt sich durch übertriebenen Argwohn von allem ab. Seltsame Perversion, bei der die Erinnerung an das Böse, anstatt uns für Ungerechtigkeit zu sensibilisieren, unsere Gleichgültigkeit verstärkt.

Machtloses Bild

Es stimmt nicht mehr, daß ein Bild eine Armee niederwerfen, eine Diktatur erschüttern, ein totalitäres Regime hinwegfegen kann, und es ist sinnlos, mehr Photos, mehr Filme zu verlangen, da ihre Vielzahl unsere *Toleranz gegenüber dem Untolerierbaren nur verstärkt*.[2] Wir verschlingen täglich eine derart hohe Dosis an Dramatik, daß wir jede Fähigkeit zur Revolte oder zur Wahrnehmung verlieren. Der bequeme Mythos, der behauptet, nur das, was man in Film verwandele, werde richtig zum Leben erweckt – alles andere vegetiere wie tot dahin, weil es nicht von der Bildröhre erfaßt werde –, übersieht, daß das Objektiv Ereignisse in Fiktion verwandelt. Seit Timisoara und dem Golfkrieg ist die Photographie verdächtig: Schnitte und Montagen können das bewegendste Bild verfälschen, und die Zeiten, zu denen »in jedem Kameraschwenk eine moralische Aufgabe« lag (Jean-Luc Godard), sind vorbei. Die Möglichkeiten der massenhaften Informationsverbreitung haben die Kategorien von wahr und falsch erschüttert: Die Wahrheit weicht vor der Glaubwürdigkeit zurück, und selbst das, was direkt, was soeben geschieht, kann Gegenstand einer Manipulation sein. Es ist naiv zu glauben, daß aus dem Sehen ein Wissen und eine Verpflichtung werden kann: Diese Vorstellung ist Erbe des pädagogischen Optimismus des 19. Jahrhunderts und führt alles Leid, das unserer Gesellschaft widerfährt, auf mangelndes Wissen zurück. Ein Schleier verdunkelt den Verstand der Menschen. Man braucht ihn nur zu lüften, und schon verschwinden die Vorurteile, und die Menschen werden sich gleich aufmachen und füreinander da sein. Wenn die Arbeiter, sagte Rosa Luxemburg, wüßten, wie ihre Lage wirklich aussieht, würden sie massenweise Selbstmord begehen oder keine Zeit mehr verlieren und revoltieren. Die Hauptanstrengung der Revolutionäre bestand also darin, Licht in das Dunkel der Ideologie zu bringen und das Bewußtsein der eigenen Lage voranzutreiben.

Seit langem jedoch hat der Blick keinen verpflichtenden Charakter mehr – am wenigsten der zerstreute Blick des Fernsehzuschauers. Das Auge hat keinerlei besondere Macht der Durchdringung, und wenn wir das Alibi des Irrtums und des Nichtwissens, das unsere Väter hatten, verloren haben, so haben wir dafür jetzt ein anderes, viel schlimmeres: das des »nutzlosen Wissens« (Jean-Francois Revel), der sinnlosen Information. Ein Volk hört auf, unschuldig zu sein, wenn es aufgeklärt ist, lautet das demokratische Credo. Was wir jedoch wissen, und zwar nur vage und verworren, wird nur selten das, was wir können. Die Bilder lügen nicht, sagen aber auch nicht die Wahrheit, sie ziehen an uns vorbei. Sie schaffen Distanz, der Bildschirm wird zur Abschirmung, und das Universum kann in unser Leben eindringen, ohne es zu beeinflussen. Es ist vermutlich an der Zeit, folgendes festzustellen: Die Medien (und vor allem das Fernsehen) haben nur begrenzte Macht; ihr Einfluß auf das, was geschieht, ist relativ; im Gegensatz zum Narzißmus, den sie pflegen, können sie weder die großen Fragen lösen, noch Massenbewegungen in Gang setzen, und sie lassen uns immer gleichermaßen informiert wie ohnmächtig zurück. Unter welcher Bedingung ist ein Bild wirksam? Wenn es in der öffentlichen Meinung ein vages Gefühl hervorruft, eine Entscheidung bekräftigt: Während des Vietnamkriegs hat ein einziges Photo, das eines viet-

namesischen Mädchens, das, von Angst und Schrecken gepackt, nackt unter dem Bombenhagel davonlief (Huyng
Cong Ut, 1972), mehr Schaden angerichtet als vorherige Reportagen und die Allergie der Amerikaner gegen eine Fortsetzung des Konflikts verstärkt. Ein Bild kann dann Wirkung
zeitigen, wenn es eine politische Entscheidung vorwegnimmt
und begründet, eine präzise Handlung darstellt, wenn es allein Mittel zum Zweck ist (das eventuell zu Propaganda-
zwecken verfälscht werden kann). Sonst hat es keinerlei In-
doktrinationswert und dient allein der Betrachtung. Man soll
den »CNN-Effekt« nicht überschätzen. Nicht Aufnahmen
mit unerträglichen Inhalten führen zu historischen Entscheidungen, sondern politische Entscheidungen verleihen bestimmten Bildern historischen Wert. Die Bombardierung des
Marktes von Sarajevo im Februar 1994 hat im Westen keine
Reaktion ausgelöst, sie hat die Franzosen in ihrem Entschluß
bekräftigt, (vorübergehend) die grausamsten Seiten der Belagerung der Stadt zu beenden. Das Fernsehen ist das beste Ge-
gengift gegen die mobilisierende Kraft seiner eigenen Bilder,
und seine apokalyptischsten Botschaften werden, wenn man
ihre wahre Länge nicht zeigt, durchaus verdaubar und mit
dem Leben eines Durchschnittsmenschen vereinbar.

»Was zwischen 1940 und 1945 einzigartig war«, sagt Emmanuel Levinas, »das war die Abgestumpftheit.« Heute werden die gequälten Völker der Erde unter einem anderen Unheil zu leiden haben. Das Wissen von einem Verbrechen
gegen die Menschlichkeit, das vor unseren Augen geschieht,
ruft bei uns Zweifel hervor. Der wunderbare Fortschritt, der
in der Verbreitung von Nachrichten zum Ausdruck kommt,
die zahlreichen Berichte internationaler und humanitärer Organisationen versehen uns mit einer wahren Flut von Tatsachen, die unser Verstand gar nicht mehr verarbeiten kann.
Außerdem erhöht sich ständig die Meßlatte: Was früher kaum
zu ertragen war, sieht man heute schon fast mit Gleichgültig-

keit. Vermutlich hat diese *friedliche Koexistenz mit dem Schrecken im Libanonkrieg* begonnen; sie nahm ihren Fortlauf mit Sarajevo, dessen tägliche Bombardierung schnell im allgemeinen Gemurmel der Nachrichten untergegangen ist; und in Ruanda erreichte sie ihren Höhepunkt. Ein Völkermord fand vor den Augen der ganzen Welt statt, und er hat nichts anderes bewirkt als ein verblüfftes, bedauerndes Staunen (dies hielt mehr als zwei Monate an, und so hatten die Mörder Zeit genug, ihr Werk zu vollenden). Hier wurden Menschen am hellichten Tag im Stich gelassen, und möglich war diese Barbarei deshalb, weil sie zu deutlich zu sehen war. So wird ein mit Informationen überfütterter Zuschauer auf eine besondere Art korrumpiert: Seine Empörung läßt in dem Maß nach, in dem sie hervorgerufen wird, das Schlimmste wird geläufig, die Gleichgültigkeit entsteht durch Informationen, die eigenhändig die Ereignisse, die sie enthüllen, entschärfen. Es ist allen Medien eigen, daß sie das Vergessen von dramatischen Ereignissen anprangern, weil diese durch alltägliches Geschwätz verharmlost werden. Aber diese Infragestellung ist selbst Teil des Vergessens, sie besiegelt es sogar.

So ist es gar nicht notwendig zu fliehen, die Zeitung zusammenzufalten oder den Fernseher abzuschalten: Wir konsumieren Horror wie andere den Alkohol. Die Welt, die schweigend der Ausrottung der Juden und Zigeuner zugesehen hat, nimmt heute redegewandt Anteil an der Vernichtung anderer Völker. Wahrscheinlich könnte sogar eine Diktatur, die unsere Mentalität ein wenig kennt, ohne jede Scham Menschen liquidieren, ihre Missetaten vor den Augen und mit Wissen eines jeden begehen: Völlige Offenheit wäre eine billigere Lösung als die Lüge. Fünfzig Jahre nach Auschwitz treten wir vielleicht in die Ära einer Banalisierung des Völkermords ein (vorausgesetzt es sind Völker von ihm betroffen, die aus dem Blickwinkel der großen Geschichte als Randgruppen gelten, und es wird schnell gehandelt, in wenigen

Monaten). Solche »Endlösungen«, selbst wenn sie primitiv sind und mit Macheten oder Stöcken vollzogen werden, geschehen am hellichten Tag und mit unserer schweigenden Zustimmung (vor allem, wenn wie in Ruanda die Mörder unsere Verbündeten sind). Alles zeigen, alles ausbreiten, alles präsentieren: Dies ist das beste Mittel, um uns gegen das Unglück, von dem die Medien uns berichten, immun zu machen.

Herzstillstand

Daher unsere beharrliche Müdigkeit angesichts der Katastrophen, die den Planeten so finster machen. Es ist nicht die des erschöpften Retters, der durch seine enorme Anstrengung müde geworden ist, sondern die des Zuschauers, wegen sich ständig wiederholender Bilder. Wie soll man sich verantwortlich für Dramen fühlen, die sich Tausende von Kilometern entfernt abspielen und mit denen uns nur ein schwacher Kausalzusammenhang verbindet? Damit ist nicht gesagt, daß nichts unsere Herzen anrührt, alles bewegt sie in gewissem Sinn, alles und jedes: ein Gemetzel in Burundi, eine Hungersnot in Äthiopien, Vivisektion an Hunden in einem Forschungslabor oder die Geburt von Fünflingen in einem Krankenhaus. Unsere Aufmerksamkeit für die Außenseiter auf dieser Welt ist ebenso stark wie kurzfristig: ein schöner spontaner Seufzer, auf den gleich der nächste folgt. Es sind Verpflichtungen, die nicht viel Zeit in Anspruch nehmen, die nichts Genaues von uns fordern, eine oberflächliche Sentimentalität, die uns anläßlich verschiedenster Dinge überkommt. Die wirre Flut von Unglück, die an uns vorbeizieht, hat schon in seiner Bewegung etwas Unmenschliches. Sie hinterläßt nichts Dauerhaftes und verlangt nur kurze, nervöse Erschütterungen. Hier wird das Mitleid, jene moderne Fähigkeit, mit den Unglücklichen zu leiden, dem wandelbarsten Gesetz unterworfen, das es überhaupt gibt: dem der Laune.[3] Wir sind allen Tragödien dieser Welt so nah, daß wir nicht mehr genug Abstand haben, um sie wahrzunehmen. Wir sind den anderen so nah, daß wir keine Nächsten mehr haben. Und wir pflegen eine Gemeinschaft mit Spiegelbildern, die uns entgleiten. *Deshalb ist unsere Fürsorge für die anderen der Herrschaft der Unbeständigkeit unterworfen.* Was kann bewirken, daß eine Sache einschlägt? Was kann die Leute heute noch aufwühlen? Großes Geheimnis! Die Kriterien für Zu- und Abneigung nehmen zu und folgen nur einer Regel: dem Aussetzen des Herzschlags gemäß dem galoppierenden Rhythmus der Nachrichten. Es genügt nicht, daß jemand leidet, um uns zu gefallen, es fehlt oft noch ein gewisses Etwas, das unsere Seele anrührt. Wir reagieren nur mit vorübergehender Zuneigung, plötzlichem Stimmungsumschwung. Ganz Europa hat im August 1993 mehr für Irma, das kleine Mädchen aus Sarajewo, das von Geschossen verletzt worden war, geweint als für alle vorherigen Kriegsopfer. Aber ebenso wie man sich für ihren Fall interessierte, hat man ihn bald darauf vergessen. Bilder ändern Meinungen, aber zehnmal hintereinander, und dieselben Leute, die 1993 sofortiges Eingreifen in Somalia forderten, als sie die elenden Körper der Kinder sahen, verlangten wenig später, daß die amerikanischen Truppen nach Hause zurückkehrten, weil die ersten Soldaten getötet worden waren. Hier kann man mit Mandeville sagen: »Manchmal erregen Kleinigkeiten unsere Angst, manchmal betrachten wir Unglaubliches mit Gleichgültigkeit.«[4] Echte Anteilnahme wandelt sich in vages Mitleid, mit dem man allen Unglücklichen auf einmal mit derselben Rührung begegnet. Das Fernsehen, das weit voneinander entfernte Menschen einander nahebringt, trennt sie wieder voneinander, indem sie sie in derselben Allgemeinheit untergehen läßt. So sind wir, was Informationen betrifft, von einer Logik der Knappheit (und der Zensur) zu einer Logik der Übersättigung gelangt. Das Unglück der anderen wird banal, weil man es zu gut kennt, es in gewisser Weise immer schon vorhersieht. Es trifft uns nicht mehr, weil es nicht mehr verschwiegen wird. Wir ersticken an einer Überfülle von Untersuchungen, Zahlen, Hilferufen. Und die pathetischen Appelle an die Wachsamkeit bringen eine Art doppelter, gedämpfter Unsensibilität hervor, die durch Übersättigung entsteht und nicht durch Mangel, oder besser gesagt eine Sensibilität, die manchmal unter den Windstößen einer vorübergehenden Empfindung aufscheint, um sich hinterher schnell wieder zu verbergen.

Allgegenwart oder Freundschaft

Der Wille zur Verantwortung stößt sich immer an zwei Klippen: der Selbstgefälligkeit und der Bulimie. Man ist in erster Linie verantwortlich für das, was von einem selbst abhängt. Die Verantwortung für ein schlimmes Ereignis fällt zuerst auf die zurück, die es hätten vermeiden können. In diesem Zusammenhang ist sie konkret zu bestimmen. Unsere Verpflichtungen gelten den Menschen in unserer nächsten Umgebung, und man kann uns nicht alles Elend der Welt anlasten. Mit einer solchen Begrenzung kann sich Verantwortung jedoch nicht zufriedengeben. Zu ihr gehört die Verantwortung eines jeden Menschen allen gegenüber, ein Gefühl, daß man derselben Art angehört. Daraus ergibt sich eine absolute Forderung: Ich mag noch so wenig über Katastrophen wissen, die sich auf der Welt abspielen, die Ungerechtigkeiten, die anderen Menschen widerfahren, gehen mich an, ich kann nicht behaupten, ihr Los interessiere mich nicht, ihre Wunden drängen sich mir auf, als wären es meine eigenen.

Die weltweite Solidarität jedoch ist durch Öffnung in jede Richtung und Realitätsferne gekennzeichnet.

Sie will ohne Inhalt, ohne Grenzen sein, wie eine vollkommene Liebe, die zum Himmel aufsteigt. Aber wir können uns gar nicht mit allen Dingen beschäftigten, ohne zugleich das Interesse an anderen zu verlieren. Denjenigen, die uns, wenn wir uns mit Bosnien, Ruanda oder Armenien beschäftigen, beschwören, nicht Afghanistan, Angola oder Abchasien zu vergessen, muß man antworten, daß die tausend Dinge, über die man sich entrüsten muß, zu tausend Gründen werden, sich aus allem zurückzuziehen, daß wir, wenn man uns auffordert, keinen der Kämpfe den anderen vorzuziehen, zu einem Engagement in alle Richtungen gedrängt werden, was zu größtem Nichtengagement führt. Eine Solidarität, die sich mit allem solidarisiert, unterstützt mit demselben Enthusiasmus die disparatesten Anliegen. Aus purer Routine hat man noch ein Auge für die Figuren von draußen: nacheinander ziehen als Opfer Albaner, Tibeter, Kurden wie in einem vorher für die verschiedenen Darsteller festgelegten Ritual an uns vorbei. Und dieselben Leute, die im Dezember die Bosnier unterstützen, sind im Juli auf Seiten der Tutsie, und sechs Monate später verteidigen sie die Sache der Demokraten in Algerien. Die Aufmerksamkeit gegenüber der Welt richtet sich nach dem aufgeregten Rhythmus der Nachrichten, schnell und ohne in die Tiefe zu gehen, berührt sie flüchtig alle Brennpunkte unseres Planeten. Daß sich die ausgestreckte Hand bald zurückziehen wird, spürt man bereits; bei einer solchen pawlowschen Solidarität verausgabt man sich so, daß man sich selbst wieder sammeln muß, und sie stirbt daran, daß sie keine Wahl getroffen hat.

Wenn man jedermanns Bruder ist, ist die Atmosphäre unter Menschen kalt. Die unerläßliche Arbeitsteilung zwingt uns immer dazu, die Idee (der Solidarität) auf dem Weg der Freundschaft in die Tat umzusetzen und darauf zu verzichten, mit unserer Unterstützung und Hilfe überall sein zu wollen. Ich kann nur dann ein Freund der Menschen sein, wenn ich mit wenigen engere Bindungen habe und andere dafür aufgebe: Was mich daran hindert, sie alle zu lieben, ist dasselbe, was es mir ermöglicht, einigen zu helfen. Parteilichkeit stellt Altruismus in Abrede, der aber ist auf paradoxe Weise eine wesentliche Voraussetzung für sie. Verantwortung muß, wenn sie Wirkung zeitigen will, sich ein begrenztes Feld der Brüderlichkeit schaffen, eine eigene Geographie, bei der es keine Entfernungen gibt, denn sonst bleibt sie unbestimmt, also blind. Dieses Sich-bescheiden ist nicht nur ein begrenzendes Element, nur mit ihm treten wir in die Welt der anderen. Andere Menschen bitten um unsere Hilfe, aber als begrenzte Wesen können wir uns nicht allen hingeben, Dauer und Treue müssen Vorrang haben.

Der Universalismus höhlt diese parteinehmende Menschenfreundlichkeit aus wie Gewissensbisse. Wenn man einmal die Handelsvertreter in Sachen weltweiten Engagements entlarvt hat, merkt man bald, daß, einen der Kämpfe anderen vorzuziehen, Einschränkung bedeutet. Wenn unser Handeln aufgefordert ist, zugleich bestimmten Menschen und der Menschheit als ganzer Aufmerksamkeit zu schenken, dann kann es nicht allen Erwartungen entsprechen, nicht alles Leid lindern, nicht alle Tränen trocknen. Das macht die Verantwortung hassenswert und tragisch: Mit ihr ist unsere Mission unbegrenzt, was immer wir tun, wir sind nie befreit vom Unglück der anderen. Und wir werden weiter wie ein Pendel zwischen weltweiter Sympathie und begrenztem Engagement hin- und herpendeln.

Der Große Löffel

Es wäre falsch, dieses Problem irgendeinem Mißbrauch der Medien anzulasten, in denen Korpsgeist herrscht, das Spektakuläre Unheil anrichtet, Informationen mißbraucht werden, eine Dikatur der Zerstreuung praktiziert wird. Das Übel ist grundsätzlicher und Teil der demokratischen Hybris: Der Wille, immer über alles informiert sein zu wollen, ist das Wahnsinnige. Denn die Information verlangt von einem jeden von uns, die gesamte Geschichte von heute zu erleben wie ein Drama, das uns persönlich angeht. Man kann jedoch an den Durchschnittsbürger nicht jeden Tag einen riesigen Löffel weltweiter Nachrichten verfüttern, ohne daß er sich übergibt, um sich wieder wohlzufühlen. Man kann nicht von ihm verlangen, die ganze leidende Menschheit auf seinen Schultern zu tragen. Darin besteht die furchtbar monotone Absurdität der Medien: sie überfluten uns zu jeder Stunde mit immer mehr Nachrichten, unaufhörlich, und so überbeanspruchen sie unsere Aufnahmefähigkeit. Unsere Aufmerksamkeit kann bei diesem Tempo nicht mithalten. Sie folgt dem Gezeigten bis zu dem Augenblick, in dem man um der geistigen Gesundheit willen aussteigt. Sich in sich zurückzuziehen bedeutet, daß man seinen Verstand vor einem Informationsfluß ohne Anfang und Ende schützen will. Dank der Kommunikationsmittel wird uns eine unbegrenzte Pflicht aufgelastet, die nur durch allgemeine Resignation gelöst werden kann.

Die Medien fordern uns auf, die Erde als ein Dorf zu betrachten, dessen Einwohner uns ebenso vertraut sein sollen wie die Wohnungsnachbarn, und zwingen uns zu ständiger, sinnloser Sorge um den ganzen Erdball. Diese unerhörte Ausweitung überfordert und schwächt unser Bewußtsein. Sich dem Planeten anpassen, ein informierter Bürger sein, der in der Lage ist, über die Ereignisse seiner Zeit zu urteilen, ist ein Full-time-Job. Macht man sich klar, welche Anstrengung die Lektüre mehrerer Tageszeitungen bedeutet, das aufmerksame Radiohören oder das Betrachten der Fernsehnachrichten nicht zu vergessen? Die Druckmedien sind, weil ihre Lektüre Zeit und Geduld erfordert, vor der optischen Abstumpfung gefeit. Dennoch kommt das Lesen der besten Zeitung nicht, wie Hegel meinte, einem Morgengebet gleich, sondern bedeutet Arbeit und Zerstreuung und zwingt uns, zahllose Dinge zur Kenntnis zu nehmen, die von unseren eigenen Sorgen himmelweit entfernt sind. Wir werden von ihnen überwältigt, unter der Last einer ungeheuren Enzyklopädie des Augenblicks, die ebenso aufgebläht wie billig ist. (Auch die Presse kann den Leser unter Massen von Papier ersticken, Dossiers und Recherchen in großer Menge abliefern, auch sie kann der Graphomanie anheimfallen.)

Überfliegen oder Auswählen

Es ist unmöglich, undenkbar, ohne Medien auszukommen, die zum Sauerstoff des *homo democraticus* geworden sind. Sie liefern uns etwas, was unsere Intelligenz heute unbedingt braucht. Um jedoch die Nachrichten eines Tages verarbeiten zu können, muß man zunächst die vom Vortag vergessen. Wir lesen mit Leidenschaft eine Tageszeitung oder ein Wochenblatt durch, aber bald überkommt uns Unbehagen: Die Arbeit ist endlos, und man folgt nur mit Mühe dem Lauf der Ereignisse, kann nur schwer seinen Kopf über Wasser halten. Im Gegensatz zum Buch, einem geschlossenen, begrenzten Gegenstand, einer Maschine, mit der man der Zeit widerstehen kann und deren Genauigkeit uns wesentliche Wahrheiten eröffnet, ist die Sprache der Zeitung, welche Talente auch immer sich dort äußern, atemlos, kaum geäußert, schon wieder veraltet. Die Journalisten bringen sich jeden Tag einer Göttin zum Opfer dar, die ebenso unnachgiebig wie launisch ist, der

Aktualität, die sie anspornt, sie zur Eile, zum ständigen Hinterherlaufen anhält. (Es wäre in dieser Hinsicht interessant, in den Medien die eher literarischen Bereiche zu untersuchen, große Reportagen, Grundsatzartikel, Leitartikel, die von etwas anderem inspiriert sind und deren manchmal außergewöhnliche Qualität jenes Gefühl der Abnutzung bremst. Denn Zeitungen wollen von Dauer sein, auch wenn sie nach 24 Stunden nichts als unlesbares Zeug sind.) Aktualität spiegelt sich in tausend Namen, Zahlen und fragwürdigen und ständig wechselnden Abenteuern, sie ist ein Abgrund ohne Boden, ein immenser Verlust. Diese riesige Menge, die schon das Ergebnis einer Auswahl der Redaktionen ist, zerfällt, während sie sich anhäuft. Der begrenzte Umfang eines Buches gewährt uns Bereicherung, öffnet man aber eine Zeitung, hat man ein Gefühl der Aufsplitterung und Leere. Da wir nicht in der Lage sind, die Wahrnehmbarkeit des Wirklichen mit der Achtung vor seiner Komplexität in Einklang zu bringen, sind wir weniger *desinformiert als desorientiert*. Wir laufen einer Welt hinterher, die sich ständig verändert (besonders seit dem Niedergang des Kommunismus).[5] Dreißig Minuten, ein oder zwei Stunden für den Planeten, das ist zugleich zuviel und zuwenig. Die täglichen Sammelsurien bieten uns ebenso endgültige wie sinnlose Zusammenfassungen. Wenn schon die Experten selbst schamhaft zugeben, daß sie sich oft täuschen, wie soll man da von irgendeiner Person verlangen, einzugreifen und die Politik zu beeinflussen? Selbst ein vorbildlicher, politisch interessierter Bürger, der über viel Freizeit verfügt und die Zeitungen mit der Präzision eines Insektenforschers liest, kann sich nicht die geringste Vorstellung von den Erschütterungen seiner Zeit machen; die objektivste, die pädagogischste Zeitung würde uns noch zwingen, die Nachrichten zu filtern, im riesigen Labyrinth der Geschehnisse »selbst einzukaufen«. Das Ausmaß dessen, was uns entgeht, wird mit der Zeit so groß, daß wir lernen und lernen

und nach dieser Anstrengung mit einer furchtbar wissenden
Ignoranz versehen sind.

Warum soll sich jemand über den Zustand der Welt infor-
mieren? Aus grundlegender Höflichkeit gegenüber dem anderen, denn Höflichkeit ist ja bereits »eine kleine Politik«
(Leo Strauss), weil man als Mitbewohner der Stadt auch seinen Zeitgenossen verpflichtet ist. Aber durch die Information
erfährt die gesamte Menschheit als kollektive Person von ihrer Häßlichkeit. Die Medien übermitteln eine heroische Moral und erschlagen uns mit einer ebenso erdrückenden wie
abstrakten Schuldhaftigkeit. Da wir jeden Tag per Direkt-
übertragung an allen Niedrigkeiten der Welt teilnehmen,
werden wir, ganz egal, was wir tun, nie genug tun, werden
immer vor der wesentlichen Solidarität versagen, die uns an
unseren Nächsten bindet. Wie soll man seines Bruders Hüter
bleiben, wenn man zu einer so großen und wilden Familie
gehört? Ganz einfach, indem man zappt. Wir trinken jeden
Tag über das Fernsehen oder die Zeitung den Wein der Brüderlichkeit, aber dies führt zu einer oberflächlichen Trunken-
heit, die einen schlimmen Kater zur Folge hat. Diese wu-
chernde Solidarität hat Angst zu sterben, weil sie zuviel Leid
gefressen hat. Außerdem haben wir einen Blähbauch, weil
wir nie mit Wesen aus Fleisch und Blut zusammen waren.
Uns kann alles berühren, weil nichts uns wirklich erreicht.
Wenn die Tatsache, daß wir in einem Universum leben, das
»sich selbst in all seinen Bereichen gegenwärtiger ist, als es
jemals war« (Maurice Merleau-Ponty), uns vollkommener
Sorglosigkeit beraubt, dann entledigen wir uns unserer Last,
indem wir sie zu einem Schauspiel reduzieren. Wir bluten
stark, aber wie im Märchen schließen sich die Wunden sofort
wieder! Dieser Panzer ist unerläßlich, die Medientechnik und
ihre weltweite »Sichtbarmachung« neutralisieren den Gedanken der Verantwortlichkeit, indem sie sie auf den ganzen Planeten ausdehnen.

So sitzen wir in einer doppelten Klemme. Entweder wir folgen der elektronischen Begeisterung und ihren täglichen Shows, wir berauschen uns mit einer Inflation von Unglücksfällen an einem seltsamen Karneval von Mitleid und Abgehobenheit, oder wir konzentrieren uns auf einige Brennpunkte, auf die Gefahr hin, andere willkürlich zu übergehen, wir zwingen uns zu einem Prozeß sowohl der Verlangsamung als auch der Vereinzelung. Ein furchtbares Dilemma zwischen Liebe, die alles umfassen will und nichts festhält, und Engagement, das sich auf ein oder zwei Gebiete festlegt und von allem anderen nichts wissen will. Heutzutage Mensch zu sein, bedeutet zwischen zwei Unmenschlichkeiten zu wählen: Überfliegen und Selektion. Sich zu engagieren bedeutet immer, anderes auszuschließen, andere Dinge auf empörende Weise zu vergessen, sie bewußt zu ignorieren. Und was für das Individuum gilt, das gilt auch für die UNO, die seit Ende des Kalten Krieges von Missionen überflutet wird, inzwischen eine Rangfolge ihrer Interventionen eingeführt hat und schamhaft manche Gebiete oder bedrängte Völker nicht beachtet, unter dem Deckmantel eines angeblich weltweit geltenden Diskurses.

2. Die Liebe zur Armut

Die Transzendenz des Opfers

Unsere Zeit sieht sich gern als Epoche der Milde gegenüber den Elenden; unaufhörlich errichtet sie ihnen Denkmäler, erinnert die Satten an den Skandal ihrer Not, erhöht den Opferhelden. Dies geht so weit, daß man nicht mehr von öffentlicher Meinung, sondern von Anteilnahme redet, als seien unsere Mitbürger nichts als eine Riesenschar von Samaritern, deren Herz von Liebe zu ihren gepeinigten Brüdern über-

quillt. Auf den Ruinen großer politischer Vorhaben wächst
die Sprache der Nächstenliebe, die alle Dinge in eine Art un-
aufhaltsamer Freundlichkeit taucht. Welche Fürstin, Schauspielerin, welches Top-Model hat nicht ihre Indianer, Kurden, Obdachlosen, Pandabären oder Wale, als grübe jeder in
dem tiefen Brunnen des Unglücks, um dort einen passenden
Fetisch für sich zu finden? Vereine, Ligen, Institutionen
schießen wie Pilze aus dem Boden. Alles, was leidet, bringt
ein Komitee hervor, das sich zum Ziel setzt, dieses Leid zu
bekämpfen. Auch die Zeitschriften quellen über von Wohltä-
tigkeitswettbewerben, bei denen die Leser dazu ausersehen
sind, die hilfreichsten Männer und Frauen auszuwählen. Kein
Großunternehmer, Sänger, Schauspieler, der nicht Schirmherr
irgendeiner Vereinigung gegen Krebs, Aids oder Muskelschwund wäre oder seine Namen für Sammlungen zugunsten
der Sahelzone oder von Bangladesch hergibt. Eine Mutter
Theresa, die Filme drehen würde, hätte mehr Erfolg als eine
Sängerin.[6] Alle diese erhabenen Kreaturen träumen nur von
einem: Heilige zu werden. Dieser Herzensmehrwert scheint
in einer Künstlerkarriere zum unverzichtbaren Trumpf geworden zu sein. Man muß zeigen, daß man ihn hat, und sich
auf einer Tournee oder einer Reihe von Gala-Vorstellungen
mit Behinderten oder Hungernden umgeben, die den Kontrast verstärken. Es handelt sich um eine Art umgekehrter
Darstellung, vor dem Hintergrund der Besessenheit des
Sich-Zeigens. Die Vornehmheit einer Sache soll auf den
zurückwirken, der sie propagiert. In den fünfziger Jahren
triumphierten die großen »Helden des Konsums« (Jean
Baudrillard), ausgesprochene Verschwender, die exzessive
Leben führten, die von Ausgaben, Luxus und Maßlosigkeit
bestimmt waren. Heute bilden die Helden des Mitleids die
Vorhut. Sie ziehen die Sympathien durch ihr Engagement für
die Armen auf sich.

Wir sollten dennoch nicht zu voreilig über diesen Hokuspokus lachen oder nur Werbeveranstaltungen darin sehen. Beglückwünschen wir uns lieber, daß der Mensch von heute noch irgendwo in seiner Seele der Wohltätigkeit einen kleinen Altar errichten kann, freuen wir uns, daß es eine Beziehung zu den Benachteiligten gibt, selbst wenn sie nur winzig klein ist und einer Karikatur gleicht. Ohne die vielen kleinen Gesten gegenseitiger Hilfe und Freundschaft im Alltag der Menschen wäre das Leben in unserer Gesellschaft unmöglich. Die positive Kehrseite der Krise ist, daß immer mehr Leute ihren Mitbürgern zu Hilfe kommen, die in Not sind und keine Unterstützung durch den Staat erhalten.[7] Es hat nichts Schokkierendes, daß berühmte oder reiche Leute einen Teil ihrer Zeit Notleidenden widmen, es ist eine Art, ihrem Schicksal für die ihnen erwiesenen Wohltaten zu danken. Besser ein Wohltätiger aus Eitelkeit als gar keiner. In dieser Neigung zum Unglück liegt mehr als Snobismus oder bloß eine Marketingstrategie. Heutzutage sind die Verdammten dieser Erde nicht mehr Träger einer messianischen Bewegung, die die Menschheit mit sich selbst versöhnen will. Aber unsere Zeit ist hart und frivol und fährt auf ihre lärmende Art fort, die Transzendenz des Opfers zu feiern, in seiner Niedrigkeit einen Skandal und ein Mysterium zu sehen. Wir betrachten Elend und Krankheit nicht mehr als Schicksalsschläge oder gerechte Strafen, wir glauben nicht mehr, daß Schmerz etwas Aufbauendes hat, daß er eine Geißel ist, die man zerstören oder eindämmen soll, wir glauben nicht mehr wie Bernanos, daß »die Armen die Welt retten werden [...], ohne es zu wollen [...], gegen ihren Willen«.[8] Die Degradierung eines Menschen verpflichtet mich, in allen Bedeutungen des Wortes: Sobald ich von seinem Elend erfahre, wird dieses zu meinem Gesetz, fordert meine Verantwortung heraus. Seine Qual wird zur Forderung; sich ihr zu entziehen, wäre eine Schande. Von der Pein, die dem anderen zugefügt wird, ist auch mein Menschsein getroffen. Besser noch: Wenn das Humanitäre gegenüber der Wohltätigkeit einen Fortschritt bedeutet, dann deshalb, weil man Hilfsbereitschaft nicht mehr nur den Menschen seiner Umgebung zukommen läßt, sondern sich potentiell um die ganze Menschheit sorgt und erklärt, daß der andere überall mein Nächster ist, selbst wenn er sich an einem fernen Ort befindet. Diese Wandlung mag problematisch sein, aber sie ist von großer Bedeutung.

Die Beinahe-Göttlichkeit des Schwachen, die heutzutage vorherrscht, dieser finstere Ruhm entsteht aus der verbotenen Schmähung, Stück für Stück unser zu Ende gehendes Jahrhundert auf das Niveau des Viktorianischen Zeitalters, das so hart mit den Bedürftigen umging, herunterzuschrauben. Wir wissen, daß das Interesse an den Verlorenen, in dem Nietzsche das schlimmste Erbe der Sklavenmoral, nämlich des Christentums sah, das in seinen Augen schuld daran war, das Opfer zu vergöttlichen, wir wissen, daß dieses Interesse das Los und den Stolz der Zivilisation bedeutet.[9] (Der Schrecken, den manche Stellen bei Nietzsche auslösen, in denen er die Kranken und Armen geißelt, etwa im *Antichristen*, in dem es heißt »Mögen die Schwachen und Gescheiterten untergehen« und in dem er den Kult des Übermenschen preist, die Erwählung der Starken und die Vernichtung der anderen, trägt dazu bei, seine im übrigen brillante Kritik mancher Auswüchse des Mitleids zu schwächen, eine Kritik die schon bei Rousseau angedeutet wird.)

Das Téléthon, ein Fernsehmarathon der Wohltätigkeit

Das *Téléthon*, eine sich jährlich wiederholende Sendung im französischen Fernsehen, ist die Inszenierung einer hysterischen Großzügigkeit. Vorwand sind die Kinder, die Erbkrankheiten haben, oder Aidskranke, die Helden aber sind die Geber, also die ganze Gesellschaft, die sich zu ihrer Großzügigkeit applaudiert. Das Schauspiel folgt dem doppelten Prinzip der Übertreibung und der Berühmtheit. Man lächelt dort nicht nur, sondern zeigt sich bei bester Laune, ist von erstaunlicher Jovialität, weil die Tage doch eigentlich gezählt sind. Dieser Jom Kippur des guten Willens, der an zwei Tagen ein ganzes Jahr Egoismus wiedergutmachen soll, hat etwas mit Marathonlauf und Jahrmarkt zu tun. Hier breitet sich marktschreierisch die Wohltätigkeit aus, Schluß mit der altmodischen Nächstenliebe, die diskret und ohne Wissen der anderen tätig wurde. Man muß sich die Lunge aus dem Leib schreien, sich mit Begeisterung in einen Wettkampf stürzen, bei dem Städte, Kommunen, Gymnasien und Gruppierungen und Krankenhäuser darum streiten, wer den größten Scheck gesammelt hat. Das Hauptvergnügen besteht im Wettstreit, darin, daß die kleinste Geste öffentlich bekannt wird. Alles ist eine Frage des Rhyhtmus, des Eifers. Man muß sich verausgaben, ohne Zeit zu verlieren, ständig Druck erzeugen (es könnte ja sein, daß eines Tages auch einer von uns von den Ergebnissen der Recherche profitiert). Das Ziel, eine höhere Summe zu erzielen als in den vergangenen Jahren, erklärt, woher die Spannung kommt und weshalb soviel Energie aufgewandt wird. Die Standards sind erfüllt, die Rekorde werden auf riesigen Bildschirmen mitgeteilt. Aber es genügt nicht, Schecks zu unterzeichnen und Geld zu sammeln. Es geht darum, durch eine enorme Anstrengung seine Wohltätigkeit kundzutun. In Abgrenzung zu den Behinderten stürzt man sich mit übertriebenem Eifer in ein Übermaß an sinnlosen Großleistungen: ein Tennis- oder Basketball-Spiel von dreißig Stunden, Rockmusik non stop, Erklettern des Eiffelturms, sich mit dem Kopf nach unten von dem riesigen Gebäude des Radiosenders herunterlassen, oder wie die Feuerwehrmänner aus Marseille die Rettung einer Braut vorführen, die sich oben auf einem Kirchturm befindet. 1993 hielten Anwälte in Lille das längste Plädoyer der Rechtsgeschichte (24 Stunden), in Soissons schlug ein Radfahrer den Weltrekord auf dem Heimtrainer und fuhr 800 Kilometer in weniger als zwanzig Stunden, in Arles stellte ein Metzger die größte Wurst der Welt her, die 75 Kilogramm wog usw. Man glaubt sich in der Nähe des Evangeliums und findet sich im Buch der Rekorde wieder. Worin besteht der Zusammenhang zwischen all diesen Heldentaten und dem Muskelschwund? Es gibt ihn nicht. Das entscheidende ist, daß der Speichel trieft, daß alles in die Gegend posaunt wird. Die Leute im Studio scheinen vom Veitstanz gepackt, manche hüpfen, während sie die Ergebnisse verkünden, alle zittern, schreien, lachen aus vollem Hals, machen die Kinder, die im Rollstuhl hereingefahren worden sind, zum Zeugen ihrer Euphorie.

Im Grunde ist diese allgemeine Mobilität eine absurde Form der Selbstdarstellung. Je schwächer die Kranken sind, desto mehr wird gesprungen, gehüpft, geklettert und geradelt, als wolle man sich seiner guten Gesundheit versichern. Wie kann man die kleinen Kranken nicht gern haben? Sie geben der Nation die Würze der Einfalt, sie sind die Sühneopfer, die die Harmonie der Gemeinschaft sichern. Wenn es keine genetischen Krankheiten gäbe, müßte man sie erfinden, um die Sendung *Téléthon* zu veranstalten und in den zwei Tagen den großen gemeinschaftlichen Elan zu erleben. Und es funktioniert: Der Trainingseffekt ist so groß, daß 48 Stunden lang ein ganzes Land sich bemüht, an einem bestimmten Punkt die Wissenschaft voranzutreiben. Die Sendung ist eine Mischung aus Obszönität und Effektivität, aus Farce und Glauben an die gute Sache, in ihr kommt unsere Ambivalenz gegenüber den Opfern zum Ausdruck: Wir bedauern sie aufrichtig, aber wir brauchen sie auch, um uns selbst zu mögen und uns durch ihr Leid freizukaufen. Im Gegensatz zu der früheren zurückhaltenden Menschenfreundlichkeit hat sie eine neue Form unterhaltender Nächstenliebe geschaffen, in der sich Spiel, Darstellung und Wettbewerb mischen. Zwei Verhaltensweisen kommen hier zusammen: das Zweckmäßige und das Spielerische. Gut zu sein wird zugleich nutzbringend und unterhaltsam!

Gespielter Schmerz

Was kennzeichnet den Armen in unserer Gesellschaft? Daß man ihn nicht sieht oder besser gesagt seinen miserablen Zustand zu gut erkennt, um ihm in die Augen zu sehen. Zu seiner materiellen Not kommt noch das Elend des Ausgeschlossenseins hinzu, er ist durchsichtig und geht am hellichten Tag, als sei Nacht. Er besitzt alle Züge eines Menschen, nur in negativer Form: Er ist kein Eigentümer, kein Bürger, hat keinerlei Intimität, »es fehlt ihm an Gleichartigen« (Philippe Sassier), er ist aus der Gemeinschaft der Menschen gefallen. Daß die Armut in unseren großen Städten wieder sichtbar wird, daß sie sich wieder ausbreitet wie eine häßliche Wunde, bestätigt dieses Phänomen nur. Bei dem Notleidenden sieht man nur die Not, nicht den Menschen. Es gibt keine Wohltätigkeit, die nicht damit beginnt, den Elenden eine Identität und ein menschliches Antlitz zu geben, und aus der Menge derer, die niemand mehr will, ein paar repräsentative Beispiele auszuwählen. So leiht der Star (oder der Wohltäter) seinen Namen dem, der keinen hat, zwingt die Blicke, sich auf ihn zu richten. Diese Vorgehensweise mag schockierend sein, aber das Elend muß sich, um das Mitleid anderer zu erregen, immer in Szene setzen.

Schon im Mittelalter gab es eine Bettler-Industrie, die vor allem in der Herstellung (oder Vortäuschung) von Krebs und Geschwüren bestand und bis heute in manchen armen Ländern weiter existiert. (So amputiert man etwa dem schwächsten Kind ein Glied, damit es sich nützlich machen und betteln gehen kann.) Eine solche Darbietung des gepeinigten Körpers ist der letzte, schreckliche Rückhalt derer, die sich, um zu überleben, selbst verstümmeln müssen. Weniger dramatisch ist das Verhalten der Bettler in der U-Bahn, die durch die Wagen streifen, um ein Geldstück zu ergattern, und die Phantasie der Fahrgäste durch einen kurzen und unter die Haut gehenden Bericht ihrer Not anregen. Um die Leute, die mit tausend solcher Geschichten bombardiert werden, nicht zu verärgern, muß man sich mit rhetorischem Geschick verkaufen, ein zerknirschtes Gesicht machen, besonders brillant sein, notfalls auch den Kasper machen. Es ist immer dieselbe Logik, die Völker und Minderheiten dazu zwingt, *ihre Not vorzuführen*, und meistens müssen sie übertreiben, damit man auf sie aufmerksam wird. Man muß mehr oder weniger zum Darsteller seines eigenen Unglücks werden, erreichen, daß das eigene Unglück für die Augen anderer sichtbar wird. Der gute Bedürftige darf nicht zu sehr leiden, sonst wirkt er abstoßend, aber doch genug, um uns zu interessieren. Wenn sein Unglück nicht deutlich genug erkennbar ist, hat er Pech gehabt, denn er enttäuscht unsere Absicht, Gutes zu tun. Beweist mir eure Verzweiflung! Die Sprache der Unterdrückten ist nicht nur arm, sie stößt sich auch an der Konkurrenz der anderen Unterdrückten, die sich ebenfalls Gehör verschaffen wollen. Im Wartesaal des weltweiten Gewissens stehen Millionen Notleidender herum und schieben sich gegenseitig weg in der Hoffnung, daß man sie hört und ihnen hilft. Daher auch, wie wir gesehen haben, das furchtbare Prestige, das das Wort Völkermord genießt und die Erbschleicherei, die mit ihm betrieben wird, auf die Gefahr hin, daß es an Aussagekraft verliert, weil es für alles und jedes angewendet wird.

Die großen Medienshows haben dieselbe Aufgabe, nämlich die Benachteiligten dem Dunkel der Anonymität zu entreißen und Beispiele besonderen Mutes und Engagements und der Wohltätigkeit vorzuführen, die im Grunde jedermann nachahmen kann. Um gesehen und gehört zu werden, um Mitleid zu erregen, das immer das eines besonderen Menschen ist,[10] muß der Unglückliche aus der Masse hervorgehoben, zum Einzelschicksal gemacht und von jemandem vertreten werden (einer Fernsehanstalt, einer Marke, einer berühmten Persönlichkeit oder einer Zeitung). So findet etwas statt, das ich *kosmetische Aufbereitung des Opfers* nenne, welches man anzieht und schminkt, damit man es besser präsentieren kann. Es wird neu geformt, in einen Zustand gebracht, daß man es hören und besser sehen kann als den Bettler an der Straßenecke. Dieses Prinzip gilt auch für manche humanitären Organisationen, die in ihren Rundschreiben Biographien kleiner, von ihren Eltern verlassener Jungen und Mädchen fabrizieren, mit denen man sich an die Geber wendet, um ihre Hilfe zu erbitten. Ein Notleidender muß immer ein bestimmter Mensch mit einem erkennbaren Gesicht sein, dessen Schicksal man nachvollziehen kann. So waren auf dem Plakat einer Organisation 1994 zwei Photos eines jungen Mädchens zu sehen, zuerst skeletthaft mager, dann wohlgenährt und lächelnd. Darunter stand. »Leila, 100 Francs später.« Selbst Ausgemergelte müssen dem Meer des Hungers entrissen und zum Musterexemplar erhoben werden, selbst Skelette müssen photogen sein, werden nach einem strengen Casting der Horrordarstellung ausgewählt.[11] Diese Rekonstruktionen und Bildeinstellungen sind in erster Linie die Folge einer Verantwortlichkeit, die, um wirkungsvoll zu sein,

menschliche Dimensionen erhalten muß. Man kann nicht
über eine Statistik weinen, und große Zahlen über das Unglück der Menschen erregen weniger Mitleid als der Anblick
eines Mannes oder einer Frau, die durch Scham und Krankheit gepeinigt sind. Die Nächstenliebe verlangt Aufgaben, denen sie gerecht werden kann, sie will einen Altruismus der
Begegnung, des menschlichen Gegenübers. Es gibt für uns
nur Mitmenschen durch Situationen, in denen wir ihnen begegnen können. Vielleicht interessiert mich die Welt bei allem, was ich tue, aber manche Menschen erwarten von uns
sofortige Hilfe, weil sie uns nahestehen, und ihre Erwartungen fordern unser Handeln vor allen anderen heraus.

Es überrascht nicht, daß die größte Opferbereitschaft bei
Naturkatastrophen entsteht (bei Zyklonen, Stürmen, Über-
schwemmungen), die bestimmte Landstriche in Gefahr bringen. Brüderlichkeit spielt sich zuerst da ab, wo man dasselbe
Unglück teilt, das Hilfe und gegenseitige Unterstützung fordert.

Narzißtisches Spektakel

Dennoch ist es schwierig, den lyrischen, zärtlichen Reden zu
folgen, die die Zeit über sich selbst führt. Das Karitative neigt,
einer althergebrachten Perversion folgend, die bereits im
Evangelium angeprangert wird, immer dazu, Ziel und Mittel
zu verwechseln. Die Abschaffung des Leidens nützt in erster
Linie dem Fortkommen der Wohltäter, die sich unabhängig
von den Menschen, denen sie helfen, in Szene setzen. Wenn
Nächstenliebe zur Werbung genutzt wird, verrät sie ihr erstes
Gebot. »Wenn du nun Almosen gibst, so laß nicht vor dir
herposaunen wie die Heuchler, damit sie von den Leuten ge-
priesen werden«, heißt es im Neuen Testament. Für die
Kämpfer jedoch lohnt es sich, Aufsehen zu erregen, um effek-

tiv zu sein. Die Medien alarmieren, das bedeutet, die »Aufstände der Wohltätigkeit«, von denen Abbé Pierre spricht, leichter zu machen, die Öffentlichkeit zu mobilisieren, wenn es Mißstände gibt. Dieses Argument kann man nicht einfach zurückweisen. Aber für manche ist die Versuchung groß, das notwendige Aufsehen für die Opfer mit dem Lärm um ihre eigene Person zu verwechseln. Es gibt zwei Arten von Wohltätigen, den guten, der uns durch seine Tat ein gutes Beispiel gibt, uns mit den Benachteiligten vertraut macht, und den schlechten, der da ist, damit er gesehen wird, und dessen Gestalt sich zwischen die Elenden und die Öffentlichkeit schiebt. Ein Wohltätiger müßte so durchsichtig sein wie Kristall. Sein Ego ist nämlich so dick, daß es unsere Sicht stört, das gezeigte Bild ist ihm vor allem seinetwegen wichtig, und sein Opfer besteht weitgehend in den Spuren, die er auf der Filmrolle hinterläßt. Seine goldene Regel ist die Selbstdarstellung: wie er einen Amputierten tröstet, wie er für ein Baby sorgt, wie er einen Mehlsack schleppt oder eine Injektion gibt. Das Mitteilen und Glaubenmachen hat Vorrang vor dem eigentlichen Engagement, das undankbar, schwierig und wenig spektakulär ist. Das Photo jedoch umgibt den Retter mit einem schmucken Heiligenschein. So erfährt der Wohltäter sofortige Anerkennung, eine symbolische Wiedergutmachung.

Eine harmlose Sünde, wird man sagen, da Eitelkeit die am weitesten verbreitete Sache der Welt ist. Es zählen allein die Taten, nicht die Vorhaben oder eine gezwungenermaßen wenig erhabene Wirkung. Sicherlich! Dennoch läuft man Gefahr, nach Armen zu schauen, nicht um ihnen zu helfen, sondern um mit ihrer Hilfe sein Image aufzubessern und das herrliche Gefühl ausposaunter Wohltätigkeit zu genießen. Ich bin gut und will, daß man es weiß. Nicht mehr die Unglücklichen suchen nach der rettenden Hand, sondern der ungeduldige Wohltäter sucht ein Opfer, dem er helfen kann,

und zwar so schnell wie möglich. Diese Güte hat schon fast
etwas von Menschenfresserei an sich, denn sie sucht nach Geächteten, um ihre Mildtätigkeit unter Beweis zu stellen. Wie
viele humanitäre Organisationen streiten sich um Verletzte
und Sterbende wie um Marktanteile oder verborgene Schätze,
die ihnen gehören. Die Benachteiligten sind dabei im besten
Fall Mittel, um Wohltäter aufzuwerten, sie verschönern
durch den Kontrast die Helden, die sie trösten, ernähren, beruhigen. Sie dienen der Erhöhung einiger außergewöhnlicher
Persönlichkeiten, die man auf einen Sockel stellt und die sich
glänzend vor einem Hintergrund des Wahnsinns und des
Elends abheben. Im Jahr 1993 diente die Tragödie in Bosnien
vor allem dazu, die Tapferkeit General Morillons hervorzuheben, der sich in Srebrenica der Deportation der Einwohner
durch die Serben widersetzte. Die Welle von Chauvinismus,
die in der Folge ausbrach, beweist, daß der mutige General als
Balsam diente, um unser schlechtes Gewissen zu beruhigen,
und sogleich vergessen ließ, daß unser Land in diesem Konflikt eine zweideutige Haltung einnahm. Die Retter sind sich
immer schuldig, wunderbar zu sein, manchmal bis zur
Schamlosigkeit. Man erinnert sich an Sophia Loren, die in
Baidoa neben erschöpften Kindern posierte, und wie ihre Pa-
parazzi ohne Zögern noch ein paar kraftlose Somalier um-
warfen, um sie zu photographieren. Eine solche Aufnahme ist
ebensoviel wert wie ein Oscar oder ein Preis. Denn alle lieben
sie, die Hungrigen, Verstümmelten, aber nur, solange sie
schwach, entwaffnet, uns ganz ausgeliefert sind. Man möchte,
daß sie unschuldig und dankbar sind wie Kinder. Nichts würde uns mehr ärgern als ein Elender, der nicht vor Dankbarkeit
überfließt. Er muß auf Ewigkeit eine ausgestreckte Hand
bleiben, ein Verdauungstrakt, eine mit Verband versehene
Verletzung, ein Organismus, an dem man operiert. Er ist
noch ein Mensch, aber auch etwas weniger als ein Mensch, da
er auf seine biologischen Bedürfnisse reduziert ist, die am Le-

ben erhalten werden. Er wird nie auf gleichem Fuß mit uns stehen, nie werden wir mit ihm eine gegenseitige Beziehung eingehen können.[12] Wir finden Gefallen daran, daß das Opfer uns braucht, wie bereits Rousseau schrieb.[13] Der ontologische Skandal der Wohltätigkeit besteht in der Ungleichheit zwischen dem Geber und dem Empfänger, der nicht in der Lage ist, sich selbst zu helfen, und nur empfangen kann, ohne selbst etwas zu geben oder zu reagieren. Ihn aus diesem Grund zu lieben, sein Unglück zu mögen, das bedeutet, daß wir ihm nicht mit Edelmut, sondern mit Machtwillen begegnen. Man will Eigentümer des Leidens der anderen sein, man sammelt es an und destilliert es wie einen Nektar, der zu unserer Weihe bestimmt ist. Es gibt eine Nächstenliebe, die die Emanzipation dessen, dem man hilft, vorbereitet und fördert, und eine andere, die ihn duckt, in seiner Schwäche bestätigt, von ihm verlangt, an seiner eigenen inhumanen Situation mitzuwirken. So wandelt sich der moderne Philanthrop nicht zum Freund der Armen, sondern der Armut. Die Notleidenden bluten nur, damit er sie pflegen und aus ihrem Verderben leichtfertig Prestige ziehen kann.

Heiligkeit ohne Mühe

Als wäre das Ideal der Nächstenliebe für unsere Schultern zu schwach, gibt es eine Soft-Version, die einfach ist und sich in kleinen, unbedeutenden Handlungen niederschlägt. In einer Art niederer Nachahmung der Ritter der Wohltätigkeit, deren Epos die Presse preist, kann jeder von uns auf bescheidener Ebene ohne Mühe an dem großen Freudenfest der Herzen teilnehmen. Diese Art, sich vom Unglück seiner Nächsten freizusprechen, zeichnet sich durch ihre Einfachheit aus, ist eine Variante der Mildtätigkeit der Kirche für Laien. So begnügt man sich zum Beispiel damit, zu einem Rockkonzert gegen Rassismus, Hunger in der Welt oder Menschenrechtsverletzungen zu gehen, und der Kampf wird zum Freizeitvergnügen, die Zauberkraft von Ton und Tanz zerstört das Böse; Brüderlichkeit zu pflegen wird bequem und angenehm. Man braucht nichts anderes zu tun, als sich zusammen auf einer Veranstaltung zu tummeln, die etwas von einer Superfete und schwarzer Magie hat: das Wunder wird vollbracht, Hunger und Rassismus nehmen unmerklich ab. Was macht es schon, wenn die Vereinigungsfeier von Popmusik, Mitleid und Hedonismus zu einer Parodie der Solidarität wird, was macht es schon, wenn die großzügigen Geber erwachen und feststellen, daß ihr Geld in die Kassen eines Diktators geflossen ist (so geschehen mit der Gruppe Band Aid von Bob Geldof, der größten moralischen Gaunerei der achtziger Jahre, die in erster Linie dem Regime von Mengistu dazu verhalf, sich mit Waffen auszustatten und das Zusammentreiben der Landbevölkerung in überwachten Zonen zu beschleunigen. Dahin kann Sorglosigkeit führen, wenn sie das wichtigste Gesetz allen Engagements ignoriert: eine wenigstens geringe Kenntnis des Landes, der Bevölkerung, der man helfen will, der politischen Kräfte). Oder noch besser: Der Konsum verwandelt uns durch bestimmte Produkte zu Mäzenen – kaum eine Schokoladentafel, Kaffeemarke, Zwiebacktüte, Wäsche oder Strickware, die nicht Schirmherr einer humanitären Sache ist und nicht an einem Kreuzzug der Herzen teilnimmt. Mit ein wenig Unterscheidungsvermögen beim Kauf können wir von früh bis spät unser aktives Wohlwollen beweisen, unsere Güte in die Welt streuen, wie man eine Pflanze begießt. Wollen Sie vielleicht den Obdachlosen helfen? Dann tragen Sie ein T-Shirt von Agnès B.[14] Wollen Sie einen Stamm am Amazonas schützen? Trinken Sie den Kaffe von Stentor. Wollen Sie Gewalt, Diskriminierung und Bosheit den Garaus machen? Dann kaufen Sie Benetton. Auf diese Weise tun Sie Gutes, ohne etwas davon zu merken, so wie

Monsieur Jourdain aus Molières *Bürger als Edelmann* Prosa verfaßte.

Gibt es einen Moment am Tag, an dem man nicht Gelegenheit hat, mächtig altruistisch zu sein? Welcher Gegenstand, selbst der trivialste – Unterhose, Zahnpasta, Lutscher – könnte nicht der Sphäre der Nächstenliebe angehören? Schluß mit dem Rigorismus von früher, weg mit den altmodischen Skrupeln. Wir handeln, ohne den kleinen Finger zu rühren. Alles, was ich trage, gebrauche, trinke oder esse, verschenkt um mich herum wie durch Zauberei Hilfe und Trost. Das Almosen ist im Kauf inbegriffen. Was für eine unbedachte, automatische Güte, die uns, ohne daß wir es wollen, tröstet. Die Tugend des Engagements ist mit der Bequemlichkeit des Nichtstuns versöhnt. Diese Wohltätigkeit ohne Verpflichtung ist das Liebenswerteste, was es gibt, denn ich kann durch sie zugleich egoistisch und aufopfernd, distanziert und beteiligt, passiv und kämpferisch sein. Man muß den Unternehmen dankbar sein, die garantieren, daß – und sei es nur in ganz geringem Maß – das Tragen eines Pullovers, der Gebrauch eines Waschmittels, das Essen einer Mahlzeit gegen das Elend der Welt helfen und uns von unseren Skrupeln befreien.

Soll man sagen, das Ganze sei schließlich harmlos, dieses Gießkannenprinzip in einer Zeit, in der man angesichts der Unmenge der Probleme erstickt, unvermeidlich und besser als Nichtstun?

Das kleine bißchen wird zum Alibi, um sonst gar nichts mehr zu tun.[15] Die außergewöhnliche Hingabe weniger (die im allgemeinen zur Beruhigung unserer Gewissensbisse hervorgehoben wird) kann die Apathie und Lauheit der Mehrheit nicht vergessen machen. Man sollte nicht das anerkannte und allgemein bejahte Ideal mit seiner Erfüllung verwechseln und daran arbeiten, daß die Distanz zwischen beiden geringer wird. In dieser Hinsicht ist unsere Gesellschaft nicht schlimmer als andere, aber es ist typisch für unsere Zeit und ihr sentimentales Gerede, daß *die Gleichgültigkeit sich nicht mehr zu bekennen wagt und die Sprache des Opfers, des Herzens und der Hand spricht.* Kälte, fehlende Sensibilität werden in Begriffen inflationärer schöner Worte, großer Prinzipien ausgedrückt, und *wir lassen die anderen mit dem Lächeln der Liebe sterben.* So leisten wir einer Art friedlichem Egoismus Vorschub, der seine eigene Kritik verdaut hat und sich für unendlich gut hält. Solidarität mit einem Paar Jeans oder einem Joghurt zu kaufen verhält sich zur Sorge für den Nächsten wie die Prostitution zur Liebe. Ich erlaube mir, daran zu erinnern, daß Nächstenliebe auch weniger amüsant sein kann, sondern »ein wenig anstrengend« sein muß, wie es die Gründer von *SOS-Sahel* ausdrücken, auf die Gefahr hin, sich lächerlich zu machen. Ihr die Kriterien und Methoden der Konsumgesellschaft überzustülpen bedeutet, Lockerheit, Zwanglosigkeit in den Bereich des Ethischen einzuführen. Wenn der Markt sich in den Dienst der Moral stellt und behauptet, Hilfsbereitschaft und Solidarität zu fördern, dann macht er die Moral zu seinem Knecht, da sie rentabel geworden ist. Wenn Wohltätigkeit zu etwas Mechanischem wird, wenn Großzügigkeit sich überall ausbreitet wie ein Gas, dann löst sie sich auf und verschwindet, bedeutet nicht mehr Verzicht auf eigenen Komfort, auf eigenes Glück. Diese automatische »Heiligkeit« ist lächerlich und löst Verwirrung aus, weil sie andere, aufrichtigere Haltungen diskreditiert. In solchen billigen Imitationen braucht unsere Gesellschaft ihre Ideale auf, macht sie lächerlich, indem sie sie preist. Und unsere Brüderlichkeit stirbt nicht an Austrocknung, sondern an Übereifer, in einer Flut von Trugbildern, Fanfaren und edlen Gefühlen.

3. Die überflüssigen Völker

Der Tränenpakt

Es heißt immer, im 18. Jahrhundert habe man gern geweint. Rousseau pries die Schönheit des befreienden Seufzers, und die Enzyklopädisten hatten keine Scheu, sich auf offener Straße ihrer Freude und Verzückung, am liebsten jedoch ihrem Kummer hinzugeben. Man müßte in diesem Zusammenhang die Geschichte der Tränen in Europa nachzeichnen, sich näher mit dem berühmten »Geschenk der Tränen« befassen, von dem Jules Michelet im Zusammenhang mit Ludwig dem Heiligen spricht und das Ignatius von Loyola[16] als geistliche Übung lobt, die paradoxe Freude, seinen Schmerz zum Ausbruch zu bringen, die kollektive Reinigung einer ganzen Gemeinschaft. Heute haben wir an die Stelle der Tränen Larmoyanz gesetzt: wenige laute Ausbrüche oder herzzerreißende Schreie, aber viele feuchte, verschleierte Augen, immer kurz vor dem Tränenausbruch. Es ist eine Demutshaltung gegenüber den Schlägen des Schicksals, eine Art Religion gerührter Sympathie, die mit allem leidet, was lebt, fühlt und leidet, vom geschlagenen Kind bis zum ausgesetzten Tier. Es ist wie ein Drehkreuz, in dem die Schiffbrüchigen des Lebens wie in einer Parade immer wieder vorbeiziehen, jedermann könnte diese Rolle spielen, vorausgesetzt er wird dem Kriterium des Spektakulären und Sentimentalen gerecht. Unsere Güte ist in erster Linie gierig auf Unglücksfälle, sie stellt eine Art Hitparade der weltweiten Leiden auf, jongliert mit den Opfern, die sie in großer Zahl konsumiert. So wird an einem Tag ein ermordetes Mädchen auf Platz eins gesetzt, muß aber bald einem neuen, verlockenderen Unglück weichen. So geht es zu in den Hochämtern unseres Mitleids, daß man in der Vielzahl der leidenden Menschen nichts als köstliche Gelegenheiten sieht, sein Taschentuch zu benetzen. Eine doppelte

Bewegung: Nur das, was schlecht geht, erregt unsere Aufmerksamkeit, und man stellt die Probleme so dar, daß sie anrührend sind. Soll man sich zu gesellschaftlichen Themen äußern? Arbeitslose, Drogenabhängige, Obdachlose, Vorstadtjugendliche sind es sich schuldig, verzweifelt zu sein, von ihnen wird erwartet, Objekte des Mitleids zu sein. Nur wenn sie diesem Klischee entsprechen, sind sie telegen oder brauchbar für Radiosendungen, nur so kann man daraus politische Schlüsse ziehen. Hinter jedem besonderen Fall muß man Pathetisches aufspüren. Solange sie Elende bleiben, bedauert man sie; wenn sie sich aber auflehnen und protestieren, fürchtet man sie, haßt sie. Die *reality-show* wird zum einzigen Erklärungsprinzip der Welt: Sein Unglück interessiert mich. Wir wollen nicht informiert, sondern erschüttert werden. Wir suchen Mißstände mit dem Eifer eines Trüffelhundes, es gibt so etwas wie Begeisterung und sogar ein gewisses Glücksgefühl, wenn man sich im Unglück der anderen wälzt.

Warum jeden Tag solche Rührseligkeit? Es garantiert Einheitlichkeit in einer Welt, die immer mehr auseinanderfällt. Nur solche Gefühle sind echt, die uns mit dem anderen vereinen und es ermöglichen, daß sich wieder so etwas wie Gemeinschaft bildet, im Gegensatz zur Reflexion, die immer suspekt ist und etwas Trennendes hat. Die Gefühle sind die Sprache des Herzens, weil sie auf die Vermittlung über Worte oder den Verstand verzichten können. Im Schauspiel des Schmerzes suchen wir ein wenig nach der »Wärme des Paria«, die nach Hannah Arendt besonders den Erniedrigten eigen ist, eine Art Hautkontakt mit den Verzweifelten, von der sicheren Warte unseres Komforts aus. Wenn es irgendeine Utopie im Zusammenhang mit unseren karitativen und von Medien übertragenen Ritualen gibt, dann liegt sie in dem Bestreben, wieder soziale Bindungen zu schaffen, im vergänglichsten Gefühl Brüderlichkeit neu zu erschaffen, Mitleid mit allen Beleidigten zu haben. Zu weinen, oder besser Mitleid für die anderen zu empfinden bedeutet, ihnen zu danken, daß es ihnen gelungen ist, uns in Rührung zu versetzen, es bedeutet zugleich, unser Desinteresse ihnen gegenüber wiedergutzumachen, ohne daß es uns viel kostet, und schließlich bedeutet es auch, ihr Pech von uns fernzuhalten, sie auf Abstand zu halten, indem wir uns in Rührseligkeit ergehen. Eine wunderbar passive Haltung, die uns weder zum Handeln noch zum Denken verpflichtet. Jeden Tag ehren wir den aufregendsten Unglücklichen, denn unter bestimmten Bedingungen und unter der Voraussetzung, daß wir die Gesetze dieser Dramaturgie beachten, kann der Untergang der im Sterben Liegenden ein Fest sein. Seit langem hat uns der Kriminalroman daran gewöhnt, im Verbrechen und seinen Rafinessen ein Geheimnis von höherer Qualität zu sehen. Und ebenso wie wir die Missetaten des Mörders schätzen, so finden wir auch ein paradoxes Vergnügen daran, unsern Nächsten leiden zu sehen, beanspruchen unsere tägliche Ration von Morden, Unfällen und Attentaten. Es gibt einen Sadismus des Mitleids, und wir finden, wenn wir sie auswalzen, Genuß an den Schicksalsschlägen, die andere treffen. Darin besteht die Zweideutigkeit unserer Reuezeremonien. Das Mitleidsquantum, das jeden Tag in den Medien zelebriert wird, vermischt auf zweideutige Weise Abscheu und Glücksgefühl. Der Anblick der Qualen der anderen oder der Bericht über sie ist erschreckend, aber er baut auch auf. Unser Verhältnis zu den Opfern hat mit Lust zu tun: das beste gewinnt.

Mitleid als Herablassung

Nächstenliebe und humanitärem Denken ist etwas gemeinsam: Beide ziehen eine schnelle Linderung von Not einem langen Warten auf völlige Heilung, das dem Warten auf den

Messias ähnlich ist, vor. Damit stoßen sie in Lücken vor die
Justiz und Politik nicht ausfüllen. Nächstenliebe und Humanität zeichen sich durch ein und dieselbe Ungeduld der
Großzügigkeit aus. Dabei läuft die Nächstenliebe immer Gefahr den Staat ersetzen, und das Humanitäre, die Politik überflüssig machen zu wollen (um den Preis, von dieser manipu-
liert zu werden). Deshalb ist die Beziehung zwischen diesen
beiden Instanzen weniger ergänzend als konfliktgeladen. Sie
können einander lähmen, aber auch schärfen, kooperieren
und durch gegenseitige Einflußnahme verbessern.[17]

Die Nächstenliebe spielt eine heilsame Rolle, sie wird für
andere zum Skandal, wenn sie den Egoismus aufrüttelt, Recht
und Ordnung herausfordert, die Bequemlichkeit der Wohlsi-
tuierten stört, aber sie wird selbst zum Skandal, wenn sie behauptet, sie genüge sich selbst und sei nicht darauf aus, auf
lange Sicht Einfluß auf die Wirklichkeit zu nehmen, indem sie
sich in Politik und Recht niederschlägt. Sie wird zum Skandal, wenn sie die geistige oder körperliche Schwäche von Behinderten zu höheren Qualitäten erklärt, wenn sie die Gestalt
des Besiegten verehrt, weil er besiegt ist und nicht für sich
selbst aufkommen kann. Es ist von schrecklicher Ambivalenz, wenn man das Unglück zu einer notwendigen Plage
macht, beinahe zu einer Tugend, wenn man die Ärmsten der
Armen zum einzigen Maßstab des Humanen erhebt, also das
Elend, das Leiden und den Tod als würdigste Fundamente des
menschlichen Lebens preist.

Das humanitäre Engagement bleibt eine durch nichts zu
ersetzende Schule des Mutes: Es begnügt sich nicht damit, auf
die Opfer zuzugehen, es besitzt die einzigartige Eigenschaft,
Augenzeuge zu sein, vor allem, seit es sich anschickt, die im
Roten Kreuz übliche Regel der Vertraulichkeit zu durchbrechen. Es basiert außerdem auf der Idee, daß allein die Zivilge-
sellschaft dynamisch ist, daß allein sie über die Mittel verfügt,
bürokratische Starre und unmenschliche Verordnungen

aufzulockern. Das humanitäre Engagement setzt auf individuelles Handeln, auf den Willen, politische Prozeduren abzukürzen, und ist damit unser letztes Bollwerk direkter Demokratie. (Es wurde deshalb in Frankreich auch von früheren Angehörigen der Linken neu erfunden, von Leuten, die jeglichen Apparaten, Vermittlungsinstanzen und Parteien mißtrauen.) Darin besteht seine Größe und eigentliche Schönheit. Es hat alles Verführerische einer Utopie, es bildet eine neue Internationale der Hingabe, die auf konkrete Weise die Einheit des Menschengeschlechts bekräftigt, des Menschen ohne Ansehen seiner Zugehörigkeit zu einer religiösen, sozialen oder ethnischen Gruppe. Es wird jedoch fragwürdig, wenn es sich weigert, sich selbst in Frage zu stellen, und zwar im Namen einer Erpressung der Opfer, die befiehlt, spontan zu handeln und nie nachzudenken. Es wäre die furchtbare Wahrheit des Leidens, die nicht den geringsten Einwand toleriert und jeden zu Boden schleudert, der sich ihr entgegenstellt. Es wird suspekt, wenn es Kriegs- und Krisensituationen mit Naturkatastrophen gleichsetzt, nur die Menschen kennt (den Eingeborenen, den Flüchtling, den Verletzten) und nicht die Ursache des Bösen, nicht die Henker beim Namen nennen will. Schließlich wird es kriminell, wenn es sich an die Stelle einer Lösung setzt, die Tausende von Leben hätte retten können. (Das Ultimatum an die serbischen Belagerer Sarajevos vom Februar 1994 hat den Einwohnern der Stadt mehr genützt als 22 Monate humanitärer Hilfe in der Zeit davor, die ihnen bestenfalls ermöglichten, wie sie selbst sagten, mit vollem Magen zu sterben.) Dann fällt das humanitäre Engagement in die Fehler zurück, die es gestern bei den revolutionären Ideologen kritisierte: Messianismus, vergeistigter Universalismus, die Logik des Alles oder Nichts. Es kennt keine Staaten, keine nationalen Gegebenheiten, keine historischen Gewichtungen und hat den Wunsch, überall einzugreifen und glaubt, allein mit den eigenen Mitteln sogleich jegliche Ungerechtigkeit zu beenden. Dann verliert es, weil es das Unmögliche anstrebt, den Sinn für das Mögliche, die Vorstellung, daß, da man kein Paradies auf Erden errichten kann, die Politik das kleinere Übel ist. Dieses Engel-Spielen führt direkt zum Zynismus.

Deshalb müssen humanitäres Engagement und Nächstenliebe in strengen Grenzen gehalten werden und dürfen nicht zur Verwirrung der Ordnung führen; in ihrem Bereich sind diese »moralischen Gegenmächte« (Jacques Juillard) unersetzlich, aber sie werden schädlich, wenn sie sich von Allmachtsgefühlen betäuben lassen und sich als Lösung für die Probleme der Menschheit anbieten. Nichts wäre schlimmer, als wenn die UNO und die demokratischen Länder zur Lösung der großen Krisen in der Welt eine karitative Logik anwendeten, die überall nur Opfer sieht, aber nie Schuldige anprangern will. Tausendfache bewundernswerte Aufopferung kann keine echte Sozialpolitik ersetzen. Über die Freigebigkeit und Aufmerksamkeit der Geber in Bewunderung auszubrechen heißt zu vergessen, daß sie das, was der Staat nicht erfüllt, nur mangelhaft ausgleichen. In dieser Hinsicht fällt der weihevolle Umgang der Medien mit Abbé Pierre vielleicht mit dem Niedergang seines Ideals zusammen: Weil sich die Franzosen in riesiger Zahl damit abgefunden haben, daß es Massenarmut gibt, überlassen sie dem Gründer der Emmaus-Brüder die Aufgabe, ihr schlechtes Gewissen wiedergutzumachen, ihre Seele mit Wundpflaster zu versehen. Wir halten etwas für ein Siegeszeichen, das in Wahrheit Symptom allgemeiner Resignation ist.

Mitleid ist eine bewundernswerte Eigenschaft, aber es webt zwischen den Menschen nur eine Solidarität des Leidens, eine gemeinsame Mutter alles Lebenden, des Menschen wie des Tiers (Brigitte Bardot, die eine Tonne Nahrungsmittel für Hunde nach Sarajevo geschickt hat, bewegte sich in einer strikt humanitären Logik: keine Fehlhandlung, sondern eine phantastisch entlarvende Geste). Mitleid bringt eine rein negative Gemeinschaft hervor, mit ihm haben wir nie Menschen unseresgleichen, nur solche, die uns ähnlich sind. Quelle für echte Freundschaft zwischen Menschen sind weniger Herzen und ihre Ergüsse, sondern Austausch und Sprache. Durch sie entsteht ein gemeinsames Haus, in dem alle wohnen können, eine Welt gegenseitiger Freizügigkeit. Nächstenliebe lindert eine Wunde, Gleichheit aber wird allein durch Politik geschaffen, durch ein nach bestimmten Regeln verlaufendes Zusammentreffen von Interessen und Gesetzen im öffentlichen Raum. Man muß den Emotionen den richtigen Platz einräumen, und ohne die Fähigkeit, von Ereignissen berührt zu sein, hätten wir keinerlei Chance, moralisch oder unmoralisch zu sein. Aber sie sind bestenfalls ein Ausgangspunkt, und wenn sie zu sehr stimuliert werden, wird dieser vitale Antrieb die Sensibilität narkotisieren.

Wenn das Mitleid allein unsere Beziehungen zu unserem Nächsten bestimmt, andere Gefühle wie Respekt, Bewunderung und Freude ausgeschlossen sind, wird es zu einer Form der Mißachtung. Es ist so viel einfacher, auf abstrakte Weise mit Unglücklichen zu sympathisieren, eine elegante Art, sie auf Abstand zu halten; Sympathie mit glücklichen Menschen fordert größeres seelisches Engagement, das uns zwingt, gegen das Hindernis zu kämpfen, das im Neid liegt. Aus dem Mitleid den wichtigsten Wert in einem Staat zu machen bedeutet, die Möglichkeit einer Welt zu zerstören, in der Menschen miteinander sprechen und sich als freie Persönlichkeiten wiedererkennen können. Das humanitäre Engagement und die Nächstenliebe suchen nur Notleidende, also Abhängige; die Politik hingegen sucht nach Gesprächspartnern, also autonomen Wesen. Der eine produziert solche, denen geholfen wird, der andere Verantwortliche. Deshalb sind so viele Individuen und Völker, die es schwer haben, dagegen, sich zu Opfern erklären zu lassen. Sie lehnen unser Mitleid, das sie

demütigt, ab und behalten lieber ihre Würde in Kampf und
Revolte, als Spielball weltweiter Barmherzigkeit zu werden.

Der Raum des Geringen

Vor einigen Jahren glaubte man, enorm fortschrittlich zu sein,
wenn man sich angesichts des Konflikts in Biafra weigerte,
zwischen guten und bösen Verletzten zu unterscheiden (so
ließ man die Geste Henri Dunants, des Vaters des Roten
Kreuzes, wiederaufleben, der sich um alle Soldaten, die in der
Schlacht von Solferino verwundet worden waren, kümmerte). Für unsere Wohltätigkeit sollten alle den gleichen Wert
haben, und Begriffe wie rechts und links, fortschrittlich oder
reaktionär sollten nicht mehr zählen. Wie kann man nur
übersehen, daß diese neue Ethik sich damit zufriedengibt,
neue Kriterien an die Stelle der rein ideologischen Aufteilung
von früher treten zu lassen? In erster Linie und im Gegensatz
zum strengen Angelismus haben die politischen Entscheidungen Vorrang: In Bosnien wie in Ruanda war die humanitäre Hilfe ein Wandschirm, hinter dem man diplomatische
Entscheidungen, zu denen man sich nicht bekennen wollte,
verbarg. Gestern wie heute suchen wir uns unsere Notleidenden aus, wie wir unsere Liebesobjekte auswählen, wir
vergucken uns in ein Volk, so wie wir gegen ein anderes Abneigung empfinden. Man muß den Mut haben zuzugeben,
daß die Nationen, Ethnien vor unserer Fürsorge nicht gleich
sind, daß manche mehr gehätschelt werden als andere. Nicht
das Unglück bestimmt unsere Pflicht, wir selbst legen fest,
wer von den Unglücklichen unser Interesse verdient. Mit anderen Worten, es gibt weniger eine *Moral der Dringlichkeit*
als eine *Moral der Vorliebe*. Und unsere Antwort gegenüber
den Benachteiligten ist immer das Resultat einer schwierigen
Auswahl.

Wenn an die 23 Millionen Flüchtlinge auf der Welt (1974 gab es nur 2,4 Millionen) Hilfe beanspruchen, wenn an unseren Grenzen Krieg ausbricht, der zu Vertreibung und Verwüstung führt und zuallererst die Zivilbevölkerung trifft, könnte sich jeden Tag, jede Minute auch für uns eine Notsituation ergeben. Unsere Reaktion ist immer nur partiell und parteiisch. Warum lieber Somalia als Liberia oder Mosambik? Wir greifen irgendwo ein, um nicht anderswo einzugreifen, und für eine gelungene Operation vergißt man zehn andere, die ebenso notwendig gewesen wären. Nicht nur, daß jeder den Globus nach seinen Vorlieben oder Interessen aufteilt, es gibt auch Notfälle, die großes Medieninteresse erregen, und andere, denen kaum ein trauriges Lachen zuteil wird. Es gibt offenbar manche, die nichts mehr haben und es nie auf einen grünen Zweig bringen werden.

Im Bereich des Ethischen gibt es keine andere Verpflichtung als die, die ich mir selbst verkündet habe: Wir urteilen selbst aufgrund unserer Launen über die Unerträglichkeit einer Situation, und jedes Land wie jede karitative Organisation hat ihre bevorzugten Einflußbereiche. Selbst eine Moral äußerster Dringlichkeit kann etwas Diskriminierendes haben. Das Bequeme an der Nächstenliebe und dem humanitären Handeln liegt darin, daß sie von außen auf die Notleidenden einwirken, die sie sich in gewisser Weise ausgesucht haben. (Während die Geschichte uns höchst unwillig in Krisen oder Schläge mit hineinzieht, denen wir uns nicht entziehen können, während in der Politik die Unzufriedenen, die in Parteien, Bewegungen und Gewerkschaften organisiert sind, uns durch Druck ihren Willen aufzwingen, nötigen sie uns, sie wahrzunehmen, sie in Betracht zu ziehen.) Es wird immer Bedürftige und Bettler geben, die wir anderen vorziehen: *Das Karitative ist der Raum des Geringen.* Daß die Gründe für diese Gunst nicht mehr ausdrücklich ideologisch sind wie zu Zeiten des Kalten Krieges, macht ihr Verständnis noch schwieriger. Die Weltordnung, die der Ost-West-Aufteilung folgt, ist nicht mehr die einer fortschreitenden Einbeziehung aller Kontinente in einen selben politischen und wirtschaftlichen Raum: Es wird eine neue Trennungslinie gezogen zwischen Ländern, die unser Interesse verdienen und den anderen, die wir in Finsternis und Anarchie zurückfallen lassen. Die ersteren erhalten unsere Technologie, unseren militärischen Schutz, unseren kukturellen Austausch. Die anderen unsere Milde, unsere Medien und ein paar Decken. *Uns betrifft nicht das, was uns bewegt, sondern das, was uns bedroht oder uns nützt.* Solange die Benachteiligten in unseren Ländern die sozialen Strukturen nicht grundlegend in Gefahr bringen, werden sie unserem Altruismus als Betätigungsfeld dienen, also unserer Unbeständigkeit. Und was auf die Ausgestoßenen im Innern zutrifft, das gilt auch für die von außerhalb. Es gibt nur die Regime, Gruppen und Staaten, die in der Lage sind, die anderen zu erpressen, einen vitalen Einsatz darzustellen, die Existenz von allem in Frage zu stellen.

Die Verlierer der Geschichte

Demokratie, Menschenrechte und Zivilisation zu propagieren, darum kümmert sich heute niemand mehr. Das Mitleid und die Institutionen, die es vertreten, die UNO-Truppen und humanitären Organisationen, befolgen das Hauptziel, eine bestimmte Anzahl von Völkern in ihrer Randposition zu bestätigen, einen Sanitärkordon um die Krisenregionen zu legen, um sie zu isolieren wie einen Kranken.[18] Wenn die gesetzlich anerkannten Staaten, die Europa oder Amerika um militärische Hilfe bitten, an der Stelle von Flugzeugen Hilfskonvois mit Lebensmitteln und Medikamenten erhalten, können sie sich mit vollem Recht sagen: Die Welt hat uns im Stich gelassen. Wenn humanitäres Denken an die Stelle der

Politik tritt, nimmt es die moderne Gestalt der Enthaltung an, die nur durch ein paar Missionen und Ärzteteams gemildert wird. Ethnische Gruppen oder die Teile der Welt, deren uns zu entledigen wir beschlossen haben oder mit denen wir nichts anzufangen wissen, werden auf karitative Hilfe festgelegt und in gewisser Weise dem ewigen Fegefeuer preisgegeben. Mitleid verpflichtet uns, aber nur die Politik kann uns zwingen. Es ist immer leichter, seine moralische Pflicht zu vernachlässigen, als eine bestimmte Gefahr zu ignorieren, die uns zwingt zu reagieren, weil wir sonst schlimme Folgen zu befürchten haben.

Dem Handeln haftet etwas Tragisches an, was auch das Humanitäre nicht vermeiden kann: Jedes Engagement steht für sich und schließt damit eine ganze Anzahl anderer aus. Es gibt keine Hilfe, die dem ganzen Planeten auf einmal nützt, die Menschen haben überall zur selben Zeit denselben Preis. Noch mehr als Großzügigkeit und Entrüstung ist die Logik des Opfers hinter unserer Begeisterung am Werk. Und man kann sich fragen, ob das Recht auf Einmischung, das kürzlich verkündet wurde, nicht dazu dient, einen Schutzmantel über die Ungleichheit der Verfahren zu legen, ob es nicht in Wahrheit ein Recht ist, manche Völker zu vernachlässigen, indem man so tut, als helfe man ihnen. Das ganz Neue an der Beistandspflicht, der Bernard Kouchner und Mario Bettati eine theoretische Grundlage gegeben haben, läuft darauf hinaus, wenigstens auf dem Papier *den Rechtlosen Recht zu gewähren* und die Allmacht der Staaten über ihre Angehörigen zu begrenzen. Indem es das sakrosankte Prinzip der Souveränität angreift, indem es den Bürger vom Menschen unterscheidet, verteidigt diese Pflicht »das Naturrecht der Opfer« (Francois Ewald) und verbietet die Vernichtung ganzer Völker durch ihre eigenen Regierungen. In Wahrheit tastet, wie viele bemerkt haben, das Recht auf Einmischung die Souveränität der Staaten nicht an, sondern begrenzt nur die gewisser

Staaten zum Vorteil von anderen (die sich nicht ausschließlich auf der Nordhalbkugel befinden). Deshalb besteht wenig Aussicht darauf, daß es in den Einflußzonen der Großmächte angewandt wird, wenn es ihren Interessen zuwiderläuft. Selbst der Plan, eine Weltarmee zu schaffen, die für Einhaltung des Rechtes sorgen, die Schwachen schützen und Konflikten vorbeugen soll, vergißt, daß die UNO von einigen wenigen Staaten beherrscht wird, die dort ihr Recht auf Kosten der anderen durchsetzen. Die Beistandspflicht hebt das Recht des Retters, sich sein Opfer auszusuchen und mit ihm nach eigenem Gutdünken zu verfahren, nicht auf. Das wertet sie nicht ab, zeigt aber, wo im Moment noch ihre Grenzen liegen. Hat die Utopie einer Politik der Menschenrechte, die frei ist von den Berechnungen der Staaten, irgendwann eine Chance? Es ist zu früh, auf diese Frage zu antworten, gerade weil die beiden bisher erfolgten Interventionen in Kurdistan und Somalia zweideutig und deshalb nicht unbedingt überzeugend sind. (Somalia ist sogar ein Gegenbeispiel, da das militärische Fiasko die Amerikaner gegenüber dieser Art von Expeditionen auf lange Sicht skeptisch gemacht hat.)

Mißtrauen wir der Inflation guter Absichten, die so weitgesteckt sind, daß sie wenig Aussicht haben, je realisiert zu werden. Man begeht einen fundamentalen Irrtum, wenn man die Einmischungspflicht als neuen Aufguß kolonialer Ansprüche ansieht. Was heutzutage eine Reihe von Ländern in Asien, Afrika und Lateinamerika bedroht, ist nicht der Neoimperialismus, sondern die Tatsache, daß sie im Stich gelassen werden. So unerträglich er war, so hat der Kolonialismus zumindest auch die Absicht gehabt, die Aufklärung zu verbreiten, die Länder zu »zivilisieren«. Die Großmächte werden heute nicht mehr durch Expansionswillen bestimmt wie zu Ende des vorigen Jahrhunderts, sondern sie wollen Handel treiben, Austausch untereinander pflegen, unter Reichen, und die anderen Gegenden vernachlässigen. Die offizielle Redeweise gibt sich immer universalistisch, zeigt sich um alle gleichermaßen besorgt, aber dabei handelt es sich um eine Fiktion, denn es gibt keine Liebe, die nicht auswählt, sie ist eine rhetorische Formel, die eine diskrete Verbannung verbergen soll. Es gibt eine Menschheit, die im Wohlstand lebt, und eine andere, die auf der Stelle tritt, es gibt Staaten, die zählen, die Inbegriff von Fortschritt und Demokratie sind, und andere, denen die Geschichte keine Chance gibt. Heute entscheidet die internationale Gemeinschaft über die Stimmen ihrer Repräsentanten in der UNO in aller Legalität darüber, ob man die eine oder andere Gruppe um der Ruhe der Gesamtheit willen opfert. Die Menschheit als Ganzes fordert solche schwierigen Operationen: Man muß Schnitte machen. Nicht durch Kriege, sondern durch Auslassung, Zur-Seite-Schieben. Unglücklich die Völker und Minderheiten, die den Großen von heute nicht strategisch und ökonomisch die Stirn bieten können, unglücklich die, die sich nicht selbst verteidigen können. Denn sie werden zu Überschußvölkern werden, zu Völkern, die als Abschaum gelten und die man der Finsternis aussetzt. Sie werden von der internationalen Nächstenliebe abhängig sein, einer neuen Form der Willkür, der des Herzens.

Vergleichende Viktimologie: Israel und Palästina

Was hat bis zum Herbst 1993 jede Möglichkeit einer Einigung zwischen dem jüdischen Staat und den Palästinensern verhindert? Die Tatsache, daß die einen wie die anderen sich als Raubopfer fühlen wollten. Es gab schon nur ein Land für beide Völker, und jetzt stritten sie sich auch noch um das Monopol größten Unglücks. Im Namen des unendlichen Leids, das dem jüdischen Volk angetan worden ist, sah Israel in jeder Kritik einen

Angriff auf seine Existenz, in jedem Feind seinen potentiellen Zerstörer. Die Palästinenser hingegen präsentierten sich als die Armen schlechthin und beanspruchten für sich alle Eigenschaften der Juden: Diaspora,
Verfolgung, Völkermord. So entstand unter Israelis
und Arabern jene Rivalität um den Opferstatus, der
folgendermaßen zur Sprache kam: Wir sind die Un-
glücklicheren, deshalb haben wir alle Rechte und unser
Gegner keines. Ein rhetorischer Graus, der die Parteien
lähmte und zu den schlimmsten Exzessen führen konnte. Zwei Tragödien standen einander auf einem winzi-
gen Territorium gegenüber, und es ist tatsächlich tragisch, wenn beide Parteien gleichermaßen recht haben.
Seit dem Unabhängigkeitskrieg von 1948 »gingen freie
Menschen, die Araber, als elende Flüchtlinge ins Exil;
die Juden, ebenfalls elende Flüchtlinge (darunter viele
Überlebende des Völkermords), eigneten sich die Häuser der Vertriebenen an, um ein neues Leben als freie
Menschen zu beginnen«.[19]

Aber Israel war auch deswegen verhaßt, weil es zum
Westen gehörte und sich unter dem Schutz unvergeßli-
chen Leidens vorwärtsbewegte und den ehemals kolonisierten Völkern ihre Klage wegnahm und gegen sie
richtete. Es hatte zwei nicht wiedergutzumachende
Fehler: die Arroganz des imperialistischen Westens und
die Usurpierung von Leid. Die Araber sahen nicht ein,
warum sie für die Naziverbrechen zahlen sollten, die in
Europa von Europäern an anderen Europäern begangen worden waren. Und so konnte ein Teil der westlichen Linken im Namen der Not der Palästinenser den
Juden eine Lektion erteilen: Ihr habt eure Bestimmung
verfehlt, nämlich zu leiden und durch euer Leiden ein
Zeugnis für die ganze Menschheit zu sein. Der neue
Jude von heute spricht Arabisch und trägt ein Bedui-

nentuch. Durch den Verlust der »Amtswürde des Martyriums« (Charles Péguy) nehmt ihr eine Rolle ein, die euch nicht mehr zukommt, ihr werdet taub und blind gegenüber dem Leid, das ihr auf einem Gebiet anrichtet, das nicht das eure ist. Durch die Gründung eures Staates habt ihr eure Besonderheit verloren. Man warf den Juden vor, daß sie sich nicht dem Klischee des Opfers unterwarfen. Als Elende hat man sie gehaßt, als Sieger ebenso. Über die Politik des Staates Israel wurden sie für die kleinste den Arabern zugefügte Verletzung verantwortlich gemacht, und die Judenfeindlichkeit erlebte im Antizionismus einen zweiten Frühling.

Lange Zeit hat Israel, das Land des exemplarischen Mißverständnisses zwischen Orient und Abendland, das doppelte Bild des Verfolgers und Verfolgten auf sich gezogen. Es war stark genug, um Kriege zu gewinnen und die Intifada niederzuschlagen, zu schwach, um sich nicht vor Einkesselung zu fürchten oder davor, von der Landkarte radiert zu werden, wie es ihm seine Feinde versprachen. Durch Jahrtausende der Verfolgung klug geworden, hat Israel sich immer nur auf sich selbst verlassen und eine der stärksten Armeen der Region aufgebaut. Diese Entschlossenheit, die manchmal bis zu extremer Brutalität reichte, hat Israel gerettet. »Wir sind wahrscheinlich paranoid, aber wir haben gute Gründe dafür«, räumte der frühere Chef des militärischen Geheimdienstes, Shlomo Gazat, ein. Zu oft hat der Hinweis der Regierenden auf die Shoah dazu gedient, jegliche noch so harte Repressalien gegen die palästinensische oder libanesische Bevölkerung zu rechtfertigen, jede Mißhandlung, jede rassistische Tat. »Der große Irrtum von heute«, sagt Yeshayahou Leibowitz, seit langem ein Gegner der Politik Groß-Israels, »besteht darin, aus der Shoah die wichtigste Frage von allen zu machen, die das jüdische Volk betreffen. Der einzige Inhalt ihres Judentums, der sie interessiert, ist für viele Intellektuelle die Shoah.«[20] »Ich bin dagegen, daß man die Shoah zu einer politischen Kriegsmaschine macht [...] Ich möchte nicht, daß die Juden nur die Erinnerung an Abscheuliches teilen«, sagt noch deutlicher Professor Yehuda Elkana, selbst ein Überlebender von Auschwitz.[21] 1980 schrieb der Leitartikler Boaz Avron, der wegen der übertriebenen politischen Instrumentalisierung des Völkermords durch Menachim Begin beunruhigt war: »Wenn wir meinen, daß die ganze Welt uns haßt, dann glauben wir, daß wir für unsere Taten ihnen gegenüber keine Verantwortung hätten.« Begin rief während des Libanon-Krieges gegenüber Kritikern der UNO aus: »Dem jüdischen Volk hat keiner Moralpredigten zu halten«, und im gleichen Sommer sagte er: »Die Juden verneigen sich vor niemandem außer Gott.« Oft verglich er die Charta der PLO mit *Mein Kampf* und versprach, »das Tier auf zwei Beinen«, womit er Arafat-Hitler meinte, zu jagen. Begin erhielt von dem Romanautor Amos Oz folgende Antwort: »Hitler ist schon tot, Herr Premierminister.[...] Ob man ihn beweint oder nicht, es ist eine Tatsache. Hitler versteckt sich nicht in Nabatyeh, Sidon oder Beirut. Er ist mausetot. Herr Begin, unaufhörlich bringen Sie das seltsame Bedürfnis zum Ausdruck, Hitler wiederauferstehen zu lassen, damit Sie ihn jeden Tag in Form von Terroristen aufs neue umbringen können ... Dieses Bedürfnis, Hitler wiederauferstehen zu lassen und wieder zu töten, rührt von einer Melancholie her, welche Dichter zum Ausdruck bringen müssen, aber bei einem Staatsmann ist es ein gewagtes Gefühl, das tödliche Gefahren mit sich bringen kann.«Die Bewegung der Palästinenser hingegen, die lange dem Extremismus zuneigte und die wahnsinnigsten politischen Ideen unterstützte (darunter auch die Invasion Kuweits durch Saddam Hussein), hat einen blinden Terrorismus entwickelt, bereit, jederzeit überall in der Welt das kleinste Symbol des Judentums, ob Schule oder Synagoge, zu zerstören und aus jedem Juden eine israelische Geisel zu machen. Viele arabische Länder wiederholten das gesamte Repertoire des europäischen Antisemitismus und sahen in der »zionistischen Einheit« den letzten Fall des abendländischen Kreuzzugs in den Orient. Dennoch gab es im israelischen Staat, der trotz der Kriege und der despotischen Umgebung demokratisch geblieben war, eine große Fraktion in der Bevölkerung, die für Frieden eintrat und zum Dialog mit den Palästinensern aufrief. Diese Leute waren überzeugt, daß radikale und widerwärtige Lösungen (wie die Deportation von Arabern aus dem Land) nicht akzeptabel und Zugeständnisse unvermeidlich seien. Dieselben Leute organisierten 1982 in Tel-Aviv einen Protestmarsch von 300 000 Menschen gegen die Massaker von Sabra und Chatila, die christliche libanesische Phalangisten unter Duldung der israelischen Armee verübt hatten (in keinem arabischen Land gab es eine solche Bewegung der Entrüstung). Wiederum dieselben Leute forderten, ohne die Sicherheit und das absolute Recht des Staates Israels, in den anerkannten Grenzen zu leben, in Frage zu stellen, Israel solle die Mentalität des Belagerungszustands, die morbide Freude daran, von allen gehaßt zu werden, aufgeben und sich bereiterklären, den Palästinensern die ersten Schritte zur Autonomie zu ermöglichen. In jedem Israeli wohnen zwei Seelen, die geteilt sind zwischen »nationalistischem Isolationismus« und »einer humanistischen Öffnung« (Ton Segev), die eine sagt:

»Erinnere dich, was sie dir angetan haben«; die andere: »Liebe deinen Nächsten wie dich selbst«, wie es Hugo Bergmann während des Eichmann-Prozesses sagte. Die Anhänger des Friedens in Israel und bei den Palästinensern haben es möglich gemacht, daß trotz einiger Schwierigkeiten und Hintergedanken Verhandlungen begonnen wurden, daß man dem anderen die Hand reichte, den man gestern noch für den Teufel hielt und den man jetzt als seinesgleichen betrachtete. Eine beispielhafte Entwicklung, die, auch wenn sie noch zu scheitern droht, beweist, daß man nach einem Jahrhundert der Zusammenstöße aus dem herauskommen kann, was Nabil Chaath, der Berater von Yassir Arafat, »vergleichende Viktimologie« genannt hat.

Anmerkungen:
1 Eine verkürzte Version dieses Kapitels ist in der Zeitschrift *Esprit* im Dezember 1993 erschienen.
2 Diese These vertritt Bernard Kouchner: »Ohne Bilder keine Empörung. Das Unglück trifft nur die Unglücklichen, die Hand der Hilfe und Brüderlichkeit kann sich ihnen nicht entgegenstrecken. Der wichtigste Feind der Diktaturen und der Unterentwicklung sind die Photographie und die Reaktionen, die sie auslöst. Nehmen wir sie an, ohne uns mit ihr abzufinden: Das ist das Gesetz des Klapperns. Nutzen wir es.« Vgl. *Le Malheur des autres*, Paris 1994, S. 194.
3 Die Gleichheit macht empfindsam für das Unglück der anderen und sorgt dafür, daß in den demokratischen Jahrhunderten jeder Mitgefühl für alle Glieder der menschlichen Gemeinschaft hat, sagt Tocqueville. »Wenn die Chronisten des Mittelalters, die durch ihre Geburt oder ihre Gewohnheiten alle zur Aristokratie gehören, das tragische Ende eines Adligen berichten, so ist es unerhörter Schmerz, dagegen erzählen sie in einem Atemzug und ohne mit der Wimper zu zucken die Abschlachtung und Folterung von Leuten des gemeinen Volkes.« (*Über die Demokratie in Amerika* Bd. II, Stuttgart 1962, S. 182). Die Journalisten nennen das Gesetz, nachdem unsere Anteilnahme für die anderen umgekehrt proportional zu der Entfernung steht, die uns von ihnen trennt, den »sentimentalen Kilometer«. Ein Tod bei uns ist ein Drama, 10 000 in Übersee eine Anekdote.

4 Bernard de Mandeville, *La Fable des abeilles*, Paris 1974.

5 »Als die UdSSR zusammenbrach, haben wir Amerikaner mehr als einen Feind verloren. Wir haben einen Mitarbeiter bei der Suche nach Sinn verloren.« (Richard Cohen, International Herald Tribune. 27. Okt. 1993.) Zu der Tatsache, daß Demokratie daran sterben kann, daß sie gesiegt hat und sich Feinde suchen muß, die sie beleben, verweise ich auf mein Buch *La Mélancholie démocratique*, Paris 1990.

6 Gina Lollobrigida in *Paris Match*, 4. Mai 1993: »Ich bin für Mutter Theresas Kampf und nehme auf meine Art daran teil.« Das Photo von Audrey Hepburn, das am Tag ihres Todes am häufigsten veröffentlicht wurde, zeigte, wie die Schauspielerin in Somalia Kinder besuchte.

7 *Le Monde* hat diesen »Abenteurern der Großzügigkeit« eine interessante Artikelserie gewidmet, Red. Danielle Rouard, August 1993.

8 Zit. bei Philippe Sassier, *Du bon Usage des pauvres*, Paris 1990, S. 363.

9 Karl Jaspers macht aus dieser Umkehrung der Werte, diesem Bruch mit den gängigen Normen das Privileg der Lehre Christi, der den Heimatlosen eine Heimat gegeben hat. »Weil Jesus im Äußersten der Welt steht, die Ausnahme ist, wird die Chance alles dessen offenbar, was an den Maßstäben der Welt als verachtet, niedrig, krank, häßlich, als von den Ordnungen auszustoßen und auszuschließen gilt, die Chance des Menschseins selbst unter allen Bedingungen. Er zeigt dorthin, wo dem Menschen in jeder Weise des Scheiterns das Zuhause offen ist.« *Die großen Philosophen* Bd. I. München 1957, S. 205.

10 Nach der Beschreibung Hannah Arendts in *Über die Revolution* richtet sich Mitleid auf den Menschen, das Erbarmen auf die Gesamtheit.

11 Als Claude Coutance, Träger des Preises Nicéphore Niepce 1993, im Palast von Tokio ausstellte, sagte er folgendes zu einer Reportage über Somalia: »Ich suchte in den Gesichtern nach dem Klischee des Hungers, so wie man ihn im Abendland beschreibt: magere Menschen, Blikke, Haltungen. Ich habe nicht mit dem Herzen, sondern mit einer kalten, zynischen Maschine photographiert, mit der man umgehen können muß. Manchmal war ich nur 30 Zentimeter von den Gesichtern entfernt. Manchmal habe ich zwei Stunden für ein Bild gebraucht. Ohne es zu wissen, trafen wir eine Auswahl, denn wir suchten die ergreifendsten Szenen. Es gibt nichts Bewegenderes als Skelette.« *Le Monde*, 1. Juni 1993.

12 »Die ganze humanitäre Aktivität in Bosnien geht von der Idee aus, daß es mitten in Bosnien Menschen gibt, die nicht in der Lage sind, sich zu helfen. Die Organisationen, die sich um die humanitäre Hilfe kümmern, glauben, sie fänden etwas wie die Dürre und den Krieg in Somalia oder die Kurden auf Berggipfeln. So etwas wie Dritte Welt. Als hätte die Bosnier eine Naturkatastrophe getroffen, durch die sie vergessen haben, wie man liest und schreibt, Auto fährt, Städte regiert. Sobald sie

aufhören, Opfer zu sein, werden die humanitären Organisationen sie hassen.« Erwin Hladmik-Milharcic, in Mladina (Slowenien), abgedruckt in *Courrier International*, 15. April 1993.

13 Clifford Owin erinnert daran in einem hervorragenden Artikel »Rousseau et la découverte de la compassion politique«, in: *Ecrire l'Histoire du XX'siècle*, Paris 1994, S. 109f.

14 Vgl. die starken Worte von Agnès B., die T-Shirts zugunsten von Obdachlosen verkauft: »Wenn diese Leute in den Laden kommen, vollziehen sie einen humanitären Akt. Sie bringen sich ein. Das ist normal, unerläßlich. Ich liebe Abbé Pierre. Er ist unheimlich wichtig. Er ist fast der einzige, der Respekt verdient.« *Le Monde*, 5. August 1993.

15 Wie folgende Zahlen beweisen: Wenn die Franzosen sieben Milliarden Francs an karitative Organisationen zahlen (teilweise aus steuerlichen Gründen), dann ist das viermal weniger, als sie für Katzen und Hunde ausgeben. Zwei Millionen der Wohltätigen, die Hälfte, arbeiten eher im Bereich des Sports (Jacques Duquesnes, *Le Point*, 19. Dezember 1992).

16 Roland Barthes hat zu diesem Thema einen sehr schönen Text geschrieben, »Pouvoirs de la tragédie antique« in: Oeuvres complètes, Paris 1993, Band 1, S. 216ff. und auch in *Sade, Fourier, Loyola*, Frankfurt am Main, 1986.

17 Abbé Pierre hat gesagt: »Die Nächstenliebe hat zwei Aufgaben; vor dem Gesetz, um es voranzutreiben, und nach dem Gesetz, denn man kann tun, was man will, das Gesetz genügt nicht.« (*Autrement*, September 1992, S. 237.)

18 Zur neuen Aufteilung der Welt vgl. das kritische Buch von Jean-Christophe Ruffin, *L'Empire des nouveaux barbares*, Paris 1991.

19 Tom Seger, *Le Septième Million*, Les Israéliens et le Génocide, Paris 1993, S. 197.

20 Yeshayahou Leibowitz, *Israel et Judaïsme*, Paris 1993, S. 118.

21 Gespräch mit Nicolas Weill, *Le Monde* vom 8.4.1994.

Schlußfolgerung

Die enge Tür der Revolte

Nichts ist entschieden, nichts weist darauf hin, daß unsere Länder endgültig wegen Unreife und Gejammere dem Niedergang geweiht sind. Während die Verantwortungslosigkeit im früheren kommunistischen Block durch die Strukturen vorgegeben war – der Bürger mußte sich dem Staat, der ihn versorgte, unterordnen – so ist die unsere beschränkt und daher grundsätzlich veränderbar. Wenn jedoch die Ausnahme so häufig wird, dann nimmt sie schon fast die Bedeutung von Strukturen an. Infantilismus und allgemeines Klagen sind keine Unfälle, sondern stellen Herausforderungen dar, mit denen wir immer zu tun haben werden. So wie die Demokratie ständig vom Totalitarismus besessen ist wie von ihrem zweiten Ich, hat die Gesellschaft der Verantwortung ihr Gegenteil vor Augen wie eine Drohung, die nur schwer abzuwenden ist. Die ewige Neigung des freien Menschen abzudanken und die Unredlichkeit können konterkariert oder aufgehalten, nie aber gänzlich erstickt werden. Den Versuchungen der Schwäche nicht nachzugeben verlangt äußerste Disziplin, und es ist schwierig, sich auf Disziplin zu stützen. Der Einzelmensch ist eine zerbrechliche Konstruktion, die nur durch eine bestimmte Zahl von Gegengewichten hält, materiellen Wohlstand, den Rechts- und Versorgungsstaat, Übung in Bürgersinn. Man braucht nur eines dieser Gerüste wegzunehmen, und schon schwankt er und zieht sich zurück.

Verantwortungsbewußtsein

Man glaubt, einem einzelnen zu helfen, indem man ihn bedauert, ihn von allem befreit, was nicht er ist, indem man ihm seine Pflichten und Verantwortlichkeiten nimmt, damit er sich ausschließlich seiner erlesenen Subjektivität widmen kann. Wenn man dies tut, nimmt man ihm seinen Halt, seinen Rahmen weg, man vergrößert seine Angst vor sich selbst, man verwechselt Unabhängigkeit mit Leere. Ohne es zu wollen, vergrößert man die furchtbare Schwarzseherei dessen, der, erdrückt von seiner Freiheit, sie schnell zu vergessen trachtet und mit Füßen tritt. Das Individuum zu stärken bedeutet, es mit anderen in Verbindung zu bringen und nicht, es zu isolieren, es muß wieder einen Sinn für das entwickeln, was es schuldig ist, also für seine Verantwortung, man muß es in verschiedene Netze, verschiedene Vepflichtungen einbeziehen, die aus ihm einen Teil eines größeren Ganzen machen, es öffnen und nicht auf sich selbst beschränken (vorausgesetzt, daß es diesen Zugehörigkeiten von sich aus zustimmt). Der Mensch des Abendlandes braucht nicht geschützt zu werden, er braucht nicht den doppelten Schutz von Heim und Kinderstation, er braucht Mut, der ihn trägt, Herausforderungen, die ihn wecken, Rivalen, die ihn beunruhigen, stimulierende Feindseligkeit, nützliche Hindernisse. Er muß ein Wesen der Zwietracht bleiben, in sich widersprüchliche Ideale beherbergen, ein Wesen, dessen Konflikte sein Reichtum und nicht sein Fluch sind. Er muß in sich einen kleinen Bürgerkrieg austragen. Man wird den Individualismus nicht durch Rückkehr zur Tradition oder durch gesteigerte Permissivität heilen, sondern durch eine strengere Formulierung seines Ideals, durch seine Verwurzlung in ein Gesamtes, das größer ist als er selbst. Er kann nur gelebt werden, wenn er von Kräften aufgehalten wird, die ihn scheinbar leugnen, aber in Wirklichkeit mit Hindernissen versorgen und damit bereichern. Nehmen sie ihm die Zwänge, trocknet er aus; greifen sie ihn an, wird er kräftiger. Wir sind niemals »Menschen, einfach nur Menschen« (Hannah Arendt), sondern immer Produkt einer bestimmten Situation, die ohne Nation, eine Regierungsform, ein Volk, ein kulturelles Erbe nicht denkbar ist. Besser als sich auf einen sterilen Kampf zwischen Individuum und Gesellschaft einzulassen, sollte man sie in Begriffen von Gegensätzlichkeit und befruchtender Opposition denken, da sie einander hervorbringen. Ein ebenfalls legitimer doppelter Standpunkt, bei dem die Sorge um sich selbst der Sorge um die Welt gegenübertritt. Die Privatperson soll der Sozialordnung Grenzen setzen, die wiederum sie begrenzt, sie soll ein Feuer gegen die Einteilung der Massen in Brigaden, gegen den Konformismus sein, ohne dem allgemeinen Wohl gegenüber gleichgültig zu sein. Man muß den einzelnen mit den Keimen des Gemeinsinns konfrontieren, die ihn töten, aber auch stärken können, sein Widerspruch muß sein inneres Element sein, die diesen durch Opposition wiederbelebt. Ebenso wie die Gemeinschaft im Willen jedes einzelnen auf unüberwindbare Grenzen stößt, kann es wahre Freiheit nur in Maßen geben, das heißt erweitert oder begrenzt durch die Freiheit der anderen, im anderen verwurzelt. Um Regressionen durch kindliches Verhalten oder Opfergehabe jeglicher Form Einhalt zu gebieten, muß man dem einzelnen das zugänglich machen, was ihn größer macht und aus sich selbst heraus zu einem Mehrsein führt.

Schließlich gibt es nur ein Mittel weiterzukommen, nämlich unermüdlich die großen Werte der Demokratie zu vertiefen, den Verstand, die Erziehung, die Verantwortung, die Klugheit, man muß die Fähigkeit des Menschen, sich nie vor gegebenen Tatsachen zu beugen, sich niemals dem Fatalismus hinzugeben, stärken. Es liegt an uns zu beweisen, daß die Demokratie mit ihren klassischen Waffen des Kampfes und der Argumentation noch gegen ihre eigenen Widersprüche vorgehen kann, es liegt an uns zu zeigen, daß ein jammernder, satter, narzißtischer Bürger wunderbare Sprünge machen kann, bevor die Realität selbst ihn mit aller ihr eigenen unpersönlichen Härte straft. Eine allzuoft schädliche Leichtfertigkeit anzuprangern heißt nicht, kein Vertrauen in die Menschen und ihre Fähigkeit zu haben, eigene Fehler zu korrigieren, sich selbst Grenzen zu setzen, bei erkannter Gefahr aufzuwachen und schließlich zu begreifen, daß unter manchen Umständen die Freiheit wichtiger ist als das Glück. Wie die Demokratie ist auch die Freiheit nur köstbar, wenn sie bedroht ist; sobald sie selbstverständlich wird, ist es ganz natürlich, daß das Glück die Oberhand gewinnt; dann jedoch ist sie aufgrund einer verkehrten Dialektik wieder bedroht. Letzten Endes muß man immer auf die Hellsichtigkeit und Größe des Menschen setzen. Keine Schwierigkeit ist unüberwindlich, aber es ist gefährlich, alte Antworten auf neue Situationen zu geben, den Sinn für Proportionen zu verlieren, die kleinsten Unannehmlichkeiten in Begriffen der Apokalypse zum Ausdruck zu bringen. Deshalb sind sowohl Optimismus als auch Pessimismus ungeeignet, weil sie der kontrastreichen Wirklichkeit unseres Universums nicht entsprechen, die ein geschicktes Sichbewegen zwischen zwei Extremen erfordert, weder Verzweiflung noch Glückseligkeit, etwas ewig Unbehagliches, das uns auffordert, uns abwechselnd an verschiedenen Fronten zu schlagen, ohne jemals zu glauben, man sei im Besitz der Lösung oder könne sich ausruhen.

Das Chaos der Mißgeschicke

Minderheiten und unterdrückte Völker haben nur ein Recht, dafür aber ist es heilig. Sie sind nicht mehr Herr ihrer Geschichte und müssen es wieder werden. Und wir haben ihnen gegenüber nur eine Pflicht, die aber ist absolut, nämlich ihnen zu helfen. Die Tatsache allein, unterdrückt worden zu sein, verleiht einer Kategorie von Menschen keine metaphysische Überlegenheit gegenüber den anderen. Die Geschichte vom Standpunkt der Besiegten aus zu betrachten, wie es Walter Benjamin forderte, muß nicht dazu führen, daß man sie zu Heiligen macht. Die Vorstellung, daß der Ausgebeutete immer recht hat, selbst wenn er blinder Gewalttätigkeit verfällt, ist ebensowenig haltbar. Eine Sache muß nicht deshalb richtig sein, weil die Menschen für sie sterben. Der Faschismus war ein Grund, der Kommunismus ebenfalls, der islamische Fundamentalismus ein weiterer. Keine Gruppe ist aufgrund ihrer Geschichte vor Barbarei gefeit, und keine hat aufgrund erlittenen Unglücks eine Art göttlicher Gnade erlangt, die sie davon befreit, Verantwortung zu tragen und ihr die Behauptung gestattet, daß ihre Interessen mit denen von Recht und Moral übereinstimmen. Niemand ist für die erhabene Aufgabe vorgesehen, die Menschheit zu erlösen oder zu führen, sich selbst zum neuen Messias zu ernennen. Die Rollen des Verfolgers und des Gefolterten sind austauschbar geworden, keine Gemeinschaft kann die eine oder andere für sich beanspruchen. Schluß mit den Erzengel-Völkern, den unberührbaren einzelnen, die den anderen verbieten, über sie zu urteilen, und einen vorwurfsvollen Blick auf die Welt richten und der Meinung sind, man schulde ihnen wegen erlittener Kränkung alles.

Dennoch kann man nicht aufhören, dem Schwachen zu helfen, darf nicht Entrechtete und Gefangene unter dem Vorwand im Stich lassen, daß alle Revolutionen heute im Verdacht stehen, in ihren Lenden den Keim des Verbrechens zu tragen und nur eine Tyrannei durch die nächste ablösen zu wollen. Das legitime Mißtrauen gegenüber den Lügen unseres Jahrhunderts – und gegenüber der schlimmsten von allen, dem Kommunismus – würde nur zu einer Verschlimmerung der Ungerechtigkeit führen, wenn es Meutereien und Auf-

stände verböte, alle Auswege verschlösse und zu engstirni-
gem Konformismus mit dem Gegebenen verkäme. Man muß
der Revolte eine Tür offenlassen, selbst wenn sie nur klein ist.
Es gibt ein Recht auf Widerstand, das unantastbar ist, für jeden einzelnen und jede Minderheit, die bedroht ist, und es
gehört sich, die tausend Versuche von Verletzten und Gedemütigten, sich selbst aus ihrer Schmach zu befreien und die
anderen zu zwingen, ihre Würde anzuerkennen, zu begrü-
ßen. Sich aufzulehnen ist immer berechtigt, da es der einzige
Weg ist, ein Mensch zu werden.

Nicht alle Mißhandelten allerdings haben das gleiche Ziel.
Es ist unmöglich, sie alle unter derselben Fahne zu versammeln, sie in derselben Internationale zu organisieren. Manche
beklagen die Entdeckung Amerikas durch Christoph Colum-
bus als wahre Pest, andere trauern über den Fall Konstantinopels oder die Verwüstungen der Kreuzzüge, wieder andere
kommen nicht über die Verletzungen hinweg, die der Kolonialismus den Sklaven zugefügt hat, oder über die Katastrophe des Völkermords. Was hat eine Kinderprostituierte in
Thailand oder auf den Philippinen mit den von Djakarta de-
zimierten Einwohnern von Timor gemein, was haben die unterdrückten christlichen Minderheiten in islamischen Ländern, die in Mitteleuropa gejagten Zigeuner mit all jenen
kleinen Völkern gemein, deren einziges Verbrechen darin besteht, mit ihren Besonderheiten, ihrer Sprache und Kultur leben zu wollen? Es gibt kein gutes Subjekt in der Geschichte,
das alle Elenden repräsentieren kann, keine Nation und keine
Gruppe, die nach dem Vorbild von Christus das unerforsch-
liche Leid der Menschheit auf sich nehmen kann. Die Klage
der Ausgestoßenen hat einen schaurigen Klang, und ihre Interessen stimmen nicht überein. Das Böse gibt es nur im Plu-
ral, die Barbarei hat viele Gesichter, und wenn man auf der
Seite derer bleiben will, die leiden, so ist jede Not anders und
verlangt eine passende Antwort. So muß unser Engagement

zwangsläufig an verschiedenen Orten stattfinden, gegeneinander konkurrieren und unversöhnlich sein.

Wie soll man andererseits über die Völker hinwegsehen, deren gesamte Geschichte eine Folge von Katastrophen ist (die Indianer in Nord- und Südamerika, die Unberührbaren in Indien, die Juden, jedenfalls bis zur Gründung des Staates Israel, die Schwarzen in den USA, die Kurden, die Armenier etc.) und die ständig an Exil, Entwürdigung, Menschenhandel, Tötungen, Pogrome und Ausrottung erinnert werden? Es gibt Gegenden, ja Nationen, denen gegenüber man historische Besonderheiten gelten lassen muß. Diese Ausnahmeklausel bedeutet allerdings kein Recht auf Immunität. Und dieselben Gruppen können sich nicht ewig hinter einer schmerzlichen Vergangenheit verstecken, um jetzige Brutalitäten zu entschuldigen oder Freispruch zu verlangen. Der Grat zwischen dem Moment, in dem die Unterdrückten leiden und Hilfe brauchen, und dem, in dem dieselben Unterdrückten ihrerseits anfangen zu töten und Schwächeren das anzutun, was sie selbst von Stärkeren erlitten haben, ist sehr schmal, oft kaum wahrnehmbar. Oft existieren beide Situationen nebeneinander, Gepeinigte und Peiniger vermischen sich miteinander, und man braucht, um sie zu unterscheiden, großes Urteilsvermögen, hohe politische Intelligenz und muß zwischen Verständnis und Unnachgiebigkeit genau abwägen.

Die notwendige Enttäuschung

Wie soll man der dämonischen Umkehrung ausweichen, die aus dem Opfer von heute den Inquisitor von morgen macht, wie soll man dem unerbittlichen Metronom entkommen, das den Takt der Geschichte unseres Jahrhunderts schlägt? Durch Demokratie und Rechtsstaat, die einzigen politischen Syste-

me, die Haß und Rache unterbinden, die es ermöglichen, daß
Konflikte angesprochen werden und in streng rechtlichen
Bahnen verbleiben. Wenn man, nachdem der Unterdrücker
geschlagen ist und Reparationen gewährt wurden, kein Opfer
mehr sein will, dann muß man die Verantwortung übernehmen, die die Freiheit uns auferlegt, sich den moralischen und
juristischen Zwängen unterwerfen, die bei uns gültig sind.
Man könnte von der Demokratie sagen, was Seneca über die
Institutionen schrieb, daß sie zugleich das Ergebnis der Bosheit der Menschen und das Heilmittel gegen sie sind. Sie ist
der geistige und moralische Schatz, der der gesamten
Menschheit gehört und in jeder Gesellschaft ein Mittel ist, das
Böse auf Distanz zu halten, den Sieg von Willkür und Gewalt
zu verhindern. Die Art, wie eine Guerilla oder eine Befreiungsbewegung ihren Kampf führt, ist im allgemeinen aufschlußreich für die Art von Gesellschaft, die sie einmal gründen will. Abgesehen von einem unvermeidlichen Maß an
Gewalt und Immoralität ist die Wahl der Mittel schon die des
Ziels. Das Recht auf Ungehorsam muß durch die Verpflichtung ausgeglichen werden, Terror und Despotismus als Regierungsformen abzulehnen, und die Zeit des Chaos und des
Absolutismus, die Krieg und Revolution bedeuten, muß so
schnell wie möglich beendet werden. Das Bestreben aller
Entrechteter, ins Licht der Öffentlichkeit zu gelangen, ist das
Bestreben, Menschen wie die anderen zu werden, in die allgemeine Norm zurückzukehren und nicht besondere Behandlung zu erfahren.

Der Zugang zur Freiheit ist also der »zur gewöhnlichen
Sündhaftigkeit«, zur Verpflichtung, die Verantwortung für
seine Handlungen zu übernehmen, selbst für die weniger
glänzenden. Man muß wissen: Wer in die Geschichte eintritt,
macht sich die Hände schmutzig. Wenn die Opfer das Leiden,
das ihre Rebellion rechtfertigte, nicht mehr haben, werden sie
uns immer enttäuschen und immer scheinbar ihre Verspre-

chen verraten. Aber sie haben uns nichts versprochen; wir verlangen von ihnen die Vollkommenheit, die uns fehlt, wir haben unrecht, wenn wir zuviel von ihnen verlangen, als ob das Leid und die Hölle ein Volk automatisch größer, es zum Instrument der Erlösung der ganzen Menschheit machten. Sich auf diese Enttäuschung berufen, um jemandem, der in Ketten liegt keine freundschaftliche Hand zu reichen, ist ein ungerechtfertigter Sophismus, der Gemeinheit durch Komplizenschaft verdoppelt.

Es ist unsinnig, maßlose Illusionen zu nähren: die von der Bibel verheißene Hoffnung, die Befreiung der Gefangenen, die Erhöhung der Unterdrückten wird nicht stattfinden. Das Unrecht wird nicht wiedergutgemacht, die Bösen werden sich weiterhin freuen, und die Gerechten weinen. Aber wir können wenigstens im Rahmen des Möglichen die Summe ungerechten Leids verringern. Wir sollten wenigstens zwischen den Schreien von als Verstoßene verkleideten Scharlatanen und von Mördern, die sich zu Evangelisten ausstaffieren, die Stimme der Bedrängten hören, die uns bittet: Helft uns!

Wollen die westlichen Demokratien seit dem Ende des Kalten Krieges Recht und Freiheit außerhalb ihrer Grenzen überhaupt noch verteidigen? Haben sie die geringste Neigung, etwas für die Zivilisation zu tun, oder verharren sie in ihrem Leben auf die Gefahr hin, langsam aus Nutzlosigkeit zu vergehen? Davon hängt alles ab.

A^{t}V ─────────

Band 1127

Christoph Hein
Die Mauern von Jericho
Essais und Reden

248 Seiten
ISBN 3-7466-1127-X

Christoph Heins Essais und Reden sind
elegante Provokationen, gespickt mit über-
raschenden und irritierenden Behaup-
tungen zu politischen, kulturellen oder
literarischen Phänomenen. Von der
Fremdenfreundlichkeit der Deutschen
kann man da lesen und daß West- und
Ostdeutschland durch die gemeinsame
Sprache getrennt sind, daß Literatur in
der modernen Gesellschaft geradezu
schädlich ist oder daß man ein Kunstwerk
auf keinen Fall interpretieren kann.
Hein lädt ein zu Rollentausch und Blick-
wechsel, treibt seine Argumentationen
ernsthaft bis ins Absurde und unterhält,
indem er den Leser am lustvollen Abbau
von Fiktionen, Allgemeinplätzen und
Denkmustern teilhaben läßt.